KB232069

미국의 선거와 또 다른 변화

2010년 중간선거

국립중앙도서관 출판시도서목록(CIP)

미국의 선거와 또 다른 변화 : 2010년 중간선거 = The American Election & Another Change : The 2010 Mid-Term Election / 엮은이: 미국정치연구회. -- 서울 : 오름, 2011

색인수록
ISBN 978-89-7778-357-7 93340

미국 선거[美國選擧]

344.942-KDC5
324.973-DDC21 CIP2011002983

미국의 선거와 또 다른 변화

2010년 중간선거

미국정치연구회 편

조성대 · 윤광일 · 손병권 · 류재성
정회옥 · 유성진 · 정진민 · 김준석
이소영 · 이옥연 · 김재천

The American Election & Another Change

The 2010 Mid-Term Election

Edited by

Korean Association of
American Politics(KAAP)

ORUEM Publishinig House
Seoul, Korea
2011

책머리에

2008년 미국 대통령선거에서의 민주당 오바마 후보의 승리는 150년 이상을 노예로 살아왔던 미국사회의 흑인과 소수자들에게는 꿈의 실현을 의미했다. 또한 변화를 갈망하며 흑인 후보의 피부색에 전혀 구애받지 않았던 미국의 신세대들에게는 미국사회를 근저로부터 흔들어 보인 '록스타'의 '빅 콘서트'였다. 그리고 동시선거로 치러진 의회선거에서도 하원 256석(총 435석)과 상원 59석(총 100석)으로 압도적 다수당의 지위를 획득했다. 그러나 그로부터 2년이 지난 후 2010년 중간선거에서 민주당은 하원선거에서 63석을 상실해 공화당에게 다수당의 지위를 내어주었고, 상원선거도 8석을 잃어 겨우 다수당의 체면만을 유지하게 되었다. 한마디로 대패였다. 그 원인은 무엇일까?

이 단행본은 단순하지만 성찰을 요구하는 위의 질문에 대한 독자들의 궁금증을 해소하기 위해 미국정치연구회 소속의 연구자들이 작업한 결과물이다. 그동안 개인 집필과 두 차례에 걸친 집단 토론회를 통해 논문의 구성과 내용을 마련했다. 이 단행본은 다음의 몇 가지 질문에 대해 답하고자 했다. 첫째, 미국 선거제도의 효과에 대한 탐구이다. 주지하다시피 미국 연방정부의 통치형태를 규정하는 선거제도는 대통령과 하원 전체, 그리고 상원의 1/3을 선출하는 4년 주기의 동시선거와 하원 전체와 상원 1/3을 대통령 임기 중반에 4년 주기로 실시하는 중간선거로 구성되어 있다. 2008년 선거는 동시선거로 치러졌고 2010년은 중간선거로 치러졌다. 문제는 각각의 선거가 다른 정치적 효과를 지니고 있다는 점이다. 간단하게 표현하면, 동시선거는 대통령의 후광효과(coattail effect)가 강해 대통령 당선자의 소속정당이 의회선거에서 일종의 덤(bonus)을 획득할 수 있는 선거이나 중간선거는 2년 동안의 대통령의 업적에 대한 평가가 주를 이루어 집권당의 무덤이 될 수 있는 선거라는 특징을 지닌다.

이런 측면에서 윤광일의 논문은 미국 선거의 주기적(cyclical) 특성을 파헤친다. 책의 주제와 관련해 미국 중간선거의 특징을 부침(surge and decline)이론, 편승효과, 그리고 중간선거실패론(노출이론, 중간평가론, 균형이론)으로 나누어 자세히 리뷰하고 있다. 동시선거가 우세한 대통령 후보의 견인력(pulling power)으로 소속정당의 의회선거 득표율이나 의석률을 끌어올리는 효과가 있다면, 중간선거는 표준지지 이상의 득표율을 안겨준 주변부 유권자들이 포기한 결과이거나(부침이론), 과잉노출로 획득한 의석이 표준으로 회귀된 결과이거나(노출이론), 혹은 동시선거의 결과로 나타난 정책적 편향들을 중도(중위)유권자의 정책적 선호에 가깝게 교정하는 기회(균형이론)가 된다는 기존의 이론을 소개하고 있다. 아울러 미국정치의 장주기적(long-term cyclical) 변화에 대한 기존 연구들도 정리하고 있어 독자들의 미국정치에 대한 이해를 돕고 있다.

손병권의 논문은 2010년 중간선거의 특징을 출구조사 결과를 통해 자세하게 확인하고 있다. 물론 윤광일이 소개한 이론 중 특정이론을 선택해 2010년 중간선거를 설명하거나 2010년 중간선거를 특정이론을 검증하는 사례로 선택해 분석하고 있지는 않다. 그럼에도 불구하고 논문은 성, 연령, 소득, 교육, 종교 등의 다양한 사회경제적 배경 요인과 정당 및 이념을 변수로 활용해 2008년 유권자 집단별 오바마 후보에 대한 지지와 2010년 민주당 지지의 차이를 분석한다. 분석결과 비록 규모의 차이는 있지만 거의 모든 하위집단에서 민주당 지지율이 하락했음을 보여준다. 그리고 2010년 선거도 예전의 중간선거에서처럼 대통령의 소속정당은 의석을 상실할 수밖에 없다는 "대통령 중간평가론(presidential referendum theory)"에 예외가 아니었다고 주장한다. 아울러 필자는 친절하게도 2004년 동시선거와 2006년 중간선거의 출구조사 결과도 같은 방식으로 비교해 주장의 신뢰성을 보충하고 있다.

다음으로 2010년 미국 중간선거와 관련한 두 번째 질문은 중간선거가 집권당의 무덤이라 할지라도 어째서 민주당이 그렇게까지 대패하게 되었냐는 점이다. 물론 중간선거의 정치적 효과에 대한 기존의 부침이론, 과잉노출, 균형이론 등 여러 이론들은 민주당의 패배를 편하게 예측하게 해줄지 모른다. 그러나 민주당이 어떻게 해서 루스벨트 대통령 시절 민주당이 하원에서 80석을 잃었던 1938년 중간선거 이래 최악의 결과를 맞을 수밖에 없었나를 설명해주진 않는다. 이런 점에서 우리는 민주당과 공화당, 혹은 신예처럼 등장한 티파티(Tea Party)의 선거 전략과 캠페인을 면밀히 검토할 필요가 있다.

우선, 류재성의 논문은 공화당의 선거 전략과 캠페인을 자세히 다루고 있다. 그는 크게 네 가지 주제로 공화당의 캠페인에 접근한다. 첫째, 후보자 충원 부분으로 공화당이 민주당의 다선 의원 지역구를 집중 공략했다는 점과 여성, 흑인, 히스패닉 등 소수자의 대표성을 증대시키는 전략을 구사했음을 설명한다. 둘째, 캠페인 메시지 분야로 공화당은 공약제시를 통한 유권자 설득보다 분명하고 단순한 선택의 준거틀을 유권자들에게 제시했는데, 예를 들어 오바마와 그의 행정부를 "세금징수-재정지출류"의 구식 자유주의 민주당원과 "역사상 가장 큰 정부"로 틀지우기(framing)를 시도한 점을 든다. 셋째, 티파티와의 관계에서 민주당을 공격하는 충실한 동맹자, 그럼에도 불구하고 책임 있는 정당이라는 점에서 일정한 거리유지, 동시에 현실성 있는 정책을 제시하는 정당이라는 전략을 구사했음을 설명한다. 마지막으로 선거자금의 모금과 집행 부문에서 2010년 중간선거가 정당지출보다는 비정당그룹 모금과 지출이 훨씬 많았던 선거였고, 이 부문에서 공화당이 정당과 후보자 개인의 선거자금 모금과 지출에서 보인 상대적 열세를 만회할 수 있었다는 점을 보여준다.

정회옥의 논문은 민주당의 선거 전략과 캠페인을 자세히 분석하고 있다. 역시 네 가지 항목으로 분석하고 있다. 첫째, 민주당의 반(反)부시 전략이다. 민주당은 공화당의 선거공약인 "미국에의 서약(Pledge to America)"을 경제위기를 초래한 부시의 정책을 재탕한 것이라고 공격했다. 그러나 큰 효과를 보진 못한 듯하다. "미국을 더 앞으로(Moving America Forward)"라는 민주당의 슬로건에 "부시 얘기만 해서 어떻게 앞으로 가나"는 반어(反語)가 이를 단적으로 보여준다. 둘째, 공화당과 티파티를 동일한 집단으로 틀지우는 전략이다. 그러나 이 또한 효과가 없었다. 실제 유권자들의 상당수가 공화당과 티파티를 별개의 조직으로 판단하고 있었고, 더욱이 티파티 지지자들의 오히려 적극적으로 투표하는 결과를 초래했을 가능성을 진단한다. 셋째, 상식 대 극단이라는 대조로 한마디로 공화당을 급진적이며 극단적인 정당으로 몰아가는 전략이다. 그러나 실제 미국 유권자들의 다수는 민주당을 보다 더 극단적이라고 평가하고 있었다. 마지막으로 흑인 유권자에 대한 호소전략이다. 필자는 이 전략이 2008년에 이어 어느 정도 성공을 거두었다고 주장한다. 그러나 흑인들의 정치관심도(24%)가 백인의 그것(43%)보다 낮은 상태에서 실제적 효과에 대해선 의구심을 표한다.

유성진과 정진민의 논문은 1980년대 이후 미국 정당정치의 변화라는 틀 속에서 티파티의 등장과 특성, 그리고 2010년 중간선거에서 티파티의 성적을 꼼꼼히 살피고 있다. 먼저, 티파티는 1970년대 세금저항운동, 1980년대 도덕적 다수, 1990년대 기독교연합, 2000년대 복음주의 개신교운동이라는 백인유권자들을 기반으로 하는 보수적 풀뿌리 대중운동의 연장선상에 있다고 본다. 물론 기존의 보수적 대중운동이 사회·종교적 문제에 집중했었다면, 티파티 운동은 감세, 재정지출 축소 등과 같이 경제적 문제들에 연계되어 있어 차별성을 띠며 2008년 금융위기로 초래된 경제위기가 직접적인 배경이 되었다고 주장한다. 따라서 오바마 정부의 출범 이후 시행된 금융개혁과 의료보험개혁으로 인한 재정지출의 급증에 반대하며 2010년 중간선거에서 후보를 직접 출마시키거나 혹은 자신의 가치에 부합하는 공화당 후보를 지원함으로써 공화당이 2008년 잃었던 지역적 기반을 회복하는 데 상당한 공헌을 했다고 평가된다. 구체적으로 티파티가 지지한 후보를 상·하원, 지역, 현직여부, 선수 등으로 구분해 당선율을 제시하고 있다. 필자들은 티파티의 등장으로 인한 미국 정당체계의 변화 가능성에 대한 진단도 시도하고 있다. 먼저, 티파티의 작은 정부, 감세, 재정지출 축소라는 모토는 공화당 내 경제적 보수주의에 힘을 실어주는 효과가 있을 것이라는 진단이다. 둘째, 티파티의 극격한 보수성으로 인해 미국 정당정치의 분극화(polarization)가 가속화될 것이라는 전망이다. 특히 흥미로운 점은 마지막 진단으로 티파티의 급격한 경제적 보수주의는 향후 진보적 유권자의 결집과 중도 유권자의 공화당 이탈을 촉진해 향후 2012년 대통령선거에서 오바마의 재집권에 유리하게 작용할 수도 있다는 전망이다.

2010년 미국의 중간선거와 관련한 세 번째 질문은 과연 어떤 쟁점이 유권자의 선택에 큰 영향을 미쳤는가 하는 것이다. 선거 결과는 정당의 선거 전략과 캠페인만으로 충분히 설명되지 않는다. 왜냐하면, 선거 결과는 최종적으로 유권자들의 선택의 결과로 결정되기 때문이다. 따라서 유권자들의 선택이 어떤 쟁점을 중심으로 결정되었나를 살피는 일은 상당한 의미가 있다.

우선, 김준석의 논문은 경제 쟁점이 유권자들의 선택에 미친 영향을 분석하고 있다. 먼저, 미국 경제상태에 대해 실업률, 장기실업자 비중, 그리고 재정적자 상태에 대한 실질지표를 통해 오바마 행정부 출범 이후 미국의 경제상태가 최악의 상황에 놓여 있었음을 고찰하고 있다. 아울러 소비자안심지수(CCI)라는 체감지표를 통해 2010년 10월 당시 소비자들이 일정하게 경기호전을 느끼긴 했지만, 큰 폭의 개선에 대한 기대에는 미치지 못했음을 보여준다. 다음으로 경제 쟁점의 효과에 대한 진단을 제공하고 있다. 2010년 중간선거 당시 미국 유권자들은 경제를 가장 중요한 쟁점(63%)으로 꼽고 있는 가운데, 개인 경제나 국가 경제에 대한 부정적 평가와 오바마의 경기부양정책에 대한 부정적 평가가 유권자들을 공화당 지지로 돌아 세웠음을 고찰하고 있다. 역시 흥미로운 점은 미국경제가 빠른 회복세를 보인다 하더라도 미국인이 체감할 수 있는 수준의 회복까지는 상당한 시간이 걸릴 것이기에, 이는 2012년 오바마의 재선 가도에 크게 긍정적으로 작용하기는 어려울 것이라는 예측이다.

이소영과 이옥연의 논문은 의료보험과 이민규제 쟁점의 효과를 고찰하고 있다. 의료보험 쟁점은 약 100년 만의 개혁성공이라는 성과에도 불구하고 개혁반대세력의 격렬한 반대 캠페인과 여론 프레이밍에 의해 부정적 여론이 형성되면서 민주당의 패배에 상당한 영향을 미친 것으로 평가되고 있다. 특히, 저자들은 개혁반대 세력의 여론조작으로 i) 오바마는 사회주의자, ii) 의료보험의 질의 저하, iii) 의료비용의 증대, iv) 재정적자의 확대, v) 죽음의 위원회라는 사실과 거리가 먼 마타도어들이 활용되었다고 분석한다. 이민규제 쟁점 역시 상대적으로 적은 관심거리였지만 미국의 국경통제 및 국가정체성 문제와 결부되어 중간평가의 하나의 준거로 작용했다고 판단하고 있다.

끝으로 2010년 미국 중간선거와 관련한 마지막 질문은 한반도에 어떤 영향을 끼치겠는가 하는 것이다. 예외적인 경우를 제외하고 외교정책이 미국 연방선거 결과에 미치는 영향은 미미하다. 그럼에도 불구하고 분단된 한반도 현실과 한반도의 안보상황에 미치는 미국의 영향력을 고려할 때, 중간선거를 통해 하원 다수당의 지위에 오른 공화당과 민주당 대통령이라는 분점정부적 상황이 한반도 외교정책에 어떤 변화를 수반할지에 대한 진단은 무척 중요하다.

김재천의 논문은 두 가지 시나리오를 염두에 두고 오바마 행정부의 대한반도 정책의 변화 가능성을 살피고 있다. 첫째, 국내정치의 돌파구로 외교정책의 변화를 도모할 가능성이다. 그러나 여러 정황상 이런 가능성은 높지 않다고 본다. 둘째, 공화당으로의 의회 권력의 이동이 가져올 변화이다. 공화당 주도의 하원은 북한의 정권교체를 공론화하고 인권개선을 공식으로 제기해 오바마 행정부의 대북정책 방정식을 복잡하게 만들 수 있다고 본다. 물론, 한미동맹의 큰 줄기에는 변화가 없겠지만, 재정 건전성을 강조하는 공화당이 미군기지 이전 비용 부담을 포함한 방위비 분담 비용 증액을 강하게 요구할 가능성도 제기한다. 마지막으로 친일반중(親日反中)의 공화당 외교정책성향으로 미중의 경쟁구도가 동북아에 가속화될 경우 한중관계와 남북관계에도 큰 부담으로 작용할 것이라 예측한다.

본 연구서가 나오기까지 여러분들의 수고가 있었다. 무엇보다 미국정치연구회 회원 여러분들께 감사드린다. 특히 집필자들께서는 방학 중임에도 불구하고 바쁜 시간을 쪼개어 연구를 해주셨다. 그들의 노고가 없었다면 이 책은 햇볕을 보지 못했을 것이다. 아울러 이화여대 유성진 교수와 대구대 이소영 교수는 2011년 미국정치연구회의 총무와 회계로 많은 수고를 아끼지 않으셨다. 이 자리를 빌려 진심으로 감사드린다.

무엇보다 이 책을 기꺼이 출판하도록 해준 도서출판 오름의 부성옥 대표와 최선숙 부장께 감사드린다. 연구서를 펴내는 일이 경제적 이익으로 따지자면 '밑지는 장사'라는 말이 통념이 되어 버린 현실도 마다않고 매번 미국정치연구회가 진행하는 연구서를 기꺼이 출판해주는 오름에 고마운 마음을 전한다. 이제 이 책의 출판을 계기로 2010년 미국정치연구회의 회장이라는 무거운 직함을 정식으로 내려놓게 되었다. 회장으로서 아무것도 공헌한 것이 없어 회원 여러분들께 죄송한 마음뿐이었는데, 그나마 체면치레는 한 것이 되어 다행스럽다. 회원 여러분께 다시 한번 깊은 감사의 마음을 전한다.

2011년 6월 29일
한신대학교 연구실에서
미국정치연구회를 대표하여
조성대 올림

| 차 례 |

제3장 공화당의 2010년 중간선거 전략 | 류재성

제4장 2010년 중간선거에서의 민주당 선거 전략의 특징 | 정회옥

| 제1장 |

미국 중간선거의 이해: 선거주기론을 중심으로*

윤광일 | 서울대학교

I. 서론

제112대 연방 의회를 구성하기 위해 치뤄진 2010년 중간선거는 이전의 중간선거들의 결과와 다르지 않게 "대통령 소속 정당의 하원 의석 상실"로 막을 내렸다. 실제로 집권당은 남북전쟁 이후 1934년 루스벨트(Franklin D. Roosevelt)대통령 때 9석, 1998년 클린턴(William J. Clintion)대통령 때 5석, 2002년 부시(George W. Bush)대통령 때 8석이 각각 증가한 단 세 차례의 경우를 제외하고 하원선거에서 매번, 그것도 대부분 수십 석 이상의 의석을 잃어왔다.[1] 이러한 역사적 사실을 반

* 『의정연구』 제32호(2011)에 게재된 논문을 수정 · 보완한 글입니다.

1) 하원 정원의 증가로 민주, 공화 양당 모두 의석수가 증가한 1902년 선거를 제외했다. 의석수 변화 자료는 Stanley and Niemi, Vital Statistics on American Politics *2009-2010*(2010), pp.27-31 참조.

영하듯 중간선거 결과 예측 특집호인 *PS: Political Science* 2010년 10월호에 기고한 정치학자들 모두 오바마(Barack Obama)대통령의 민주당의 패배를 예측하는 데에는 이견이 없었다. 다만 상실 예측 의석 수에 있어서 30석 전후(Lewis-Beck and Tien 2010; Cuzán 2010)와 50석 전후(Campbell 2010; Abramowitz 2010; Bafumi et al. 2010)를 예측하는 학자군으로 나뉘었을 따름이다.[2)]

터프티(Tufte)는 일찌기 "중간선거시 집권당 처벌"이라는 상당히 오래된 역사적 "규칙(routine)"에 대한 체계적 설명의 필요성을 역설한 바있다. 예컨대, 그는 집권당의 중간선거전 업적에 의거 이 당을 응징하거나 처벌하는 "합리적 신(rational god)"과 같은 유권자상에 의문을 표시한 키(V.O. Key)의 관찰에 동의했다(Tufte 1975, 812). 이 글에서는 바로 이 같은 미국 연방 선거 결과의 역사적, 반복적 패턴에 주목한 경험적 이론들을 비판적으로 소개하고자 한다.

미국 선거주기에 대한 연구는 논의의 편의상 주기성(periodicity)의 시계(time horizon)에 따라, 첫째, 약 30년 정도의 비교적 긴 주기를 통해 반복적으로 나타나는 "중대 선거(critical elections)" 이후의 "유권자 정당 지지재편(realignment)"에 초점을 맞춘 연구와 둘째, 동시 선거와 중간선거의 2년간의 주기로 반복적으로 나타나는 대통령 소속 정당의 득표율 부침 현상에 초점을 맞춘 연구로 나눠볼 수 있다.[3)] 이 글에서는 각 연구의 핵심 논의에 대하여 선거주기의 장단기적 특성과 이를 설명

---

2) 실제 선거 결과 공화당이 63석을 더 획득하여 이들 모두의 예측이 적지 않게 빗나간 것으로 드러났다. 그러나 이와 같은 결과는 역사적으로 보건대 최악은 아니다. 예컨대, 전무후무하게 4선에 성공한 루스벨트도 1938년 중간선거에서 71석을 잃었으며, 클린턴도 1994년 취임 후 첫 중간선거에서 54석을 잃은 바 있다. 한편, 바푸미와 동료들(2011)은 2010년 결과도 자신들이 추정한 95% 신뢰구간에 속한다고 강조했다.

3) 대부분의 미국 선거주기에 대한 연구는 대통령 선거와 연방하원 선거에 초점을 맞추고 있다. 상대적으로 연방상원 선거와 개별 주 차원의 선거주기에 대한 연구는 많지 않다.

하는 요인을 중심으로 살펴보고자 한다. 본격적인 논의에 앞서 미국 선거주기의 역사적 배경과 법적 근거에 대해 우선 알아보도록 한다.

II. 선거주기의 역사적 배경과 법적 근거

미국의 연방 선출직 선거는 크게 동시(On-year) 선거와 중간(Midterm 혹은 Off-year) 선거로 구분된다. 전자는 538명의 대통령 선거인단(electoral college)과 인구비례 대표인 하원 의원 435명 전부, 그리고 상원 의원의 1/3을 뽑는 선거이며, 중간선거에서는 동시 선거 2년 후 하원의원 전부와 상원의원의 또 다른 1/3을 뽑는다.[4)]

한편, 이러한 "동시-중간" 선거주기 시스템은 특정의 정치적 혹은 정책적 결과를 노린 의도적인 결정이라기보다는 헌법상 직위별 차등 임기에 따른 자연적이지만 부수적인 현상으로 보인다. 예컨대 연방 헌법은 하원과 상원의 임기를 각각 2년(Article I Section 2 Clause 1)과 6년(Article I Section 3 Clause 1), 그리고 대통령의 임기를 4년(Article II Section 1 Clause 1)으로 규정해 놓았을 뿐 동시선거에 대한 명시적 조항을 두고 있지 않다.

다시 말해서 이들 모든 직위의 임기가 짝수이지만, 법적으로든 논리적으로든 현재와 같은 형태로 선거주기가 일치되어야 할 필요는 없었던 것이다. 연방 헌법의 조항들을 사상적으로 뒷받침한 *Federalist Papers*에도, 작은 선거구를 대표하며 주민 직선인 하원과 큰 선거구를

4) 짝수 해에 실시되는 연방 및 주 전체 단위 직 선출을 위한 동시 선거와 중간선거에 대비 홀수 해에 이뤄지는 주내 자치 단체직 선거를 Off-year 선거로 부르기도 한다.

대표하며 간선인 상원 및 대통령의 임기가 달라야 하는 이유에 대한 논증외에 이들 연방 직위의 선거주기를 정치적으로 조정해야 한다는 명시적인 논의는 없다.[5)]

다만 연방 헌법상 이들 직위의 임기가 모두 짝수로 규정되어 있고 상원의 약 1/3씩 2년마다 선출하는 "시차임기 선거(staggered election)"가 또한 규정(Article I Section 3 Clause 2)되어 있어 건국 초부터 동시선거의 기반은 마련되어 있었다. 이어 제 28차 의회가 1845년 "11월 첫째 월요일 다음 첫 번째 화요일"에 대통령 선거인단 선거를 동시에 실시할 것을 규정한 법안을 통과시켜 현재와 같은 동시 선거일을 최초로 확정했다. 마지막으로 지금과 같은 형태의 "동시선거 2년 후 중간선거"라는 선거주기 패턴은 상원의원 선출방식을 주 의회 간선에서 국민 직선으로 개정한 수정헌법 제17조의 비준(1913년)을 통해 완성되었다.[6)]

---

5) 연방주의자 매디슨(James Madison)은 하원의 짧은 임기와 상대적으로 긴 상원에 대하여 그리고 또다른 연방주의자 해밀턴(Alexander Hamilton)은 하원보다 긴 대통령의 임기에 대하여 다음과 같이 정당화하고 있다: "(하원의) 잦은 선거가 인민의 의사에 즉각적인 의존과 동감을 효과적으로 확보할 수 있는 정책임에는 의심할 여지가 없다"(Hamilton, et al. 1788/1982, No. 52, 267); "새로운 구성원의 급격한 교체는, 그들이 아무리 능력이 있는 자들 일지라도, (상원과 같은) 정부내 안정적인 기관의 존재를 필요 불가결하게 만든다…끊임없는 변화는 아무리 좋은 정책일 지라도 모든 면에 있어서 신중함에 부합하지 않으며 성공적이지도 않다(Hamilton et al. 1788/1982, No. 62, 316); "(4년이라는 대통령직의 임기는) 행정부 수반으로서 헌법적 권한의 행사를 위한 견고한 의지와 이를 통한 행정 체제의 안정성 유지의 확보라는 목적과 관련이 있다"(Hamilton et al. 1788/1982, No. 71, 362).

6) "11월 첫째 주 월요일 다음 첫 화요일" 규정은 연방법(U.S. Code) Title 2 Chapter 2 Section 7(하원)과 Title 3 Chapter 1 Section 1(대통령)에 그 법적 근거를 찾아볼 수 있다. 하원과 대통령 선거인단 선거와 달리 상원의 경우에는 연방법상 이와 같은 특정일을 명시적으로 지정하는 대신 하원 선거일과 같게 하도록 규정해 놓아 실제적으로 이 날을 연방 동시 선거일로 법제화했다(Title 2 Chapter 1 Section 1).

III. 장기적 선거주기론

1. 중대 선거와 유권자 재편론

미국의 선거주기에 대한 학술적 논의는 키의 중대 선거론에서 시작되었다. 그는 1955년 논문에서 중대 선거를 거시적인 수준에서 "급격한 동시에 지속적인(both sharp and durable)" 유권자 정당 지지의 "재편(realignment)"이 일어나는 선거로 개념화하면서 이를 1896년과 1928년의 뉴잉글랜드 지역 선거 결과 분석에 적용하고자 했다. 키에 의하면, 지역 변수와 대통령 후보의 특성이 각 해의 대통령 선거를 중대 선거로 만들었다. 예컨대, 1896년 선거에서는 이지역 유권자들이 미서부 지역 민주당 지지 상승에 대한 반발로 자신의 사회경제적 계급과 다소 무관하게 공화당 지지로 돌아섰고, 이처럼 높아진 공화당 지지 수준은 1928년까지 유지되었다. 한편, 1928년 선거에서는 알 스미스(Al Smith) 민주당 대통령 후보의 종교와 출신 지역에 영향을 받아 가톨릭, 저소득층, 도시 이민자 등이 많이 사는 지역을 중심으로 민주당 지지도가 상승했으며, 연구 당시인 1952년까지도 이와 같은 민주당 지지 수준이 유지되었다.

키의 중대 선거론은 그도 인정한 연구 방법, 지역 및 시기적 한계에도 불구하고, 이후 전국적이고 더 긴 분석 대상 기간의 데이터를 이용한 연구에서 반복적으로 확인된 약 30년의 주기성의 존재를 암시적으로나마 최초로 제시했다.[7] 또한, 이후의 선거주기 연구가 유권자 재편 원

7) 유권자 재편론의 대표적 선구자인 키, 샷스나이더(E. E. Schattschneider), 선드퀴스트(J. L. Sundquist) 모두 선거의 반복적 주기성 자체에 대한 주장을 펴지는 않았다(Burnham 1970, 2; Mayhew 2000, 452). 미시간 학파 또한 유지(maintaining), 이탈(deviating), 재편(realigning) 등의 개념을 적용, 투표행태 변화에 기초한 선거 분류를 시도했으나 주기성을 주장하지는 않았다(Campbell et al. 1960).

인과 그 정치적 함의와 같은 장기적 주기성에 초점을 맞추는 데 지대한 영향을 끼쳤다(Nardulli 1995; Mayhew 2000; Merrill et al. 2008).

키 이후 대표적인 선거주기론자로는 번햄(Walter D. Burnham)을 들 수 있다. 그는 키 연구의 한계를 극복한 동시에 중대 선거의 요인을 보다 체계적으로 연구했다. 예컨대 번햄은 1824년부터 *Critical Elections and the Mainsprings of American Politics*(1970) 출간 직전까지인 1968년까지의 정당 득표율과 투표 참여율 변화 추이에 대한 회귀분석을 토대로 약 30~38년에 한 번꼴로 전국적 차원에서 유권자 지지 변화에 "놀랄 만큼 일정한 주기성(remarkably uniform periodicity)"이 존재해 왔다고 주장했다. 또한 그는 키의 중대 선거 개념을 구체화해, 단기간 동안 유권자들의 전통적인 투표 행태와 "대중적 정당 지지 연합 기반(mass coalitional bases)"에 격렬한 변화를 수반하는 선거로 개념화하고, 이를 140여 년의 기간을 포괄하는 전국적 데이터 분석에 적용하여 중대 선거의 반복적 출현 주기를 찾아냈다.

번햄은 특히, 중대 선거 사이 약 30여 년 동안 유권자와 정당 간의 상호작용에 의한 정당체계(party system)의 일련의 "구성적(constituent)" 변화에 주목했다. 즉 이 기간 동안 기존의 "일상적 정당 정치(party politics as usual)"가 정당 조직이나 정책적 대응을 통해 사회경제적 변화에 따른 유권자들의 새로운 요구를 제대로 수용하지 못해 사회 내 정치적 스트레스와 긴장을 축적시키는 시기가 오는데, 이는 우선 정당내 및 정당 간 이데올로기적 분극화와 유력한 제3당의 등장의 형태로 표출된다.[8] 약 30년을 주기로 반복적으로 나타나는 중대 선거는 이와 같은 정당정치의 위기가 "인화점(flash point)"에 도달한 것이며, 이의 귀결은 유권자 지지 분포, 정당, 정책, 제도, 엘리트 등 정치 전반의 획기적이며 지속적인 변화로 특징지어지는 "중대한 재편(critical

8) 제3당의 출현이 중대한 유권자 재편을 알리는 신호("protorealignment")이다 (Burnham 1970, 27).

realignments)"인 것이다(Burnham 1970, 6-10). 번햄에 따르면, 전국적 차원에서 중대 선거 30여 년 주기가 반복되는 것은 기존 정당이 대중 지지 연합 조직화를 통한 이익 통합과 집합 기능 수행에 주기적으로 실패하기 때문이며, 따라서 그는 중대한 재편이야말로 정치체계 일반을 사회경제적 체계의 변화에 부합하도록 만드는 "원동력(mainspring)"이라고 역설했다.[9] 한편, 그는 사회경제적 체제내의 "비정상적 스트레스(abnormal stress)"를 30년 주기의 출발점으로 상정하여, 경기 순환 주기(business cycle)와 중대 선거주기 간의 관련성에 대해 시사하고 있지만 이에 대한 구체적인 연구를 진행하지는 않았다.

번햄 이후의 선거주기 연구자들은 그의 선거주기 30년론에 대해 대체로 동의하고 있다. 예컨대, 메릴과 그의 동료들에 의하면 이후 유권자 재편론 관련 문헌에서 30 전후의 숫자는 거의 신성시될 정도로 중요했다(2008, 1). 구체적으로 거시적 수준에서 정당 지지 분포의 급격한 변화를 수반한 중대 선거의 예로 19세기 초, 1820년대 후반, 1850년대 후반에서 1860년대 초반, 1893년 공황 직후, 그리고 1929년 대공황 직후의 선거가 제시되어 왔다(Burnham 1970, 1). 그러나 30년이라는 주기 자체는 이론적으로 도출된 필연성을 내포한 개념이라기보다는 키 이후 중대 선거에 대한 유사한 조작적 정의(operational definition)에 기반한 통계적 분석의 결과이다. 다시 말해서, 중대 선거 개념에 기초한 장기적 선거주기론자들은 거시적 수준의 투표 결과에서 나타나는 유권자의 정당 지지 재편의 주기라는 종속 변수의 확인 또는 측정에만 집중한 나머지 이를 설명할 독립 변수와 그에 기반한 이론적 가설 및 모델 설정에 소홀했다는 비판에서 자유롭지 못하다.

한편, 번햄은 상기한 5번의 중대 선거 시기 이후 5차례에 걸쳐 새로

9) 번햄은 매우 다양하고 이질적인 사회 집단의 이익 집합과 통합을 미국 정당의 가장 핵심적 특성("constituent-function supremacy")으로 파악하면서 근대적 대중 조직 건설을 중시하는 유럽 정당과 구별했다(1970, 9).

운 정당체계가 등장했다고 주장했다. 그에게는 중대선거 그 자체보다는 중대 선거 사이의 유권자 재편에 의한 정당체제 변화와 이에 따른 정책의 변화에 연구의 초점이 맞춰져 있었던 것이다(Ginsberg 1972; Beck 1979; Merrill et al. 2008).

2. 메릴과 동료들의 통계적 연구

번햄 이후 특히 1980년대 이후 선거주기는 물론 선거 유권자 재편에 대한 논의는 메릴과 그의 동료들이 체계적인 경험적 연구(2008)를 발표하기까지 다소 소강 상태를 보인다. 예컨대 90년대 "표준 투표(normal vote)" 개념에 기반한 유권자 중대 재편 연구를 주도한 나덜리(Nardulli 1995)는 선행 연구가 중대 선거나 재편 등 핵심 개념들을 모호하게 정의하여 이 분야의 쇠락을 가져왔다는 일부의 시각에 동의했다. 또 다른 주기론자인 제임스 캠벨(James E. Campbell 2006)도 모호한 개념의 문제점에 동의하고 있다. 특히 메이휴(Mayhew 2000)는 이와 같은 휴지기에 30년의 선거주기, 보다 구체적으로는 정치적 스트레스 축적기에 강한 의구심을 보이는 논문을 발표했다. 예컨대 그는 1894년과 1896년의 공화당의 성공, 그리고 1930년과 1932년의 민주당의 성공은 각각 1893년과 1929년의 경제적 위기만으로도 충분히 설명할 수 있다고 주장했다. 다시 말해서 이들 선거에서는 번햄과 선거주기론자들이 상정한 중대 선거 전 약 30년에 걸친 정치적 긴장의 축적기가 필요없었을 뿐만 아니라 이의 증거도 없다는 것이다. 또한 그는 2002년 출간한 *Electoral Realignments: A Critique of an American Genre*에서 1932년 뉴딜 재편 이후 중대한 유권자 지지 재편이 없었다고 지적하며 이 연구 분야가 미국 선거연구를 이해하는 데 방해가 될 뿐이라고 주장했다(Mayhew 재인용, James Campbell 2006, 360).

중대 선거론 혹은 유권자 지지 중대 재편론에 대한 이와 같은 날카로운 비판에 맞서 메릴과 그의 동료들의 연구는 적어도 유권자 지지 변화의 주기성 확인에 있어서는 일단 번햄의 손을 들어 준 것으로 보인다. 이들은 우선, 선거주기의 존재 여부를 확인하고 논란이 되어 온 뉴딜 이후 최근까지의 선거주기 패턴을 파악하기 위해, 현대와 같은 민주당과 공화당의 양당제가 정착되기 시작한 1854년부터 2006년까지 각 연방 선거별 그리고 모든 선거 평균의 정당 지지 분포의 역사적 변화를 추적했다.[10] 저자들은 먼저 다음과 같은 시계열 그림을 통해 양원의 민주당의 의석 비율(〈그림 1가〉와 〈그림 1나〉)과 민주당 대통령 후보의 득표율(〈그림 1다〉), 그리고 이들 세 변수의 평균(〈그림 1라〉)을 보여주며 각 선거별 주기의 패턴을 일목 요연하게 파악할 수 있게 했다. 예컨대, 상원과 하원은 1870년대 이후로 상당히 유사한 부침의 주기성을 나타내고 있으며, 대통령선거 또한 의회에 비해 좁은 범위 내에서 유사한 부침의 주기성을 드러내고 있다. 각 선거별 의석 비율과 대통령 후보의 득표율의 평균으로 구성된 〈그림 1라〉 또한 선거에서 나타난 민주당 지지의 부침이 어느 정도 주기성을 띠고 있음을 보여주고 있다. 요컨대 이들은 번햄과 마찬가지로 일정한 선거주기로 전국적 차원의 정당 지지 분포가 변화하고 있다는 사실을 확인한 것이다. 이후 이들의 연구는 그림에서 드러난 선거주기가 통계적으로도 의미있는 것인지 검정하고, 확인된 주기를 설명하는 이론적 모델을 논리적으로 입증하는 데에 초점을 맞추고 있다.

한편, 〈그림 1〉은 선행 연구의 한계와 문제점이 무엇인지도 어느 정도 알 수 있게 한다. 우선 기존 연구는 주로 대통령 선거 결과에 의존하고 있는데, 〈그림 1가〉와 〈그림 1나〉에 의하면 부침의 형태와 주기의 길이가 의회와 대통령선거에서 다소 다르게 나타나고 있어 선거 별 혹은 통합적 연구의 필요성이 부각되고 있다. 또한 이 그림은 중대 선거

---

10) 〈그림 1〉은 원저자로부터 2008년 선거 결과를 반영한 최신 데이터를 받아 수정하여 작성했다.

나 중대 재편의 특성을 묘사하는 기존 연구의 형용사들, 예컨대 키와 번햄의 “급격하고 지속적인,” 번햄의 “돌연한(abrupt)” 혹은 “비점진적인(nonincremental)” 등의 타당성에 의구심을 가지게 한다. 다시 말해서 〈그림 1〉에서 공통적으로 나타나는, 복수의 선거로 구성된 지지율 상승과 하강의 패턴은 어느 한 두개의 선거만을 중대 선거로 특정하기가 어렵다는 점을 시사한다.

메릴과 그의 동료들의 연구는 무엇보다 이와 같은 한계를 극복하고자 하는 시도로 판단된다. 구체적으로 이들은 선거주기의 존재 여부를 통계학적으로 보다 엄밀하게 검증하기 위해 시계열 연구에서 주기 패턴 확인에 쓰이는 스펙트럼 분석(spectral analysis)을 통해 상 · 하원, 대통령 선거인단, 그리고 선거 결과의 시기별 평균 각각의 “주기의 길이(cycle length)”를 측정했다. 또한 이들은 한 정당의 재편이 일어나기 전 지지 수준으로부터 재편 이후 지배적 지지 시기를 거쳐 다시 원래 지지 수준으로 복귀하는 시점까지를 하나의 주기로 파악함으로써, 재편 이후의 정당의 지배적 위치의 지속 기간만을 기준으로 선거주기를 가늠한 이전 연구들과 차별성을 보인다(Merill et al. 2008, 1).[11]

메릴과 동료들은 스펙트럼 분석 결과를 토대로 분석 단위 모두 통계적으로 상당히 유의미한 선거주기가 있음을 밝혀냈다. 또한 이들이 통계적으로 확인한 선거주기의 길이는 번햄 이후 선거주기론이 정설처럼 주장해온 30년 주기보다는 다소 짧지만 상당히 근접한 것으로 드러났다. 예컨대 저자들의 연구에 의하면 선거별 주기의 길이는 하원 26년, 상원 28년, 상 · 하원 26년, 대통령 선거인단 26년, 상 · 하원 및 대통령 선거인단 25년이며, 각 주기 측정치의 *p*-value가 대통령 선거인단(p=0.03)을 제외하고 모두 0.001 미만이다(Merill et al. 2008, 5).

11) 이들의 선거주기에 대한 정의에 의하면, 주기를 30년으로 볼 때 어느 한 정당이 다수당의 위치에서 소수당이 되기전까지 득표율이 증감하는 주기가 12~15년이 되고 정권 교체 후 새 다수당이 다시 소수당이 되기 전까지 득표율이 증감하는 주기가 12~15년이 된다.

메릴과 동료들은 이와 같이 확인된 주기성을 설명하기 위해 선거 경쟁에 대한 공간 모형(spatial model)에 의거, "유권자-정당간 상호작용 모델(voter-party interaction model)"을 제시했다. 이 모델에 의하면 선거주기의 길이는 (1) 정당과 후보자가 자신들이 선호하

〈그림 1〉 미국 정당 지지의 역사적 변화 (1854~2008)

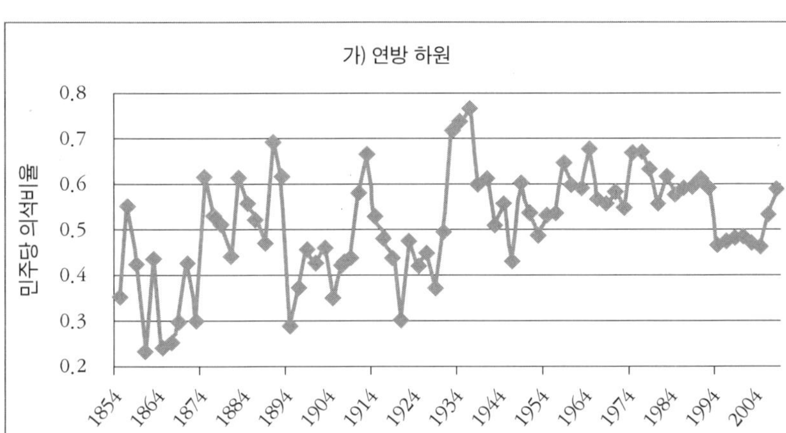

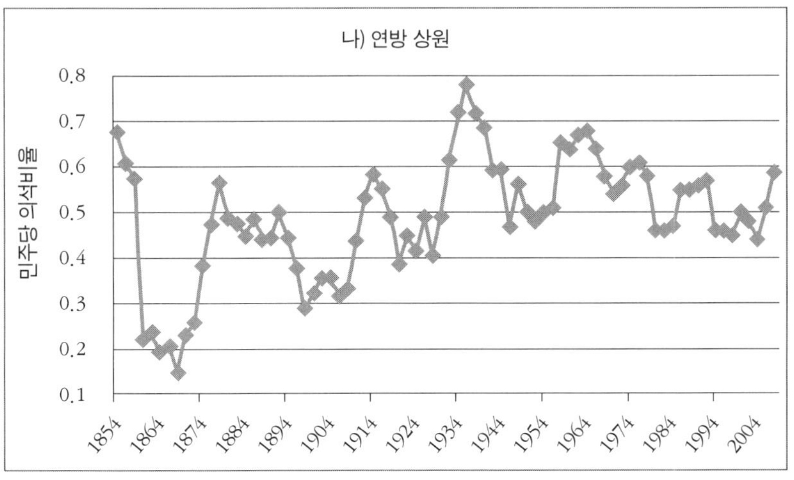

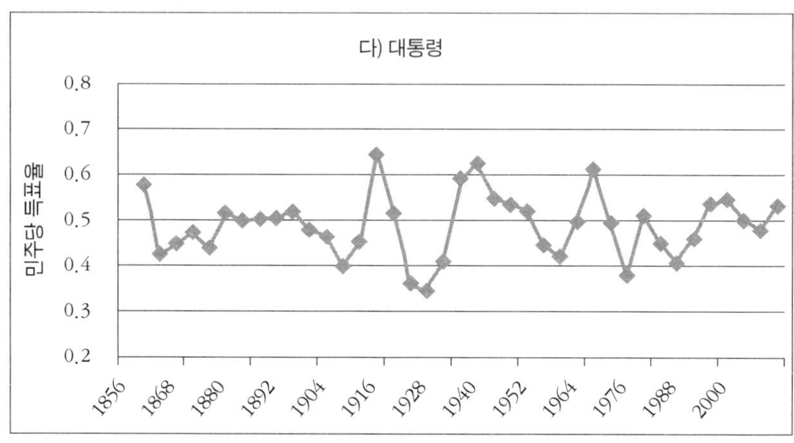

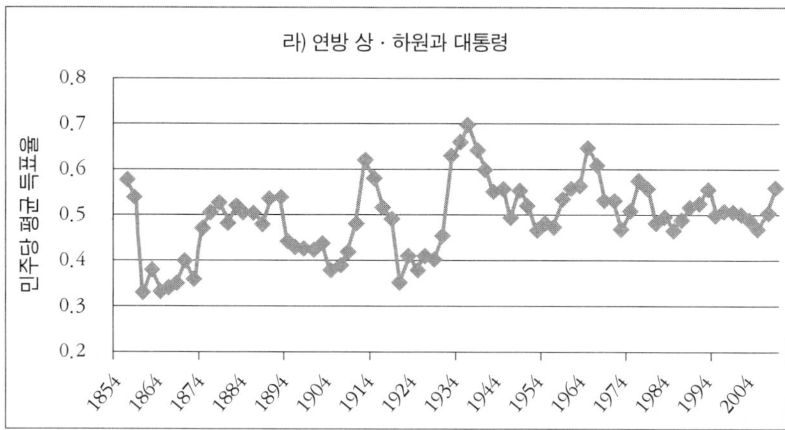

주: 〈그림 1라〉는 각 선거에서의 민주당 대통령 후보와 상 · 하원 득표율의 평균을 바탕으로 그린 것임. 중간선거에서는 해당 선거 2년 전 대통령 선거에서의 득표율을 이용했음.

출처: Samuel Merrill, Bernard Grofman and Thomas L. Brunell, "Cycles in American National Electoral Politics, 1854-2006: Statistical Evidence and an Explanatory Model," *The American Political Science Review* 102 (1):1-17. 〈Figure 1〉. Historical Time-Series for American Politics(2008).

는 정책을 추구하려는 원심적 경향("party-policy motivation")과 중위 투표자(median voter)의 선호를 추구하려는 구심적 경향("median convergence") 사이와 (2) 유권자가 현직 의원과 집권 정당을 선호하는 경향("incumbency")과 이들의 정책으로부터 멀어지려는 경향("voter reaction") 사이의 두 가지 형태의 역동적 긴장 관계와 이를 구성하는 네 개의 파라미터의 상대적 크기에 의해 결정된다.[12] 연구자들은 이 모델의 선거주기에 대한 통계적 예측치—하원 25.5년, 상원 26.5년, 대통령 28.5년—가 스펙트럼 분석을 통해 확인한 선거주기의 길이와 매우 유사하다는 결과를 얻어냄으로써 모델의 경험적 타당성을 입증했다(Merill et al. 2008, 11).[13]

이들의 연구는 번햄으로 대표되는 선거주기론자들이 주장한 유권자 지지 분포 변화의 "일정한 주기성"을 정교한 통계적 분석을 통해 재확인했을 뿐만 아니라 그것이 존재하는 이유를 설명하는 공간 모형의 타당성을 통계적으로 입증하여 선행 연구의 이론적 빈약성을 개선했다는 데 의의가 있다. 또한 이들의 시계열적 상호작용 모델은 중대 선거론과 중대 재편론이 암묵적으로나 명시적으로 상정하고 있는 급격하고 돌연한 "단속적 균형(punctuated equilibrium)"모델을 극복하고 장기간에 걸친 점진적 정당 지지 변화의 패턴 분석이 향후 장기적 선거주기론의 핵심적 과제가 되어야 함을 시사하고 있다.

---

12) 메릴과 동료들은 이와 같은 유권자와 정당간의 상호작용이 일정한 선거주기를 산출해 내는 과정을 "음성 피드백 순환고리(negative feedback loop)" 에 의한 정당 간 안정적 균형 상태 유지의 과정으로 이해한다.

13) 이들이 주장한 유권자 지지 분포의 점진적 변화는 키(1959)가 상정한 또 다른 재편 유형인 "장기적 재편(secular realignment)"과 매우 유사하다. 번햄은 중대 재편이 단기간 동안 급격하게 이뤄지기 때문에 장기적 재편과는 구별된다고 강조했다(Burnham 1970, 6).

IV. 단기적 선거주기론

1. 부침(Surge and Decline)이론

기술적 연구(descriptive analysis)에서 출발한 중대 선거론이 비교적 장기간에 걸친 유권자 재편 혹은 이탈(dealignment)과 관계 있는 정당과 유권자의 상호 작용에 초점을 맞추었다면 부침이론은 동시 선거와 중간선거의 2년을 주기로 반복적으로 나타나는 선거 결과의 일정한 변화 패턴에 주목한다.

부침이론의 선각자 중의 하나인 앵거스 캠벨(Angus Campbell 1960)에 의하면, 미국의 선거는 이슈, 정당의 업적과 대표적 후보자 등과 같은 "단기적인 정치적 자극(short-term political stimulation)"에 좌우 되는 "고자극(high stimulus) 선거"와 정당 일체감(party identification)에 따른 표준(normal) 정당 지지 분포에 의해 좌우되는 "저자극 선거(low stimulus)"로 나뉘어진다. 보다 구체적으로, 대통령 선거인단 선거와 의회 선거가 같은 시기에 이루어지는 동시 선거에서는, 평소 정치적 관심과 투표 의사가 낮은 "주변부 유권자들(peripheral voters)"조차 상기한 단기적 자극에 고무되어 투표에 참여할 뿐만 아니라, 우세한 대통령 후보와 그의 소속 정당에 지지를 몰아주는 현상을 보인다. 또한 이와 같은 고자극 선거에서는 정치적 관심도가 높고 늘 투표에 참여하는 "핵심 유권자(core voters)"들 중 무당파(Independent)와 지고 있는 정당의 지지자들 일부도 이기고 있는 정당에 투표를 하는 단기적 이탈 현상도 나타난다.

반면, 의회 구성만을 위한 중간선거는 유권자들이 선거 결과의 중요성을 낮게 평가하는 저자극 선거의 전형적인 예이다. 투표용지에 대통령과 같은 유력 후보가 없는, 이와 같은 선거에서는 주변부 유권자들은 투표를 포기하고 핵심 유권자들만이 투표에 참여하게 되어 이들의 "고정적 지지" 분포가 선거의 결과를 결정하게 된다.

앵거스 캠벨은1948년부터 1958년까지 각각 두 번의 동시와 중간선거에 대한 회고(recall) 및 패널 조사를 통해 정치적 자극의 수위에 따라 2년을 주기로 정당 지지의 급격한 상승과 쇠퇴가 일어난다는 부침이론을 경험적으로 입증했다. 이를 통해 그는 뉴딜 시기인 1934년 선거만을 제외하고 남북전쟁 이후 모든 중간선거에서 대통령 소속 정당이 하원 의석을 잃어 온 역사적 사실을 설명하고자 했다. 캠벨에 의하면 중간선거의 저조한 투표율과 대통령 소속 정당의 득표율 감소는 밀접한 관련이 있다. 즉 고자극 동시 선거에서 승리한 대통령 후보에게 역사적 정당별 표준 지지 이상의 득표율을 안겨준 주변부 유권자들이 투표를 포기한 결과인 것이다.

제임스 캠벨은 앞서 살펴본 앵거스 캠벨의 논의에 이론적 수정(1987)과 거시적 경험적 연구(1991)를 더해 단기적 선거주기론에서 부침이론의 위상을 재정립하고자 했다. 그는 우선 대통령선거에서도 중간선거에서처럼 전통적 지지정당으로부터 이탈하는 유권자가 많지 않고 고정적 정당 지지자(partisans) 위주의 투표가 이뤄진다는 사실에 주목했다. 이는 앵거스 캠벨 이래 전통적 부침이론의 이론적 전망과는 부합하지 않는다(James E. Campbell 1987, 967). 즉 제임스 캠벨은 고정적 지지자들의 지지 정당 변경(defection)보다는 이들의 투표 참여율 차이와 정당 일체감에 영향을 받지 않는 무당파들의 투표가 대통령 선거에서 승리한 정당의 지지 급증 현상을 설명한다고 주장했다. 보다 구체적으로 그는 주변부 무당파 유권자들이 아닌 우세 정당의 전통적 지지자들의 적극적 투표 참여와 패배 정당의 전통적 지지자들의 투표 포기, 그리고 패배 정당 지지자들의 단기적 이탈보다는 무당파의 승리 정당 후보에 대한 지지 편승이 대통령 선거에서 승리 정당의 득표율을 높이는 요인이라고 주장했다. 요컨대 그는 앵거스 캠벨과 달리 정당의 전통적 지지자들의 이탈과 주변부 무당파의 투표 참여를 기대하지 않았다. 한편, 그의 이론에서도 전통적 부침이론과 동일하게 중간선거의 쇠퇴는 표준 지지 분포로의 복귀를 의미한다(James E. Campbell 1987, 968-970). 저자는 1956년부터 1982년까지 7쌍의 대통령선거와 중간선거에 대한 미국 선거 연구(American National Election Studies) 데이터를 이용, 이와 같은 수정된 부침이론을 통계적으로 입증했다.

후속 경험적 연구에서 제임스 캠벨은 1868년부터 1988년까지 61번의 동시 및 중간 의회 선거 개표 결과에 대한 회귀 분석을 통해 중간선거에서 대통령 정당의 의석 및 득표율 손실이 이전 동시 선거에서 이 정당과 야당의 득표율 차이에 비례한다는 사실을 밝혀 냈다(James E. Campbell 1991). 다시 말해서 동시 선거에서 대통령 정당이 야당에 비해 더 얻은 만큼 중간선거에서 잃는 경향이 있다는 것이다. 이 논문에서 저자는 앵거스 캠벨이 미시적 접근을 통해 제기한 부침이론의 거시적 함의를 매우 광범위한 기간을 포괄하는 집합적 데이터를 이용하여 확인했다. 그러나 이 연구 또한 수정이론을 제기한 이전 연구(1987)와 같이, 구체적으로 왜 중간선거에서 대통령 정당의 득표율과 의석비율이 감소하는지에 대한 이론적 설명은 미흡해 보인다. 다만, 그는 후술할 "편승 효과(coattail effect)"[14] 의 부재와 함께 대통령 정당에 대한 부정적 평가에 기반한 "부정적 투표(Negative Voting)" 혹은 "중간 평가(Midterm Referendum)"가 이 당에 대한 지지를 떨어뜨린다는 주장에 동의를 표했다(James E. Campbell 1991, 483).

2. 대통령 편승 효과

대통령 편승 효과론은 부침이론의 한 단면, 즉 지지 급증(Surge)에 초점을 맞춘 논의라 볼 수 있다. 즉 이 이론은 동시 · 중간선거 2년의 부침주기의 동학보다는 동시 선거에서 우세한 대통령 후보의 "견인력

14) 후광효과 혹은 연미복 효과, 옷자락 효과 등으로 번역되기도 한다.

(pulling power)"이 후보 소속 정당의 의회 선거 득표율 혹은 의석 비율을 끌어올릴 수 있는 현상에 주목한 것이다. 예컨대 앵거스 캠벨은 대중적으로 인기 있는 대통령 후보에 의한 편승 효과가 동시 선거의 결과를 설명할 수 있다는 데 동의하고 있다(1960, 417). 또한 제임스 캠벨(1991)은 지지 급증과 편승 현상을 동일시하고 있다. 그러나 밀러(Miller 1955)는 이와 같은 집합적 자료에 기반한 거시적 접근에 신중을 기할 것을 촉구한 바 있다. 그의 연구에 의하면 대통령의 견인력, 즉 편승 효과는 동시 선거에서 대통령 후보의 득표율과 그의 소속 정당의 의회 선거 득표율 간의 차이로 측정되는데 이러한 거시적 결과를 뒷받침하는 개인 수준(individual-level)의 데이터는 빈약하다. 예컨대, 1952년 동시 선거에서 대통령 후보 지지에 기반하여 동일 정당의 의회 후보를 지지한, 다시 말해서 다른 이유가 아니라 대통령 후보 때문에 "일관 투표(straight ticket voting)"를 한 유권자들의 수는 많지 않았다.

이와 같은 개인 수준에서 접근한 선행 연구와 거시적 연구의 다소 모순된 결론을 배경으로 캘벗과 페어존(Calvert and Ferejohn 1983)은 1956년 선거부터 1980년 선거까지를 분석 대상으로 편승 효과의 존재와 쇠퇴여부를 체계적으로 검토하였다. 저자들은 기존 연구가 편승 효과의 "강도(strength)"와 "효율성(efficiency)"을 명확히 구분하지 않았다고 비판하면서, 전자는 대통령 후보에 대한 평가(evaluations)에 기반하여 그 후보를 지지하게 되는 정도로 측정하고 후자는 같은 평가에 기반하되 대통령 지지가 의회 후보 지지로 이어지는 정도로 구분하여 측정했다(Calvert and Ferejohn 1983, 408-409). 그리하여 이들은 밀러의 연구가 시사하는 것처럼 개인 수준에서의 대통령 후보에 대한 평가와 하원 의원 투표에 대한 결정 사이에는 미약한 관계만이 존재한다는 사실을 밝혀냈다.[15] 그럼에도 캘벗과 페어존은 개인 수준에서 그

15) 이와 관련하여 캘벗과 페어존은 "현직(incumbency)" 여부가 의회 선거에서 가장 중요한 변수임을 지적한 바 있다(1983, 410).

정도라도 효율성이 존재하기만 하면, 매우 매력적인 대통령 후보가 약 20~30석 정도를 추가적으로 더 얻게 할 수 있는 정치적 환경의 기반이 마련된 것이라고 주장했다. 한편 이들은 대통령의 정당—아이젠하워(Eisenhower)의 공화당—이 동시 선거에서 최초로 하원 의석을 잃은 1956년 선거 이후 편승 효과의 효율성이 쇠퇴하고 있음을 확인했다.

피오리나(Fiorina 1996)가 제시한 1956년 이후의 "분할 투표(split-ticket voting)"의 증가는 편승 효과 쇠퇴의 증거로 볼 수 있다. 그에 의하면, 분할 투표를 하는 유권자의 비율이 이전의 10%대에서 1956년 처음 현재 수준과 비슷한 30%대에 달했고, 1972년과 84년의 선거에서는 무려 45%에 이르렀다. 그 결과 1952년부터 1992년까지의 동시선거와 중간선거에서 비슷한 횟수로—각각 6회와 7회—대통령의 정당과 의회의 다수당이 다른 분점 정부(divided government)가 나타났다.

한편, 대통령 편승 효과론은 편승의 심리적 이유(Mondak 1990; Mondak and McCurley 1994)와 쇠퇴 추세의 존재 및 그 이유(Ferejohn and Calvert 1984) 등에도 연구의 초점을 맞춰 왔다. 예컨대, 몬닥과 맥컬리에 의하면 "휴리스틱 정보 처리(heuristic processing)"에 의존해 "인지적 효율성(cognitive efficiency)"을 추구하는 유권자들이 대통령 후보의 큐(cue)에 따라 의회 선거에서 편승적 투표를 할 가능성이 높다. 또한 쇠퇴 추세의 존재를 재확인한 페어존과 캘벗(1984)에 의하면, 무엇보다 개인 수준에서의 대통령 후보 지지가 하원 후보 지지로 이어지는 경향이 지속적으로 줄어들고 있어 거시적 편승 효과의 쇠퇴가 지속되고 있다.

3. 중간선거 실패(midterm loss)론

대통령 소속 정당의 중간선거 실패론은 부침이론의 또 다른 단면 즉 지지 쇠퇴(Decline)에 초점을 맞춘 논의로 볼 수 있다. 앞서 본 바대로 앵거스 캠벨도 대통령 정당의 반복적인 중간선거 실패의 원인를 주변부 유권자의 투표 성향과 정당 일체감에 기반한 표준 투표의 분포를 통해 설명하고자 했다. 중간선거 실패 원인에 대한 캠벨 이후의 논의는 노출 이론(exposure thesis), 부정적 투표 혹은 중간 평가론, 그리고 균형이론(balancing theory) 등으로 대별된다(Erikson 1988).[16] 이들 이론들을 개관하기 전에 우선 바푸미와 그의 동료들(Bafumi et al. 2010)이 그림을 통해 효과적으로 요약한 중간선거에서의 여야 정당별 의회 득표율 손익 패턴을 살펴보도록 하자.

〈그림 2〉에서 첫 번째 그림은 2년 단위로 중간선거 득표율에서 동시선거 득표율을 뺀 득표율 손실 추이를 보여주며—평균적으로 약6.8퍼센트 포인트 손실—두 번째 그림은 대통령 선거에서 승리하는 경우에 패배할 때보다 평균적으로 약 2.6퍼센트 포인트 더 하원 선거에서 득표하는 집합적 수준의 편승효과를, 그리고 세 번째 그림은 야당이 중간선거에서 평균적으로 약 4.1퍼센트 포인트를 더 얻는다는 사실을 각각 보여준다. 각각의 그림은 이와 같은 평균 수치와 함께 개별 선거의 손익 수치를 보여주고 있다(Bafumi et al. 2010, 705-706). 예컨대, 첫번째 그림에서는 예외적으로 대통령 소속 정당—부시(G.W. Bush)의 공화당—의 득표율이 상승한 2002년 중간선거가 두드러지게 나타나고 있다.[17]

노출 이론의 주창자인 오펜하이머와 동료들(Oppenheimer et al. 1986)과 그리고 워터맨과 동료들(Waterman et al. 1991)은 한 정당

---

16) 에릭슨은 이들 논의 외에 "편승 효과의 퇴각" 즉 "평균회귀(regression to the mean)" 현상론에 대해서도 검토한다(Erikson 1988, 1012-1013; 1016). 앞서 본 제임스 캠벨의 "비이론적(atheoretical)" 연구(1987; 1991)가 이에 속한다고 볼 수 있는데, 에릭슨에 의하면 이 해석에 의거한 예측은 대통령의 정당이 중간선거에서 성공하는 경우도 적지 않게 포함하고 있어, 경험적으로 입증된 중간선거의 실패의 규칙성을 설명할 수 없다.

17) 또 다른 예외로 거론되는 1998년 중간선거는 클린턴(Clinton) 민주당의 의석수는 증가했으나 동시 선거에 비해 득표율은 낮아졌기 때문에 첫번째 그림 왼쪽에서처럼 득표율 감소 부분, 즉 0 미만에서 찾아볼 수 있다.

〈그림 2〉 동시 · 중간선거 득표율 변화 추이 (1944/1946~2004/2006)

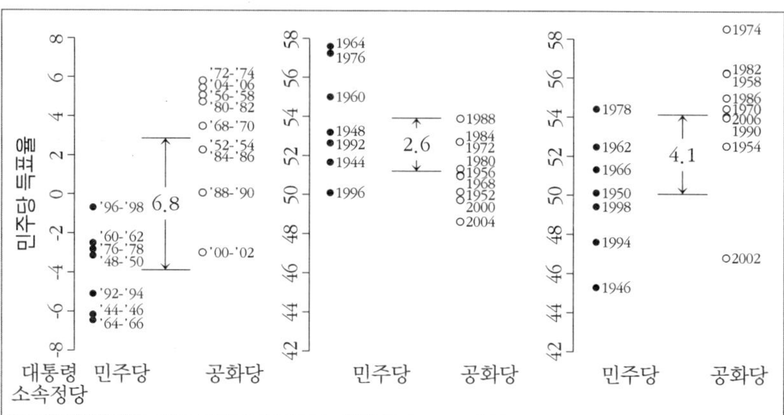

출처: Joseph Bafumi, Robert S. Erikson and Christopher Wlezien, "Balancing, Generic Polls and Midterm Congressional Elections," *The Journal of Politics*, 72 (03):705-19. 〈Figure 1〉 Midterm Loss as the Subtraction of the Presidential Year Vote from the Midterm Year Vote 1944-46-2004-06(2010).

이 컨버스(Converse 1966)의 "표준 투표"[18]에 근거한 "표준 의석 분포(normal seat split)"보다 많은 의석을 가질 경우, 이를 "과잉 노출(overexposed)"된 정당으로 규정한다. 그리고 과잉 노출의 정도가 높을수록 상대당의 도전에 취약한 지역구가 더 많아지고, 따라서 중간선거에서 의석을 더 많이 잃게 되어 원래의 균형, 즉 표준 의석 분포로 돌아갈 것이라고 주장했다. 이들 연구자들은 이와 같은 노출 이론을 검증하기 위하여 1938년부터 1984년까지 24번의 모든 의회 선거의 결과에 따른 의석 배분 상황을 분석했다. 저자들에 의하면, 노출 변수가 부침 이론에서 제시된 단기적 정치적 자극 요인을 통제하지 않아도 선거 후 의석 배분 결과를 상당히 정확하게 예측할 수 있다. 그러나 이들의 논

---

18) 컨버스(1966)에 의하면, 표준 투표는 단기적 정치적 자극 및 정당 세력 분포와는 별개로 이뤄지는 장기적 "정당 충성심(party loyalty)" 기반한 투표 분포이다.

의는 왜 중간선거에서 표준 의석 분포로의 반복적인 회귀가 나타나는지에 대한 이론적 설명이 빠져 있어 기술적 연구 수준에 머물러 있다는 비판을 피할 수 없어 보인다.

한편, 알레시나와 로젠탈(Alesina and Rosenthal 1995)의 균형 이론은 이와 같은 비판에서 어느 정도 자유로워 보인다. 예컨대, 이들은 중간선거를 유권자들의 정책적 혹은 이데올로기적 균형의 욕구가 분출되는 기회로 파악했다. 저자들에 의하면 정부의 정책 기조는 의석 배분 상황과 대통령 소속 정당에 의해 결정되는데, 대통령직은 정당 세력 별로 분할할 수 없기 때문에 산출된 정책은 중위 투표자의 선호에서 멀어지고 대통령 소속 정당에 가깝게 된다. 중간선거는 중위 투표자의 선호에 가깝게 정책 기조를 교정하는 기회인 것이다.[19)]

바푸미와 동료들도 가장 최근의 연구(2010)에서 앞서 열거한 중간선거 실패에 관한 해석들 중 균형이론이 가장 설득력 있다고 주장한다. 우선 이들에 의하면, 〈그림 2〉에서도 알 수 있는 바와 같이 중간선거에서 대통령 소속 정당의 손실은 이전 대통령 선거에서 얻은 이득보다 일반적으로 더 크다. 따라서 중간선거에서 나타나는 표준 투표로의 반복적인 회귀 패턴은 부침이론에서처럼 암묵적으로나 혹은 노출 이론에서처럼 명시적으로 주장될 수 없다.[20)] 또한, 이들은 중간선거 운동 기간 동안 대통령의 지지도가 여타의 비 허니문 기간에 비해 낮지 않다는 경험적 증거를 제시, 대통령 혹은 대통령 소속 정당의 업적에 대한 부정적 투표론과 심판론에 설득력이 없다고 주장했다. 보다 구체적으로 저자들은 1946년부터 2006년까지 16회의 중간선거 캠페인 기간 동안 드러난 집합적 대중 여론 조사 결과의 변화 추이에 대한 회귀 분석을 토

---

19) 알레시나와 로젠탈에 의하면, 한 선거의 결과에 따라 다른 선거에서 지향하는 이데올로기적 균형의 정도가 결정된다(Bafumi et al. 2010, 707). 이는 동시 선거에서의 분할 투표 행태에 기반하여 이데올로기적 균형을 설명하는 피오리나(1996)와 루이스-벡과 나더(Lewis-Beck and Nadeau 2004) 등의 논의와 구별된다.

20) 바푸미와 동료들의 논의에는 노출이론에 대한 소개는 빠져 있다.

대로 중간선거일이 가까워질수록 유권자 투표 선택에 대한 대통령 소속 정당의 부정적 영향력이 커진다는 사실을 밝혀 냈다. 예컨대 대통령 소속 정당 여부는 선거 운동 초기인 선거 실시해 2월에는 통계적으로나 실질적으로 의미가 없는 변수였으나 선거 당일에는 4% 차이를 가져올 정도로 그 영향력이 커졌다. 이러한 결과에 대해 저자들은 워싱턴에서 정당 간 견제와 균형을 복원해달라는 야당의 호소가 먹혀 들어 간 것이라고 주장한다(Bafumi et al. 2010, 709-711).[21)]

한편, 현재까지 개인적 수준의 데이터를 통해 상기한 집합적 균형 이론을 뒷받침하는 경험적 연구는 미흡하다. 참고로 알레시나와 로젠탈(1995) 그리고 바푸미와 동료들(2010)의 연구처럼 동시-지방 선거를 통한 이데올로기적 균형에 대한 연구는 아니지만 개인적 수준의 데이터 연구를 통해 동시 선거에서의 거시적 균형 결과를 설명하고자 했던 연구들도 거시적 결과의 미시적 기초를 찾는 데 실패했다(예컨대, Burden and Kimball 1998; Geer et al. 2004). 이에 대해 바푸미와 동료들은, 개인적 수준에서 순수한 균형의 동기를 분석해 내는 것이 모래속에서 바늘 찾기처럼 불가능에 가까운 일이며 따라서 미시적 연구의 의미도 찾기 어렵다고 주장한다 (Bafumi et al. 2010, 719 각주 25).[22)]

---

21) 이들의 연구는 동료 연구자 중 하나인 에릭슨(1988)의 "대통령의 불이익(presidential penalty)"론을 발전시킨 것으로 보인다. 그에 의하면 무엇보다 대통령의 정당이라는 사실 자체가 중간선거에서의 불이익을 초래하는데, 이는 대통령 정당에 대한 부정적 평가에 기초한 부정적 투표의 결과일 수도 혹은 상기한 후속 연구가 옹호한 바와 같이 균형 지향 투표의 결과일 수도 있다.

22) 제이콥슨(Jacobson 2001)은 거시경제 상황 등을 포함 출마에 유리한 환경을 고려하는 후보자들의 전략적 출마가 집합적 선거 결과와 유권자의 투표 결정 사이의 간극을 설명하는 주요 매개변수라고 주장했다. 그에 의하면, 후보자 개인들이 지역구차원에서 전국적 이슈를 자신에게 어떻게 유리하게 이용하느냐가 경제지표와 같은 거시적 변수로 선거 결과의 설명을 가능하게 하는 원인이다.

V. 결어

지금까지 이 글에서는 미국 연방 선거 결과의 역사적, 반복적 패턴에 주목한 이론들을 경험적 증거에 초점을 맞추어 살펴보았다. 아래에서는 미국의 선거주기론이 권력구조 개편을 둘러싼 개헌의 가능성이 현실화되고 있는 2011년 현재 한국의 정치 현실에 대해 던져줄 수 있는 시사점에 대해 생각해 보면서 글을 맺도록 하겠다.

첫째, 조중빈 교수(2006)는 선거주기 일치로 인한 싹슬이 효과를 우려하고 있는데, 이는 동시 선거에서 나타나는 유력한 대통령 후보에의 편승 효과에 비추어 보건대 어느 정도 현실적 근거가 있다. 캘벗과 페어존(1983)의 주장처럼, 개인적 수준에서는 이와같은 지지 이전의 효과가 미약할 지라도 집합적으로는 선거 결과를 충분히 좌우할 수 있다. 같은 맥락에서 승자 독식의 현행 소선거구제는 적어도 거시적으로는 편승 효과를 강화시키는 방향으로 작용할 것이다. 또한 근래 보이는 편승 효과의 쇠퇴가 현직 의원의 높은 재선 비율과 깊은 관련이 있다면, 당차원의 공천 물갈이를 통해 주기적으로 신진 세력을 영입하는 한국적 상황에서는 미국과는 달리 편승 효과가 쉽사리 약화되지는 않을 것으로 보인다. 특히 제왕적 대통령제로 비판받아온(박기덕 2009, 183) 강력한 대통령제의 근본적 변화없이 중임제를 도입한다면 현직 대통령의 재선을 위한 동시 선거에서의 편승 효과는 초선에서 보다 훨씬 클 것으로 예상된다. 현직 대통령 후보만큼 또는 보다 더 유력한 후보를 찾기는 어렵기 때문이다.

둘째, 국회의원만을 선출하는 중간선거를 따로 둔다면, 특히 에릭슨(1988)과 바푸미와 동료들(2010)의 연구에서 보건대, 이 선거에서 대통령 정당의 득표율 감소는 대통령의 정책이나 업적에 대한 지지 여부와 다소 무관하게 어느 정도는 불가피해 보인다. 또한 중간선거가 동시 선거로부터 시간적으로 멀어지면 멀어질수록 이와 같은 대통령 소속 정당의 불이익은 커질 것으로 보인다(Shugart 1995).[23] 다만 이것이 이들이 해석하는 것처럼, 이데올로기적 균형 혹은 중용을 바라는 유권자의 집합적 선호의 결과로 이해할 수 있는지는 의문이다. 왜냐하면 한국의 주요 정당은 모두 지역 정당으로 이데올로기적 차이가 그리 크지 않기 때문이다.[24] 덧붙여, 정당의 잦은 이합집산으로 인해 정당간 이데올로기적 거리를 안정적으로 측정할 수 없다는 점도 이러한 해석을 어렵게 만든다고 볼 수 있다.

셋째, 개헌 논의에의 적실성은 떨어지지만, 한국 정당체계에 대한 상기의 논의와 같은 이유로 장기적 주기의 유권자 재편론—급진적 중대 재편론이든 혹은 점진적 유권자-정당간 상호 작용 모델이든—을 한국 정치 분석에 적용하기는 어려워 보인다. 더욱이 앞으로도 지역 변수의 영향으로 의미 있는 정당의 수가 2개를 초과할 가능성이 많은 점과 이데올로기적으로 기존의 주요 정당들과 차별성을 보이는 민주노동당의 의회 진출이 비교적 최근의 일(2004년 제17대 국회의원 선거)이라는 사실도 정당 중심이든 이데올로기 중심이든 유권자 재편론의 한국적 적용을 어렵게 만드는 또 다른 이유이다.

앞서 본 바와 같이 미국 선거의 주기에 대한 주요 연구들은 분석 대상인 선거주기 길이의 장단을 기준으로 대별할 수 있다. 이들이 확인한 주기의 길이가 유권자 재편론에서처럼 30년이든 부침론, 편승 효과론, 과잉 노출론, 중간 평가론, 균형 이론 등에서처럼 동시-지방 선거의 2년이든 한가지 중요한 공통적인 시사점이 있다. 선거에서 집합적인 수준으로 나타나는 유권자의 민의는 마구잡이로 변하는 것이 아니며 정치

---

23) 이와 관련하여 이준한(2008)은 2000년대 들어서 대통령선거에서 가까운 선거일수록 대통령 소속정당이 승리하고, 멀리 떨어진 선거일수록 패배하는 경향이 뚜렷해졌음을 밝힌 바 있다.

24) 2011년 1월 현재 의회 내 교섭단체를 구성한 정당의 수는 2개(한나라당과 민주당)이며, 20석이라는 구성요건에 근접한 정당(자유선진당 16석)까지 포함한다면 주요 정당의 수는 3개로 늘어난다. 이들 모두 강력한 지역적 기반을 가진 정당이다.

권을 향한 의미있는 메시지를 담고 있다는 사실이다. 다시 말해서 미국의 유권자들은 장기적으로 한 정당의 이데올로기 혹은 정책적 기조의 지속적인 유지를 원하기도 하지만 단기적으로는 일방적인 또는 극단적인 정책 드라이브를 우려, 온건한 정책적 균형을 추구한다고 볼 수 있다.

지금까지 민주당과 공화당은 유권자들의 이와 같은 장 · 단기적 요구를 비교적 잘 수용해 온 것으로 보인다. 1854년 이후 안정적으로 유지되어 온 양당체제가 이를 뒷받침한다.

참고문헌

박기덕. 2009. "권력구조 논쟁의 허실과 대통령제 정부의 안정화 모색: 사회적 비용과 불확실성의 최소화 관점에서." 이정복 편. 『21세기 한국정치의 발전방향』. 서울: 서울대학교 출판부, 171-200.

이준한. 2008. "한국의 선거주기와 대통령 소속정당의 선거이득." 『한국정당학회보』 7권 2호, 137-157.

조중빈. 2006. "선거주기 일치시키면 큰일난다." 『중앙일보』(11월 16일), 31.

Abramowitz, Alan I. 2010. "How Large a Wave? Using the Generic Ballot to Forecast the 2010 Midterm Elections." *PS: Political Science & Politics*, Vol. 43, No. 4, 631-2.

Alesina, Alberto, and Howard Rosenthal. 1995. *Partisan Politics, Divided government, and the Economy*. New York: Cambridge University Press.

Bafumi, Joseph, Robert S. Erikson, and Christopher Wlezien. 2010. "Balancing, Generic Polls and Midterm Congressional Elections." *Journal of Politics*, Vol. 72, No. 3, 705-719.

______. 2010. "Forecasting House Seats from Generic Congressional Polls: The 2010 Midterm Election." *PS: Political Science & Politics*, Vol. 43, No. 4, 633-6.

______. 2011. "Postmortems of the 2010 Midterm Election Forecasts: Forecasting House Seats from Generic Congressional Polls: A Post-Mortem." *PS: Political Science & Politics*, Vol. 44, No. 1, 2.

Beck, Paul A. 1979. "The Electoral Cycle and Patterns of American Politics." *British Journal of Political Science*, Vol. 9, No. 2, 129-156.

Burden, Barry C., and David C. Kimball. 1998. "A New Approach to the Study of Ticket Splitting." *American Political Science Review*, Vol. 92, No. 3, 533-544.

Burnham, Walter D. 1970. *Critical Elections and the Mainsprings of American Politics*. New York: Norton.

Calvert, Randall L., and John A. Ferejohn. 1983. "Coattail Voting in Recent Presidential Elections." *American Political Science Review*, Vo. 77, No. 2, 407-419.

Campbell, Angus, Philip E. Converse, Warren E. Miller, and Donald E. Stokes. 1960. *The American Voter*. New York: Wiley.

Campbell, Angus. 1960. "Surge and Decline: A Study of Electoral Change." *Public Opinion Quarterly*, Vol. 24, No. 3, 397-418.

Campbell, James E. 1987. "The Revised Theory of Surge and Decline." *American Journal of Political Science*, Vol. 31, No. 4, 965-979.

______. 1991. "The Presidential Surge and its Midterm Decline in Congressional Elections, 1868-1988." *Journal of Politics*, Vol. 53, No. 2, 477-487.

______. 2006. "Party Systems and Realignments in the United States, 1868-2004." *Social Science History*, Vol. 30, No. 3, 359-386.

______. 2010. "The Seats in Trouble Forecast of the 2010 Elections to the U.S. House." *PS: Political Science & Politics*, Vol. 43, No. 4, 627-30.

______. 2011. "Postmortems of the 2010 Midterm Election Forecasts: The Predicted Midterm Landslide." *PS: Political Science & Politics*, Vol. 44, No. 1, 1.

Converse, Philip E. 1966. "The Concept of a Normal Vote." In Angus Campbell, Philip E. Converse, Warren E. Miller and Donald E. Stokes, eds. *Elections and the Political Order*. New York: Wiley.

Cuzán, Alfred G. 2010. "Will the Republicans Retake the House in 2010?" *PS: Political Science & Politics*, Vol. 43, No. 4, 639-41.

______. 2011. "Postmortems of the 2010 Midterm Election Forecasts: A Post-Mortem on "Will the Republicans Retake the House in 2010?"" *PS: Political Science & Politics*, Vol. 44, No. 1,4-5.

Erikson, Robert S. 1988. "The Puzzle of Midterm Loss." *Journal of Politics*, Vol. 50, No. 4, 1011-1029.

Ferejohn, John A., and Randall L. Calvert. 1984. "Presidential Coattails in

Historical Perspective." *American Journal of Political Science*, Vol. 28, No. 1, 127-46.

Fiorina, Morris P. 1996. *Divided Government*. 2nd ed. Boston: Allyn and Bacon.

Geer, John G., Amy Carter, James McHenry, Ryan Teten, and Jennifer Hoef. 2004. "Experimenting with the Balancing Hypothesis." *Political Psychology*, Vol. 25, No. 1, 49-63.

Ginsberg, Benjamin. 1972. "Critical Elections and the Substance of Party Conflict: 1844-1968." *Midwest Journal of Political Science*, Vol. 16, No. 4, 603-25.

Hamilton, Alexander, James Madison, and John Jay. 1788/1982. *The Federalist Papers*. New York: Bantam.

Jacobson, Gary C. 2001. *The Politics of Congressional Elections*. 5th ed. New York: Longman.

Key, V. O., Jr. 1955. "A Theory of Critical Elections." *Journal of Politics*, Vol. 17, No. 1, 3-18.

______. 1959. "Secular Realignment and the Party System." *Journal of Politics*, Vol. 21, No. 2, 198-210.

Lewis-Beck, Michael S., and Richard Nadeau. 2004. "Split-Ticket Voting: The Effects of Cognitive Madisonianism." *Journal of Politics*, Vol. 66, No. 1, 97-112.

Lewis-Beck, Michael S., and Charles Tien. 2010. "The Referendum Model: A 2010 Congressional Forecast." *PS: Political Science & Politics*, Vol. 43, No. 4, 637-8.

______. 2011. "Postmortems of the 2010 Midterm Election Forecasts: Congressional Forecasts: Theory Versus Tracking in 2010." *PS: Political Science & Politics*, Vol. 44, No. 1, 2-4.

Mayhew, D. R. 2000. "Electoral Realignments." *Annual Review of Political Science*, Vol. 3, 449-74.

Merrill, Samuel, Bernard Grofman, and Thomas L. Brunell. 2008. "Cycles in American National Electoral Politics, 1854-2006: Statistical Evidence and an Explanatory Model." *The American Political Science Review*,

Vol. 102, No. 1, 1-17.

Miller, Warren E. 1955. "Presidential Coattails: A Study in Political Myth and Methodology." *Public Opinion Quarterly*, Vol. 19, No. 4, 353-368.

Mondak, Jeffery J. 1990. "Determinants of Coattail Voting." *Political Behavior*, Vol. 12, No. 3, 265-288.

Mondak, Jeffery J., and Carl McCurley. 1994. "Cognitive Efficiency and the Congressional Vote: The Psychology of Coattail Voting." *Political Research Quarterly*, Vol. 47, No. 1, 151-175.

Nardulli, Peter F. 1995. "The Concept of a Critical Realignment, Electoral Behavior, and Political Change." *American Political Science Review*, Vol. 89, No. 1, 10-22.

Oppenheimer, Bruce I., James A. Stimson, and Richard W. Waterman. 1986. "Interpreting U. S. Congressional Elections: The Exposure Thesis." *Legislative Studies Quarterly*, Vol. 11, No. 2, 227-247.

Shugart, Matthew S. 1995. "The Electoral Cycle and Institutional Sources of Divided Presidential Government." *American Political Science Review*, Vol. 89, No. 2, 327-343.

Stanley, Harold W., and Richard G. Niemi. 2010. *Vital statistics on American politics 2009-2010*. Washington, D.C.: C.Q. Press.

The Constitution of the United States of America. Accessed September 1. http://www.senate.gov/civics/constitution_item/constitution.htm (검색일: 2010.10.1).

Tufte, Edward R. 1975. "Determinants of the Outcomes of Midterm Congressional Elections." *The American Political Science Review*, Vol. 69, No. 3, 812-26.

United States Code. Accessed September 1. http://www.gpoaccess.gov/uscode/ (검색일: 2010.10.1).

Waterman, Richard W., Bruce I. Oppenheimer, and James A. Stimson. 1991. "Sequence and Equilibrium in Congressional Elections: An Integrated Approach." *Journal of Politics*, Vol. 53, No. 2, 372-393.

| 제2장 |

2008년 대선과 비교해 본 2010년 중간선거 유권자 정당지지 성향

손병권 | 중앙대학교

I. 들어가면서[1]

공화당이 압승을 거둔 2010년 미국의회 중간선거 결과를 보면 대통령 임기 중간에 실시되는 의회선거에 중요한 영향력을 미치는 요소는 대외정책 분야라기보다는 대통령의 업무수행 및 미국의 경제상황에 대한 유권자의 평가라고 생각된다. 2009년 취임 이후 오바마 대통령은 관타나모 포로수용소 폐쇄를 즉각 발표했고, 이라크 철군일정을 밝혔으며, 동구에서의 미사일 방어체제(MD: Missile Defense)의 포기를 선언하는 등 외교정책에 있어서 부시 전임 대통령의 잔재와 유산을 상당히

1) 제I절의 내용 가운데 일부는 동아시아연구소(EAI)가 「한국외교의 중장기 전략과 비전」이라는 주제하에 2010년 7월 20일 개최한 좌담회에서 필자가 "미국의 리더십 변화와 동아시아 전략"이라는 제목으로 발표한 내용을 포함하고 있다.

빠르게 청산하는 모습을 보였다. 또한 이슬람 지역의 정치적 전통을 중요시한다는 유화적 제스처를 시작으로 러시아와의 리셋(re-set)을 시도하고 중국에 대한 봉쇄정책 포기를 선언하면서 오바마 대통령 개인의 소프트파워 외교는 상당히 성가를 올린 것도 사실이다. 그럼에도 불구하고 이러한 외교적 성과는 미국 국내에서 높은 실업률의 지속 등 경제사정이 호전되지 않은 상황 속에서 유권자들이 표심을 장악하는 데에는 역부족이었다.

선거운동이 본격적으로 시작되기 전부터 양원을 장악하고 있는 민주당의 전망은 그리 밝지 않았다.[2] 〈표 1〉의 도표에 나타난 것처럼 갤럽의 여론조사에 의하면 취임 직후 68%까지 치솟았던 오바마 대통령의 업무수행 지지도는 2010년 7월11~13일 조사에서 45% 정도로까지 떨어진 것으로 나타났고 이렇게 추락한 지지도는 10월 11~17일 조사에서 나타난 것처럼 투표일 직전까지 지속되었다. 요컨대 오바마 대통령의 지지도는 2010년 6월부터 50% 미만으로 떨어지기 시작하여 11월 중간선거 이전까지 한번도 50% 이상의 지지율을 회복한 적이 없었으며, 이는 민주당의 선거전망을 어둡게 하는 주요 요인이 되었다.

한편 대선 및 의회선거 결과예측의 주요 근거가 되고 있는 각종 경제지표 역시 매우 좋지 않았다. 실업률 조사는 6월의 9.7%를 기록한 이후 7월 초순의 9.5%로 줄어드는 등 호전 현상을 보이고 있었지만 그 회복의 폭은 지극히 작고 속도는 매우 더딘 것이 사실이었다. 한편 〈표 2〉와 〈표 3〉에 나타나 있는 것처럼 경제상황 및 경제전망 평가는 매우 암울한 것이었다. 미국의 경제상황이 열악하다고 평가하는 갤럽 여론조

---

2) 제111대 의회의 경우 하원의 구성은 민주당 의원 255명, 공화당 178명, 2개의 공석으로 되어 있으며, 따라서 공화당이 40석 정도를 확보하면 다수당이 될 수 있는 상황이었다. 한편 상원의 경우 민주당은 56명, 공화당은 41명, 무당파 의원이 2명, 그리고 Robert Byrd(버드) 의원의 사망으로 1석이 비어 있는 상황이었다. 2010년 제112대 의회 선거결과 공화당은 하원에서 기존의 178석에 60석 이상을 더하여 일약 다수당으로 도약하였고, 상원에서는 기존의 41석에 5석 정도를 더 확보하는 낙승을 거두었다.

〈표 1〉 오바마 대통령 지지도

여론조사 날짜	지지(%)	반대(%)
2009년 1월 21~23일	68	21
7월 1~3일	60	33
9월 1~3일	55	38
2010년 1월 2~4일	50	44
3월 1~3일	50	43
5월 1~3일	50	45
6월 1~3일	48	45
6월 9~11일	44	48
6월 24~26일	45	46
7월 8~10일	47	46
7월 11~13일	45	47
8월 2~8일	45	48
8월 16~22일	43	50
9월 6~12일	46	46
9월 20~26일	44	48
10월 11~17일	45	47

출처: http://www.gallup.com/poll/116479/Barack-Obama-Presidential-Job-Approval.aspx

사 응답자 비율은 도표상의 마지막 여론조사인 2010년 10월의 조사에서 45%로 매우 높았고, 더구나 경제가 나빠지고 있다는 응답자의 비율이 역시 도표상 마지막 조사인 10월의 조사에서 61%로 나타나서, 나아지고 있다는 전망을 내놓은 응답자 비율의 두 배에 약간 못 미치고 있었다. 이들 두 도표에서 보듯이 중간선거 이전 상당 기간 동안 미국의 경제조건에 대한 평가와 미래의 경제전망에 대한 평가에 있어서 미국의 유권자들은 모두 매우 비관적인 의견을 지니고 있었다고 볼 수 있다.

여기에 더해서 오바마판 허리케인 카트리나가 될 수 있었던 영국석

〈표 2〉 경제상황 평가

여론조사 날짜	매우 좋다/좋다(%)	나쁘다(%)
2008년 10월 23~25일	10	57
11월 1~3일	11	54
2009년 1월 2~4일	11	53
7월 1~3일	9	52
12월 1~3일	8	46
2010년 3월 1~3일	10	49
5월 1~3일	15	41
7월 1~3일	12	48
7월 11~13일	12	46
8월 11~13일	11	48
8월 25~27일	11	50
9월 11~13일	12	45
9월 28~30일	12	48
10월 15~17일	12	45

출처: http://www.gallup.com/poll/110821/Gallup-Daily-US-Economic-Conditions.aspx

〈표 3〉 경제전망 평가

여론조사 날짜	나아지고 있다(%)	나빠지고 있다(%)
2008년 10월 24~26일	11	85
12월 1~3일	16	78
2009년 1월 2~4일	19	75
3월 1~3일	16	78
7월 1~3일	35	60
9월 1~3일	38	57
2010년 1월 2~4일	45	50
3월 1~3일	32	62

7월 1~3일	29	65
7월 11~13일	30	65
8월 4~6일	34	60
8월 24~26일	31	64
9월 8~10일	33	61
9월 26~28일	32	62
10월 16~18일	34	61

출처: http://www.gallup.com/poll/110824/Gallup-Daily-US-Economic-Outlook.aspx

유(BP: British Petroleum)의 멕시코만 유정(油井) 석유분출사고 처리문제도 유권자들의 의식 속에는 오바마 행정부에 대한 불신의 한 요인으로 남아 있었다. 2005년 8월 말 미국을 강타한 허리케인 카트리나에 대한 부시 행정부의 미온적인 초기 대응이 부시 2기 행정부의 빠른 레임덕을 초래하였다는 지적이 있었는데, 영국석유 유정 분출사고에서 오바마 대통령이 사건초기에 보인 책임회피적 태도가 줄곧 구설수에 오르고 있었다. 이러한 악재가 겹치면서 이번 중간선거에서 민주당이 하원에서 60석 이상의 기록적인 의석을 잃게 되었고, 상원의 경우 가까스로 다수당의 지위를 지킬 수 있었다.

한편 오바마 행정부에 대한 불만과 미국 및 미국민의 정체성에 대한 정의(定義)의 문제를 중심으로 강하게 결집하고 있는 티파티 운동(Tea Party Movement) 참여자의 강한 투표 참여의사 표명과 동원현상도 맹렬하여 민주당의 참패와 공화당의 압승에 기여하였다. 대체로 연방정부의 부채증가와 연방정부의 팽창을 미국에 대한 최대의 위협으로 간주하는 이들은 폭스 뉴스 등 반(反)오바마 우파 매체의 정보 프레이밍(framing) 효과에 의해 불만이 더욱 증폭되어 오바마 행정부의 정책에 강력하게—때로는 맹목적으로—반발하고 있었다. 이들 티파티 운동 참여자들은 오바마 행정부의 정책을 미국의 정치전통에서 일탈한 연방정부 권한의 폭정적 팽창으로 "인지(perceive)"하고 있었다. 이러한 인식은 2009년 여름 타운홀 미팅에서 표출된 것처럼 오바마 대통령의 의료보험 개혁과정을 둘러싸고 더욱 증폭되었다. 이들 티파티 운동 참여자들은 공화당 예비선거에서 맹위를 떨치고 있었으며 그 위력은 이번 중간선거에서 현저하게 나타났다. 예단하기는 힘들지만 이들의 위세는 2012년 대선까지 당분간 지속될 전망이다.

이와 함께 민주당의 중간선거 패배에 기여한 중요한 변수는 2008년 대통령 선거 당시 오바마 후보를 지지했던 유권자 집단을 포함하여 기타 다양하고 광범위한 유권자 집단의 민주당에 대한 지지 철회라고 할 수 있다. 2010년 중간선거에서 민주당의 패배는 다른 요인들과 함께 민주당에 대한 전통적인 지지 유권자 집단을 포함하여 기타 다양한 유권자 집단이 이번 투표에서 민주당에 대한 지지율을 철회하면서 나타난 현상이라고도 볼 수 있다. 이러한 문제의식에서 이 글은 다양한 집단별로 2008년 대통령 선거와 2010년 중간선거에서 민주당에 대한 유권자의 지지도 차이를 분석하고자 한다.

이러한 목적에 따라서 이 연구는 다음 제II절에서 유권자의 성, 인종, 연령, 최초투표자 여부, 소득 및 교육수준, 정당일체감 및 이념성향, 그리고 마지막으로 종교 등으로 구분된 다양한 집단별로 민주당에 대한 지지율 하락폭을 살펴 볼 것이다. 이어서 제III절에서는 2008년 대선과 연이은 2010년 중간선거를, 2004년 대선과 연이은 2006년 중간선거와 비교해서 다양한 유권자 집단별로 각각의 중간선거에서 대통령 소속정당에 대한 지지율 하락폭을 비교해 볼 것이다. 마지막으로 결론에 해당하는 제IV절에서는 이 글의 논의를 정리하고 추가적인 연구과제를 제시하게 될 것이다.

이제 본격적인 분석에 앞서서 이 글의 방법론적인 입장을 간단히 언급해 두고자 한다. 이 글은 2010년 중간선거에서 민주당의 패배를 근본적으로 오바마 대통령에 대한 유권자의 부정적 평가(negative referendum)의 결과로 보고 있다. 이러한 부정적 평가는 근본적으로 높은 실업률과 나아지지 않은 가정경제상황 등이 오바마 대통령에 대한 여론의 지지도를 실추시켰으며, 그 결과 대통령 소속 정당인 민주당에 대한 유권자의 지지율이 전통적인 공화당 지지 유권자 집단뿐만 아니라 전통적인 민주당 지지 유권자 집단 내에서도 하락하였다고 보고 있다.

이런 의미에서 이 글은 중간선거에서 대통령 소속 정당의 지지율 하락을 대통령에 대한 낮은 지지도에서 기인하는 것으로 설명하는 "대통령 중간평가이론(presidential referendum theory)"에 따라서 논의를 전개할 것이다.[3] 이러한 입장을 견지하는 것이 반드시 중간선거에서 대통령 소속 정당의 지지율 하락을 설명하는 다른 이론—균형이론(balance theory)이나 부침이론(surge and decline theory)—의 적실성을 부정하는 것은 아니다.[4] 다만 이 글이 이러한 입장을 견지한다는 점을 밝히는 이유는, 이러한 입장에서 이 글이 다양한 유권자 집단의 대통령 소속 정당에 대한 지지율 하락을 비교, 검토해 보고, 이를 위해서 적절한 데이터를 선별해 내게 될 것임을 미리 밝히기 위해서이다.

이러한 방법론적 입장에 따라서 이 글은 2010년 중간선거에서 민주당에 대한 지지율이 결국은 오바마 대통령에 대한 지지율과 같은 것으로 가정하고 있다. 따라서 아래의 분석은 2008년 오바마 대통령에 대한 다양한 유권자 집단의 지지율이 2010년 중간선거에서 민주당에 대한 지지율과 비교해 보았을 때 어느 정도 하락하였는가를 파악하는 것을 중심으로 진행될 것이다.

---

3) 중간선거에 대한 대통령 중간평가이론의 주요 논의를 살펴보기 위해서는 Tufte 1975; Kernell 1977; Campbell 1993 등을 참조하기 바람.

4) 필자는 근본적으로 2010년 중간선거에서 민주당의 지지율 하락과 의석상실은 중간평가이론, 균형이론, 부침이론에 의해서 모두 설명될 수 있는 여지가 있다고 보고 있다. 그러나 이에 대한 경험적 검증은 추후의 과제도 남겨 둘 것이다. 중간선거에 관한 균형이론에 대해서는 Mebane 2000; Bafumi et al. 2010 등을, 부침이론에 관해서는 Campbell 1965을 참조하기 바람.

II. 다양한 유권자 집단별 민주당 지지율 비교분석

1. 성, 인종, 연령 그리고 최초투표자 여부에 따른 분석[5)]

1) 성, 인종 및 성/인종별 분석

〈표 4〉 성, 인종 및 성/인종별 분석

			민주		증감 폭 차이	공화	
분류	2008 출구 조사 응답 비율	2010 출구 조사 응답 비율	2008 대통령선거 (오바마 지지자)	2010 하원선거 (괄호속은 증감)		2008 대통령선거 (매케인 지지자)	2010 하원선거 (괄호속은 증감)
성별							
남성	47	48	49	41(-8)	-1	48	55(+7)
여성	53	52	56	48(-8)	-2	43	49(+6)
인종별							
백인	74	77	43	37(-6)	-1	55	60(+5)
흑인	13	11	95	89(-6)	-1	4	9(+5)
라틴계	9	8	67	60(-7)	0	31	38(+7)
아시아계	2	2	62	58(-4)	+1	35	40(+5)
기타	3	2	66	53(-13)	0	31	44(+13)
인종 및 성별							
백인남자	36	38	41	34(-7)	-2	57	62(+5)
백인여자	39	40	46	39(-7)	-2	53	58(+5)
흑인남자	5	5	95	86(-9)	-1	5	13(+8)
흑인여자	7	5	96	92(-4)	-1	3	6(+3)
라틴계남자	4	4	64	55(-9)	+2	33	44(+11)
라틴계여자	5	4	68	65(-3)	0	30	33(+3)

위의 도표에 나타나 있듯이 성 및 인종별로 볼 때 전반적으로 2008년 대선에 비해서 2010년 하원선거에서 민주당의 지지율은 상당히 줄어들었다. 먼저 성별로는 남녀 유권자 수준에서 모두 민주당에 대한 지지율이 동일하게 8% 정도 감소했으며, 여성의 지지율은 이번 중간선거에서 50% 이하로 떨어졌다. 인종별로 보면—"기타"의 항목에 속한 인종군을 제외하고—전반적으로 흑인, 백인, 라틴계, 아시아계 유권자 가운데 라틴계 유권자 층에서 지지율이 가장 많이 하락했음을 알 수 있다. 한편 인종 및 성을 함께 고려할 경우 흑인 남성과 라틴계 남성의 지지율이 가장 많이 떨어졌음을 또한 알 수 있다. 전반적으로 민주당의 지지율 하락폭과 공화당의 지지율 상승폭이 거의 일치하는 방향으로 나아가지만, 일부 예외(아시아계 유권자, 라틴계 남자)를 제외하고는 민주당의 지지율 하락폭이 더 큰 것으로 나타났다. 그러나 비백인 계층 유권자층에서는 여전히 민주당 지지성향이 강하게 나타나, 이들이 백인 유권자와 대척점에 서는 민주당의 핵심지지층임이 여전히 확인되었다.

2) 연령별 분석

〈표 5〉 연령별 분석

			민주		증감 폭 차이	공화	
분류	2008 출구 조사 응답 비율	2010 출구 조사 응답 비율	2008 대통령선거 (오바마 지지자)	2010 하원선거 (괄호속은 증감)		2008 대통령선거 (매케인 지지자)	2010 하원선거 (괄호속은 증감)
연령별							
18~29세	18	12	66	55(-11)	-1	32	42(+10)
30~44세	29	24	52	46(-6)	-2	46	50(+4)
45~64세	37	43	50	45(-5)	-1	49	53(+4)
65세 이상	16	21	45	38(-7)	+7	53	69(+14)

이어서 연령별로 볼 때 전반적으로 2008년 대선에 비해서 2010년 하원선거에서 민주당의 지지율은 전 연령층에서 예외없이 상당히 줄어들었음을 알 수 있다. 특히 2008년 대선 당시 높은 투표참여율을 보이며 오바마 당선의 견인차가 되었던 20대 이하 연령층의 경우, 이번 하원선거에서 민주당에 대한 지지율은 무려 11% 정도나 하락하였다. 그럼에도 불구하고 여전히 20대 이하 젊은층 유권자들의 과반수 이상이 민주당을 지지하는 성향을 보여주고 있어서, 젊은층 유권자들이 여전히 강력한 민주당 지지기반임을 확인해 주었다. 한편 성 및 인종별 지지율 비교의 경우와 마찬가지로 연령별 지지율 분석에서도 전반적으로 민주당의 지지율 하락폭과 공화당의 지지율 상승폭이 거의 일치하는 방향으로 나아갔다. 그러나 65세 이상 유권자의 경우 공화당 지지율 상승폭이 민주당에 대한 지지율 감소분을 훨씬 초과하는 14%에 달하였다는 점은 주목할 만하다.

3) 최초투표자 분석

〈표 6〉 최초투표자 분석

			민주		증감폭 차이	공화	
분류	2008 출구 조사 응답 비율	2010 출구 조사 응답 비율	2008 대통령선거 (오바마 지지자)	2010 하원선거 (괄호속은 증감)		2008 대통령선거 (매케인 지지자)	2010 하원선거 (괄호속은 증감)
최초투표자 여부							
최초투표자임	11	3	69	45(-24)	-9	30	43(+13)
최초투표자 아님	89	97	50	44(-6)	-1	48	53(+5)

최초투표자 여부로 볼 때 2008년에 비해서 최초투표자들의 민주당

지지율은 24%라는 매우 큰 폭으로 하락하였다. 비록 2008년 대선과 비교해 볼 때 이번 선거에서 이들의 투표참여율이 매우 낮은 것은 사실이지만, 이들의 투표참여율 감소와 함께 민주당에 대한 이들의 지지율 하락은 본문에서 설명될 무당파 유권자의 정당지지 변화와 아울러 2010년 중간선거에서 민주당 참패의 원인 가운데 하나가 된 것으로 보인다. 그러나 여전히 최초 투표자의 경우 공화당보다는 민주당에 대한 지지율이 더욱 높았음을 알 수 있었고, 또한 민주당에 대한 지지율 감소폭만큼 공화당에 대한 지지율이 증가(13%)하지 않았다는 점도 확인되었다.

2. 소득수준 및 교육수준별 분석

1) 소득수준 및 소득수준/인종별 분석

〈표 7〉 소득수준 및 소득수준/인종별 분석

			민주		증감폭 차이	공화	
분류	2008 출구조사 응답비율	2010 출구조사 응답비율	2008 대통령선거 (오바마 지지자)	2010 하원선거 (괄호속은 증감)		2008 대통령선거 (매케인 지지자)	2010 하원선거 (괄호속은 증감)
소득							
1만5천불 미만	6	17	73	57(n.a)	n.a	25	40(n.a)
1만5천~3만	12		60			37	

5) 본문에 제시된 〈표 4〉에서 〈표 10〉까지에서 "증감폭 차이"는 민주당의 지지율변화와 공화당의 지지율 변화의 절대값의 차이를 의미한다. 그 기호가 +이면 공화당 지지율 증가가 민주당 지지율 감소보다 크다는 뜻이다. 한편 한 정당의 지지율 감소가 다른 정당의 지지율 증가로 나타나지 않은 경우는 적지 않았다. 한편

3만~5만	19	19	55	51(-4)		43	46(+3)
5만~7만5천	21	21	48	45(-3)	-1	49	51(+2)
7만5천~10만	15	15	51	42(-9)	-1	48	56(+8)
10만~15만	14	19	48	43(n.a)	n.a	56	56(n.a)
15만~20만	6		48				
20만불 이상	6	8	52	34(-18)	0	46	64(+18)
소득 및 인종							
5만 이하 백인	25	25	47	42(-5)	-2	51	54(+3)
5만 이상 백인	49	53	43	37(-6)	-1	56	61(+5)
5만 이하 비백인	13	11	86	80(-6)	0	13	19(+6)
5만 이상 비백인	13	11	75	69(-6)	+1	22	29(+7)

우선 소득별로 볼 때 위에서 언급한 인종의 경우와 마찬가지로 예외 없이 모든 소득계층에 걸쳐 2008년 대선에 비해서 2010년 하원선거에서 민주당의 지지율은 줄어든 것으로 나타났다. 그러나 대체로 3만 불 이하 저소득층은 여전히 과반수가 민주당을 지지하고 있었으며, 5만 불을 기준으로 그 이상이나 그 이하의 소득집단도 백인이 아닌 경우 여전히 압도적으로 민주당을 지지하는 경향을 보여주었다.

한편 20만 불 이상 고소득층의 경우 2008년 대선 대비 이번 하원 중간선거에서 민주당에 대한 지지율은 거의 20% 가까이 감소했음을 알 수 있으며, 그 지지율은 거의 고스란히 공화당으로 이전된 것으로 보인다. 이 소득집단의 유권자들과 7만 5천~10만 불 소득계층의 유권자들에게서 민주당은 2008년 대선 당시 획득했던 과반수의 지지율을 상실

도표를 작성하는 데 사용된 자료는 2008년 대통령 선거와 2010년 하원선거의 CNN 출구조사(exit poll) 가운데 상호 비교 가능한 내용을 필자가 논문의 필요에 따라서 선택한 것이다.

하면서 2010년 중간선거에서 현저한 지지율의 감소를 경험하게 되었다. 마지막으로 5만 불 소득기준을 놓고 볼 때 백인 유권자와 비백인 유권자의 민주당 지지율 감소폭은 그다지 차이가 없음을 알 수 있다.

2) 교육수준 및 교육수준/인종별 분석

〈표 8〉 교육수준 및 교육수준/인종별 분석

			민주		증감 폭 차이	공화	
분류	2008 출구 조사 응답 비율	2010 출구 조사 응답 비율	2008 대통령선거 (오바마 지지자)	2010 하원선거 (괄호속은 증감)		2008 대통령선거 (매케인 지지자)	2010 하원선거 (괄호속은 증감)
교육							
중졸 이하	4	3	63	57(-6)	-5	35	36(+1)
고등학교 졸업	20	17	52	46(-6)	0	46	52(+6)
대학 경험	31	28	51	43(-8)	-2	47	53(+6)
대학 졸업	28	30	50	40(-10)	0	48	58(+10)
대학원 이상	17	21	58	53(-5)	0	40	45(+5)
교육 및 인종							
백인 대졸 이상	35	25	47	39(-8)	-1	51	58(+7)
백인 대졸 미만	39	53	40	33(-7)	-2	58	63(+5)
비백인 대졸 이상	9	11	75	70(-5)	+1	22	28(+6)
비백인 대졸 미만	16	11	83	75(-8)	-1	16	23(+7)

교육별로 볼 때 역시 예외 없이 모든 교육수준에 걸쳐 2008년 대선에 비해서 2010년 하원선거에서 민주당에 대한 지지율은 줄었음을 알 수 있다. 이러한 전반적인 하락 추세 가운데 대학졸업자 유권자의 민주당 지지율 하락폭이 가장 큰데, 이러한 현상은 이들 계층이 실업률 증가에

따른 상대적 박탈감의 체감정도가 가장 큰 계층이라고 추측해 볼 수 있다. 그리고 그 반사이익은 전반적으로 공화당이 맛본 것으로 추정된다.

한편 대학원 이상의 학력을 지닌 사람들의 민주당에 대한 지지율은 다른 교육수준 유권자에 비해서 가장 높은 편이며, 2008년 대선 대비 2010년 중간선거 지지율 하락폭도 가장 적은 것으로 나타났다. 실제로 비록 이들 고학력자 유권자의 2010년 민주당에 대한 지지율은 5% 정도 감소하였지만, 2008년과 마찬가지로 과반수 이상이 민주당을 지지하여 고학력자 유권자 집단이 민주당과 오바마 행정부에 대한 강력한 지지세력임을 확인시켜 주었다. 마지막으로 대졸이라는 학력 기준을 놓고 볼 때 백인 유권자와 비백인 유권자의 민주당 지지율 감소폭은 그다지 차이가 없는 것으로 나타났다. 그러나 백인 유권자와 비백인 유권자 사이에서 각각 대졸 학력을 기준으로 할 때 약간의 차이는 발견이 된다. 백인 유권자의 경우 대졸 학력을 기준으로 볼 때 대졸 이상 학력 유권자와 대졸 미만 학력 유권자의 민주당 지지도 감소폭은 차이가 없지만, 비백인 유권자의 경우 대졸 미만 학력 보유자의 민주당 지지율 감소폭은 8%로서 비백인 대졸 이상 학력 보유 유권자의 5% 감소폭보다 큼을 알 수 있다.

3. 정당일체감 및 이념성향과 종교분류에 따른 분석

1) 정당일체감 및 이념성향별 분석

〈표 9〉 정당일체감 및 이념성향별 분석

			민주		증감 폭 차이	공화	
분류	2008 출구 조사 응답 비율	2010 출구 조사 응답 비율	2008 대통령선거 (오바마 지지자)	2010 하원선거 (괄호속은 증감)		2008 대통령선거 (매케인 지지자)	2010 하원선거 (괄호속은 증감)
정당일체감							
민주당	39	35	89	91(+1)	-2	10	7(-3)
공화당	32	35	9	5(-4)	0	90	94(+4)
무당파	29	29	52	37(-15)	-3	44	56(+12)
이념성향							
진보	22	20	89	90(+1)	-1	10	8(-2)
중도	44	38	60	55(-5)	-2	39	42(+3)
보수	34	42	20	13(-7)	-1	78	84(+6)

위의 도표에 의하면 정당과 이념성향으로 볼 때 민주당 지지자와 진보적 이념성향 유권자의 민주당 지지율은 각각 근소하게 증가했으나(1%), 공화당 지지자나 중도 및 보수적 이념의 유권자 집단에서는 민주당에 대한 지지율이 하락하였음을 알 수 있다. 무엇보다도 전체 출구조사 응답자의 29%를 차지한 무당파 유권자들의 민주당에 대한 커다란 실망은 15%의 지지율 하락으로 나타났으며, 민주당 지지를 철회한 무당파 유권자들의 많은 비율이 공화당을 지지한 것으로 나타났다. 요컨대 무당파 유권자들의 지지율 하락이 이번 중간선거에서 공화당의 패배와 밀접히 관련되어 있음을 알 수 있다. 이와 아울러 보수적인 이념성향의 유권자들의 민주당 지지율이 7% 정도 하락한 점에서도 알 수 있듯이, 비록 보수적인 성향을 보이고 있었지만 2008년 대선 당시 경제상황의 악화에 따라서 민주당의 오바마 후보를 지지한 일부 유권자들

역시 이번 중간선거에서는 다시 공화당을 지지한 것으로 나타났다.

2) 종교/백인 종교별 분석

〈표 10〉 종교/백인 종교별 분석

			민주		증감 폭 차이	공화	
분류	2008 출구 조사 응답 비율	2010 출구 조사 응답 비율	2008 대통령선거 (오바마 지지자)	2010 하원선거 (괄호속은 증감)		2008 대통령선거 (매케인 지지자)	2010 하원선거 (괄호속은 증감)
종교							
개신교	54	55	45	38(-7)	-2	54	59(+5)
가톨릭	27	23	54	44(-10)	-1	45	54(+9)
유대교	2	2	78	n.a(n.a)	n.a	21	n.a(n.a)
기타	6	8	73	74(+1)		22	24(+2)
무교	12	12	75	68(-7)	0	23	30(+7)
백인 종교							
개신교	42	44	34	28(-6)	-2	65	69(+4)
가톨릭	19	17	47	39(-8)	-1	52	59(+7)
유대교	2	2	83	n.a(n.a)	n.a	16	n.a(n.a)
기타종교	3	5	67	71(+3)		28	28(0)
무교	8	9	71	62(-9)	+2	26	37(+11)
비백인	26	23	79	75(-4)	+2	18	24(+6)

종교 및 백인 종교를 통해서 볼 때 전체적으로 개신교도 유권자의 민주당 지지율은 2008년에 비해서 7% 정도 줄어들었다. 그리고 가톨릭교도 유권자의 민주당에 대한 지지율 하락이 10% 정도로 가장 큰 편이며, 이와 관련 그와 거의 비슷한 수준의 공화당 지지율 상승이 나타났다. 백인의 경우만 별도로 해서 종교별로 볼 때에도 역시 가톨릭교도 유권

자의 민주당에 대한 지지율 하락이—무교도 유권자를 제외하면—가장 큰 폭으로 나타났다. 그러나 백인의 경우 개신교도와 가톨릭교도 유권자간의 민주당 지지율 하락폭의 격차인 2%는 전체 응답자의 격차인 3%에 비해서는 1% 정도 작은 편으로 나타났다.

III. 2004 대선-2006년 중간선거 조합과의 비교

이 절에서는 위에서 분석한 내용을 토대로 2008년 중간선거의 특징을 2004년 대선-2006년 중간선거의 조합과 비교론적인 각도에서 논의해 보고자 한다.[6] 2004년 대선은 부시 공화당 대통령이 재선에 성공한 선거였으며, 2006년 중간선거는 공화당 의회가 양원에서 모두 의석을 상실하면서 공화당 단점정부가 붕괴된 선거였다. 따라서 2008년 대선과 2010년 중간선거 조합과 마찬가지로 중간선거에서 대통령 소속정당의 의석 상실이 확인된 선거조합으로 생각된다. 널리 알려져 있다시피 2004년 대선에서 부시 현직 대통령은 전시 대통령이라는 국민적 인식에 힘입어 재선에 당선될 수 있었고, 2006년 중간선거에서 공화당은 이라크 전쟁에 대한 국민들의 피로감으로 인해서 양원에서 모두 의석을 상실하고 의회에 대한 지배권을 민주당에게 물려주게 되었다.

필자는 양대 선거조합에 대한 비교를 통해서 2008년 중간선거에서 민주당에 대한 다양한 유권자 집단의 지지율 하락이 중간선거에서 대

6) 필자는 2000년 대선과 2002년 중간선거도 분석대상으로 삼으려 했으나 크게 두 가지 이유에서 이 조합은 이 연구에서 제외하였다. 하나는 2002년 중간선거 이후 CNN 출구조사가 실시되지 않아 비교가능한 출구조사 통계자료가 없었다는 점이다. 다른 하나는 2002년 중간선거가 예외적으로 당시 대통령이었던 부시 대통령의 소속 정당인 공화당의 의석증가로 귀결되었다는 점이다.

통령 소속정당의 지지율 하락이라는 일반적인 특성 내에서 분석이 가능한 것인지의 여부를 살펴 볼 것이다. 만약 2004년 대선-2006년 중간선거 조합에서 공화당의 지지율 하락의 패턴이 전반적으로 2008년 대선-2010년 중간선거 지지율 하락 패턴과 유사하다면 이러한 질문에 대한 대답은 제한된 사례에 국한된 분석이기는 하지만 긍정적일 수 있다. 이러한 질문과 연관하여 이러한 지지율 하락이 대통령 소속 정당에 대한 전통적인 지지집단과 그 외 다른 유권자 집단 간에 어떠한 차별을 보이는지도 아울러 분석할 것이다. 이러한 분석을 통해서 비록 정교하지 않고 인상적인 수준에서이기는 하지만 2008년 중간선거에서 민주당의 패배가 어떤 전통적인 지지집단 혹은 그 외 특정 집단의 지지율 하락에서 야기되었는지를 좀 더 심도있게 분석해 볼 수 있을 것이다.

이러한 목적에 따라서 이 절에서는 비교적 민주당과 공화당에 대한 전통적인 지지 집단의 구별이 상대적으로 명확하게 드러나는 유권자 집단을 선발하여 비교분석을 실시하고자 한다. 필자는 이를 위해서 성, 인종, 연령, 소득, 교육수준, 정당일체감, 이념 등의 변수를 중심으로 두 선거조합을 비교해 보고자 한다.

〈표 11〉 성 및 인종별 분석

					민주		공화	
분류	2008 출구 조사 응답 비율	2010 출구 조사 응답 비율	2004 출구 조사 응답 지율	2006 출구 조사 응답 비율	2008 대통령선거 (오바마 지지자)	2010 하원선거 (괄호속은 증감)	2004 대통령선거 (부시 지지자)	2006 하원선거 (괄호속은 증감)
성별								
남성	47	48	46	49	49	41(-8)	55	47(-8)
여성	53	52	54	51	56	48(-8)	48	43(-5)
인종별								
백인	74	77	77	79	43	37(-6)	58	51(-7)

흑인	13	11	11	10	95	89(-6)	11	10(-1)
라틴계	9	8	8	8	67	60(-7)	44	30(-14)
아시아계	2	2	2	2	62	58(-4)	44	37(-7)

먼저 성별로 보면 민주당과 공화당의 경우 모두 2010년 중간선거와 2006년 중간선거에서 각각 전통적인 지지집단인 여성 유권자와 남성 유권자층에서 지지율을 상실하였다. 이와 아울러 상대방 정당의 지지층 유권자층에서도 마찬가지로 지지율을 상실하였으나, 2010년의 경우 민주당이 남성 유권자층에게서 상실한 지지율 8%가 2006년 공화당이 여성 유권자층에게서 상실한 지지율 5%보다 좀 더 큰 것으로 나타났다. 성별로 볼 때 양대 중간선거에서 모두 공화당과 민주당은 각각 자신의 전통적 지지집단뿐만 아니라 상대방의 지지집단에게서도 지지율을 상실한 것으로 나타났다.

한편 인종별로 분석해 볼 경우 2010년 중간선거에서 민주당은 전통적인 지지집단인 흑인, 라틴계, 아시아계 인종 등 소수인종 유권자에게서 상당한 지지율의 상실을 경험하였다.[7] 이러한 지지율 상실폭은 2006년 중간선거에서 공화당이 자신의 지지집단인 백인 유권자에게서 상실한 지지율 상실폭과 크게 다르지 않다. 그런데 이 두 중간선거에서 특이한 점은 2010년 민주당의 경우와 대조적으로 2006년 공화당의 경우 공화당 지지집단이 아닌 라틴계 유권자에게서 지지율의 상실이 무려 14%에 이른다는 점이다. 이와는 대조적으로 2006년 중간선거에서 공화당 지지집단이 아닌 흑인 유권자의 지지율 하락은 1%에 그쳤다. 반면 2010년 민주당의 경우 지지집단 내에서 지지율 상실과 민주당

7) 이러한 지지율은 상실폭이 과연 어느 정도 규모의 상실폭인지를 가늠하기는 어렵다. 이러한 불확실성에 대한 대답은 민주당의 의석상실은 경험한 다른 중간선거—예컨대 1994년 중간선거—와의 비교를 통해서 좀 더 정확히 분석될 수 있을 것으로 보인다. 이는 추후의 과제로 남겨 둔다.

지지집단이 아닌 백인 유권자에게서 지지율 상실폭이 거의 차이가 없다는 점이 주목할 만하다. 이러한 사실로 볼 때 2010년 중간선거에서 민주당에 대한 유권자들의 실망은 인종에 관계없이 비교적 골고루 분포되어 있었다고 볼 수 있으며, 2006년의 경우는 특히 이민법의 실패와 부시 대통령의 국경보안 강화정책 등으로 인해서 공화당이 라틴계 유권자의 지지율을 큰 폭으로 상실한 것으로 보인다.

〈표 12〉 연령별 분석

					민주		공화	
분류[8]	2008 출구 조사 응답 비율	2010 출구 조사 응답 비율	2004 출구 조사 응답 지율	2006 출구 조사 응답 비율	2008 대통령선거 (오바마 지지자)	2010 하원선거 (괄호속은 증감)	2004 대통령선거 (부시 지지자)	2006 하원선거 (괄호속은 증감)
18~29세	18	12	17	12	66	55(-11)	45	38(-7)
30~44세	29	24	29	24	52	46(-6)	53	45(-8)
45~64세	37	43	30	34	50	45(-5)	51	46(-5)
65세 이상	16	21	24	29	45	38(-7)	55	48(-7)

성, 인종별 분석과 마찬가지로 양대 중간선거에서 민주당과 공화당은 모든 연령층 유권자집단에서 지지율 하락을 경험하였다. 2010년 중간선거에서 민주당은 매우 강력한 지지집단인 29세 이하 유권자 집단의 지지율을 2008년 대선 대비 11%까지 상실하였고, 2006년 중간선

8) 2008년 대선과 2010년 중간선거와는 달리 2004년 대선과 2006년 중간선거의 경우 연령별 유권자 집단 분류 가운데 45세 이상 연령층의 구분이 조금 달라 설명이 필요하다. 2004년 대선과 2006년 중간선거에서 CNN 출구조사는 45세 이상 유권자의 경우 45세~59세 집단과 60세 이상으로 구분하고 있어 그 이전의 두 선거와 다르다. 그러나 이 글에서는 편의상 두 연령집단에서 2004년 대선 이후 2006년 중간선거와 2008년 대선 이후 2010년 중간선거에서 대통령 소속당 지지율 하락 비교를 수평적으로 실시하고 있다.

거에서 공화당은 전통적인 지지연령 집단인 60세 이상 유권자의 지지율을 7%정도 상실하였다. 그런데 2006년 중간선거와 비교해서 볼 때 2010년의 경우 전통적인 지지연령 집단인 29세 이하 유권자의 지지율 하락폭은 상대적으로 매우 크다고 할 수 있다. 이는 모든 연령집단 유권자에게서 골고루 5~8%의 지지율 하락을 맛본 2006년 공화당의 경우와는 대조적이다. 이들 젊은 연령집단의 투표율 저하와 함께 이들의 민주당 지지율 하락이 2010년 중간선거에서 민주당이 패배한 주요 원인 가운데 하나였다고 추정해 볼 수 있다.

〈표 13〉 소득수준별 분석

<table>
<tr><th colspan="5"></th><th colspan="2">민주</th><th colspan="2">공화</th></tr>
<tr><th>분류</th><th>2008 출구 조사 응답 비율</th><th>2010 출구 조사 응답 비율</th><th>2004 출구 조사 응답 지율</th><th>2006 출구 조사 응답 비율</th><th>2008 대통령선거 (오바마 지지자)</th><th>2010 하원선거 (괄호속은 증감)</th><th>2004 대통령선거 (부시 지지자)</th><th>2006 하원선거 (괄호속은 증감)</th></tr>
<tr><td>1만5천불 미만</td><td>6</td><td rowspan="2">17</td><td>8</td><td>7</td><td>73</td><td rowspan="2">57(n.a)</td><td>36</td><td>30(-6)</td></tr>
<tr><td>1만5천~3만</td><td>12</td><td>15</td><td>12</td><td>60</td><td>42</td><td>36(-6)</td></tr>
<tr><td>3만~5만</td><td>19</td><td>19</td><td>22</td><td>21</td><td>55</td><td>51(-4)</td><td>49</td><td>43(-3)</td></tr>
<tr><td>5만~7만5천</td><td>21</td><td>21</td><td>23</td><td>22</td><td>48</td><td>45(-3)</td><td>56</td><td>48(-8)</td></tr>
<tr><td>7만5천~10만</td><td>15</td><td>15</td><td>14</td><td>16</td><td>51</td><td>42(-9)</td><td>55</td><td>47(-8)</td></tr>
<tr><td>10만~15만</td><td>14</td><td rowspan="2">19</td><td>11</td><td>13</td><td>48</td><td rowspan="2">43(n.a)</td><td>57</td><td>51(-6)</td></tr>
<tr><td>15만~20만</td><td>6</td><td>4</td><td>5</td><td>48</td><td>58</td><td>51(-7)</td></tr>
<tr><td>20만불 이상</td><td>6</td><td>8</td><td>3</td><td>5</td><td>52</td><td>34(-18)</td><td>63</td><td>53(-10)</td></tr>
</table>

소득수준별로 볼 때 양대 중간선거에서 전 소득계층 유권자의 대통령 소속정당에 대한 지지율은 역시 모두 하락하였음을 알 수 있다. 소득수준 5만 불을 기준으로 그 이상을 공화당 지지 소득집단으로, 그 이하를 민주당 지지 소득집단으로 분류해 보았을 때 2006년 공화당의 경

우 양대 집단에서 지지율 상실폭은 그다지 큰 차이가 나타나지 않았던 반면, 2010년 민주당의 경우 상대적으로 20만 불 이상 고소득 집단에서 무려 18%라는 지지율 하락을 보여 대조적이다. 이러한 18%의 지지율 하락은 2006년 공화당이 동일한 소득집단에서 경험한 최대 지지율 상실폭인 10%를 넘어서는 것으로서, 새로 입법화된 국민개보험 성격의 의료보험정책과 부시 세금연장에서 고소득층을 제외하려는 오바마 대통령의 정책이 고소득 유권집단에게서 상당한 강력한 불만을 초래했음을 알 수 있다.

〈표 14〉 교육수준별 분석

					민주		공화	
분류	2008 출구 조사 응답 비율	2010 출구 조사 응답 비율	2004 출구 조사 응답 지율	2006 출구 조사 응답 비율	2008 대통령선거 (오바마 지지자)	2010 하원선거 (괄호속은 증감)	2004 대통령선거 (부시 지지자)	2006 하원선거 (괄호속은 증감)
중졸 이하	4	3	4	3	63	57(-6)	49	35(-14)
고등학교 졸업	20	17	22	21	52	46(-6)	52	44(-8)
대학 경험	31	28	32	31	51	43(-8)	54	47(-7)
대학 졸업	28	30	26	27	50	40(-10)	52	49(-3)
대학원 이상	17	21	16	18	58	53(-5)	44	41(-3)

다음으로 교육수준의 측면에서 양대 중간선거 결과를 비교해 보기로 한다. 위에서 설명된 성, 인종, 연령, 소득과 달리 학력의 경우 특정 정당에 대한 전통적인 지지집단이 선명하게 드러나지는 않으며, 특히 공화당의 경우 더욱 그러하다. 다시 말해서 민주당의 경우 중졸 이하의 최저 교육수준 유권자 집단이나 대학원 이상의 최고 교육수준 유권자 집단의 경우 전반적으로 민주당 지지집단으로 파악할 수 있지만, 그 중간에 있는 교육수준별 유권자 집단은 특정 정당의 지지집단으로 명확

히 규정되지 않고 선거마다 지지성향이 변화한다는 특성이 보이는 듯하다.

우선 민주당 지지성향이 상대적으로 강한 중졸 이하의 유권자 집단과 대학원 이상의 유권자 집단의 경우 2010년 민주당에 대한 지지도는 전반적으로 하락하였음을 알 수 있다. 그러나 그 지지율 상실폭은 기타 집단에 비해서 크지 않은 것으로 나타났다. 특히 대학원 이상 교육수준의 유권자 집단의 지지율 하락폭이 가장 작아서, 이들 고학력 유권자 집단이 매우 강력한 오바마 지지세력임을 다시 한번 입증해 주었다. 한편 2006년의 경우를 보면 공화당은 비록 전체 유권자 대비 비중은 매우 적지만 민주당 지지 성향의 중졸 이하 최저 교육수준 유권자 집단으로부터 지지율 상실이 14%로 가장 크고, 역시 민주당 지지 집단인 대학원 이상 유권자로부터의 지지율 상실은 3%로 매우 적게 나타나고 있다. 2010년 중간선거의 경우 민주당에 대한 지지율 하락은 전반적으로 최고 교육수준 및 최저 교육수준 유권자 집단 등 전통적인 지지집단보다는 주로 대학생활을 경험한 집단에게서 집중적으로 나타났다는 점에서 특징이 발견된다고 할 수 있다.

〈표 15〉 정당일체감 및 이념성향별 분석

					민주		공화	
분류	2008 출구 조사 응답 비율	2010 출구 조사 응답 비율	2004 출구 조사 응답 지율	2006 출구 조사 응답 비율	2008 대통령선거 (오바마 지지자)	2010 하원선거 (괄호속은 증감)	2004 대통령선거 (부시 지지자)	2006 하원선거 (괄호속은 증감)
정당일체감								
민주당	39	35	33	38	89	91(+1)	11	7(-4)
공화당	32	35	37	36	9	5(-4)	93	91(-2)
무당파	29	29	26	26	52	37(-15)	48	39(-9)

이념성향								
진보	22	20	21	20	89	90(+1)	13	11(-2)
중도	44	38	45	47	60	55(-5)	45	38(-7)
보수	34	42	34	32	20	13(-7)	84	78(-6)

마지막으로 유권자의 정당일체감과 이념성향을 중심으로 양대 중간선거를 비교해 보면 하나의 흥미있는 현상이 발견된다. 우선 정당일체감의 경우를 보면 양대 선거에서 모두 대통령 소속정당에 대한 지지율이 감소한 가운데 단 하나의 예외로서 민주당의 정당일체감을 지닌 유권자 집단의 2010년 중간선거에서 민주당에 대한 지지율이 1% 증가했다는 사실이다. 비록 이들 민주당의 정당일체감을 표방한 유권자들이 전체 유권자에서 차지하는 비율은 2008년에 비해서 2010년에 다소 줄어들었지만 민주당에 대한 이들의 지지성향은 약간 증가한 것으로 나타났다. 한편 양대 중간선거에서 모두 무당파 유권자들의 대통령 소속정당에 대한 지지율 하락이 매우 큰 폭으로 나타나, 이들이 중간선거에서 대통령 소속정당의 성패에 결정적인 역할을 하는 것임을 알 수 있었다. 특히 민주당의 경우 2006년 공화당의 9% 지지율 상실폭을 5% 초과하는 14%의 지지율 상실폭을 보여, 이들의 이반(離反)현상이 민주당의 의석상실에 결정적인 역할을 했음을 짐작케 해 준다.

한편 유권자의 이념성향을 중심으로 볼 때 정당일체감의 경우와 마찬가지로 모든 이념성향의 유권자 집단에서 대통령 소속당의 중간선거 지지율은 하락하였는데, 단 하나의 예외는 2010년 중간선거에서 진보성향의 유권자 집단의 경우 민주당에 대한 지지율은 오히려 1% 상승하였다는 점이다. 이들 역시 2008년 대비 2010년 중간선거에서 차지하는 비중은 약간 줄어들었지만, 민주당과 오바마 대통령에 대한 지지에 있어서는 더욱 강한 성향을 보여주고 있었다. 한편 민주당의 경우 2010년 중간선거에서 중도파 성향의 유권자 집단의 지지율도 상실했으나 이보다 더 큰 비율로 보수성향의 유권자 집단의 지지율을 함께 상실한 것으로 나타났다. 2006년 공화당의 경우는 이와는 달리 진보성향의 유권자 집단보다 훨씬 더 많은 비율로 중도성향 유권자 집단의 지지율을 상실한 것으로 나타났다. 또한 자신의 지지자인 보수성향의 유권자 집단에게서도 6%가량 지지율을 상실하였다.

IV. 나가면서

지금까지 이 글에서 분석된 내용의 주요한 골자를 2010년 중간선거에서 민주당 지지집단의 투표성향 변화와 2006년과 2010년에 있었던 두 차례 중간선거의 비교를 중심으로 살펴보면 다음과 같이 정리될 수 있다.

우선 2010년 중간선거에서 민주당 지지집단의 투표성향을 보면 다음과 같은 내용이 추출될 수 있다. 민주당의 경우를 보면 2008년 대선과 비교해 볼 때 2010년 중간선거에서 거의 모든 인종의 유권자 집단에서 지지율 감소를 경험하였고, 비록 절대적 비중은 적지만 흑인 남자와 라틴계 남자 집단의 지지율이 가장 크게 감소한 것으로 나타났다. 연령층으로 보면 29세 이하의 유권자 집단의 지지율 하락폭이 가장 큰 것으로 나타났으며, 또한 연령과 관련되는 것으로서 최초 투표자 집단의 경우 2008년 대선 대비 민주당에 대한 지지율은 무려 24%의 감소를 보였다. 한편 소득수준 유권자 집단별로 보면 7만5천 불 이상 고소득층, 특히 20만불 이상 최고소득 유권자 집단의 지지율 감소폭이 가장 컸다. 또한 교육수준을 기준으로 보면 2008년 대선 대비 대졸자 유권자 집단의 지지율 하락폭이 가장 크고, 대학원 이상 교육수준의 유권자 집단은 과반수가 여전히 민주당을 지지하였으며, 2008년 대선 대비 민주당 지지율 하락폭도 가장 작은 것으로 나타났다. 마지막으로 이념 및 정당 일체감과 관련된 분석결과를 보면 무당파 유권자의 지지율 하락폭 및 보수파 유권자의 지지율 하락폭이 두드러진 것으로 나타났다. 한편 종교별로 분석해 보면 민주당의 경우 가톨릭교도 유권자의 지지율 하락이 가장 컸고, 그 다음으로 개신교도의 지지율 하락폭이 큰 것으로 나타났다.

한편 2006년 중간선거와 비교를 통해서 2010년도의 민주당 지지율의 변화를 분석해 보면 다음과 같은 결과가 도출된다. 우선 2006년 중간선거 당시 대통령 소속정당이었던 공화당과 2010년 중간선거에서 대통령 소속정당이었던 민주당은 모두 중간선거에서 모든 종류의 유권자 집단을 대상으로 대체로 지지율을 하락을 경험하였다. 따라서 중간선거에서 대통령 소속정당은 의석을 상실한다는 기존의 통념이 다시 한 번 입증되었으며, 두 선거는 이러한 통념에 예외가 되지 못했다. 그러나 2010년 중간선거에서 민주당의 경우를 보면 2006년 공화당과는 달리 전통적인 지지층인 민주당 정당일체감 유권자와 이념적으로 진보적인 성향의 유권자 집단에서는 지지율이 오히려 상승하는 현상이 나타나 특기할 만하다.

인종별로 볼 때 2006년 중간선거 당시 공화당은 자신의 지지집단이 아닌 흑인층에서 1%의 지지율을 상실한 것에 비해서 라틴계 유권자에서는 14%의 지지율 상실했지만, 2010년 중간선거에서 민주당은 소수인종 지지집단과 지지집단이 아닌 백인 유권자 집단에서 비슷한 정도로 지지율을 상실하여 대조적인 경향을 보였이다. 한편 연령별로 볼 때 2006년 공화당과 2010년 민주당은 공통적으로 지지집단 및 비(非)지지집단에서 모두 지지율을 상실했지만, 특히 2010년 중간선거에서 29세 이하 젊은 연령층 유권자 집단의 민주당 지지율 하락폭은 11%로서 상대적으로 큰 것으로 드러났다. 이어서 소득수준별로 볼 때 주목할 만한 현상은 2010년 민주당의 경우 최고소득 유권자 가운데에서 지지율 하락폭 14%로 나타나, 다른 소득수준 집단에서 민주당의 지지율 하락폭이나 2006년 중간선거에서 공화당의 개별 소득수준 집단별 지지율 하락폭에 비해서 월등히 높은 것으로 나타났다.

학력수준별로 보면 2006년 공화당의 경우 비록 숫적으로는 소수이지만 중졸 이하 학력수준 유권자 집단에서 14%의 지지율이 하락한 것에서 나타나듯이 저학력 교육수준 유권자 집단에서 지지율 하락폭이 크고 그 반대의 경우에는 하락폭이 줄어든 반면, 2010년 민주당의 경우를 보면 대학졸업의 학력을 지닌 유권자 집단에서 민주당 지지율이 10% 정도 떨어져 이들 집단에서 가장 많은 지지율 하락폭이 나타났다. 이어서 대학생활을 경험한 유권자들의 지지율 하락폭은 8%로 두 번째로 컸다. 그러나 여전히 최상위 교육수준 유권자 집단인 대학원 이상의 학력을 지닌 유권자에서의 지지율 하락폭은 5%에 불과해 가장 작은 것으로 나타났다.

마지막으로 정당과 이념을 중심으로 살펴보면 2006년 공화당의 경우 모든 정당일체감 보유자와 이념성향 유권자 집단에서 골고루 지지율 하락을 보이면서도 특히 무당파 유권자 및 중도파 유권자의 지지율 하락폭이 가장 컸던 것으로 나타났다. 반면 민주당의 경우는 이와는 조금 달리 전반적으로 모든 이념성향의 유권자와 정당지지자 집단에서 지지율이 하락한 가운데에서도 민주당 정당일체감 유권자와 진보파 유권자의 지지율은 오히려 1%씩 상승한 것으로 나타났다. 그리고 정당 지지자별로는 무당파 유권자의 지지율이 15% 감소한 것으로 나타나 이것이 2010년 민주당 중간선거 패배의 결정타가 가운데 하나가 되었음을 알 수 있다. 그리고 이념성향별로는 중도파 유권자보다는 보수적인 성향의 유권자 가운데에서 지지율 하락이 더 컸던 것으로 나타났다.

이 글에서는 지금까지 2010년 중간선거에서 대통령 소속정당인 민주당의 유권자 지지율 하락을 오바마 대통령에 대한 부정적인 중간평가의 결과로 파악하면서 논의를 전개하였다. 분석과정에서 이 글은 2008년 대선과 비교하여 2010년 민주당에 대한 지지율 하락이 다양한 유권자 집단에서 어떠한 방식으로 나타났는지를 비교하였고, 이어서 또한 공화당이 의석을 상실한 2006년 중간선거와의 비교를 통해서 다양한 유권자 집단별 지지율 하락을 비교하면서 2010년 중간선거의 특징을 파악하고자 하였다.

이러한 분석은 이번 중간선거에서 민주당의 패배에 대한 추가적인 연구질문을 던지고 있다. 과연 이번 중간선거에서 유권자들의 지지율 하락은 대통령에 대한 중간평가이론으로만 설명될 수 있을 것인지, 아니면 부침이론이나 균형이론 등 다른 이론에 의해서 더 잘 설명될 수 있는지가 규명되어야 할 것으로 보인다. 혹은 이번 중간선거는 이러한 모든 설명이 다 유효한 선거였는지도 규명해 볼 필요가 있다. 이를 위해서 대통령 중간평가이론, 부침이론, 균형이론의 특징적인 가설을 선별하여 명확히 이론 간의 경계를 설정하고, 각각의 이론을 규명하는 데 필요한 특징적 분석자료를 구별해 낸 후, 각각의 이론을 검증하는 것이 필요할 것으로 보인다. 경험적인 연구가 있어야 할 것으로 보이지만 2010년 중간선거에 대해서는 아마 세 가지 이론이 모두 나름대로 효과적인 설명력을 발휘할 수 있을 것으로 추정된다.

참고문헌

서현진, 손병권, 신유섭, 이현우, 임성호, 정진민. 2003. 『미국 의회선거의 변화와 지속성』. 서울: 도서출판 오름.

손병권. 2010. "결혼서약을 잊은 오바마에게 별거를 통보한 미국 유권자." EAI 논평 제13호. 2010년 11월 8일.

Bafumi, Joseph, Robert S. Erikson, and Chritophe Wlezien. 2010. "Balancing, Generic Polls and Midterm Congressional Elections." *The Journal of Politics* 72(3)(July): 705-719.

Brady, David W., John F. Cogan, Morris P. Fiorina. 2000. "An Introduction to Continuity and Change in House Elections." David W. Brady, John F. Cogan and Morris P. Fiorina, eds. *Continuity and Change in House Elections*. Stanford: Stanford University Press.

Brady, David W., Robert D. D'Onofrio, Morris P. Fiorina. 2000. "The Nationalization of Electoral Forces Revisited." David W. Brady, John F. Cogan and Morris P. Fiorina, eds. *Continuity and Change in House Elections*. Stanford: Stanford University Press.

Brady, David et al., eds. 2000. *Continuity and Change in House Elections*. Stanford: Stanford University Press.

Campbell, Angus. 1966. "Surge and Decline: A Study of Electoral Change." Angus Campbell, Philip E. Converse, Warren E. Miller and Donald E. Stokes, eds. *Elections and the Political Order*. New York: Wiley.

Campbell, James E. 1993. "The Theory of the Midterm Referendum." *The Presidential Pulse of Congressional Elections*. Lexington: The University Press of Kentucky.

Cohen, Jeffrey E. 2007. "The Polls: Presidential Referendum Effects in the 2006 Midterm Elections." *Presidential Studies Quarterly* 37.

Cook, Charlie. 2010. "Why? Why? Why?" *National Journal*, Nov. 4.

Jacobson, Gary, and Samuel Kernell. 1981. *Strategy and Choice in*

Congressional Elections. New Haven: Yale University Press.

Jacobson, Gary. *The Politics of Congressional Elections*(New York: Longman), 2001.

Kernell, Samuel. 1977. "Presidential Popularity and Negative Voting." *American Political Science Review* 71(1).

McDonald, Michael P. 2010. "Voter Turnout in the 2010 Midterm Election." *The Forum*, Vol. 8, Iss. 4, Article 8.

Mebane, Walter. 2000. "Coordination, Moderation, and Institutional Balancing in American Presidential and House Elections." *American Political Science Review* 94(1).

Tufte, Edward R. 1975. "Determinants of the Outcomes of Midterm Congressional Elections." *American Political Science Review* 69.

| 제3장 |

공화당의 2010년 중간선거 전략

류재성 | 계명대학교

I. 서론

2010년 중간선거에서 공화당 승리의 기본적인 원인은 미국의 중간선거가 갖는 구조적 특성(혹은 동학)에 있다고 할 수 있다. 지난 75년 동안의 중간선거에서 집권당(presidential party)이 의석을 상실하지 않은 경우는 2번에 불과하다. 그럼에도 불구하고 민주당은 하원에서 63석을 상실함으로써 1930년대 이래 가장 큰 패배를 경험했다. 이번 결과는 1938년 중간 선거에서 루스벨트(Franklin D. Roosevelt) 대통령의 민주당이 공화당에 80석을 빼앗겼던 선거 이래 집권당의 가장 큰 패배이며, 클린턴(Bill Clinton) 대통령 당시 1994년, 민주당의 54석 상실의 참패를 넘어서는 것이기도 하다.

2010년 중간 선거 결과 공화당은 하원 63석, 상원 6석을 추가로 확보했다.[1] 공화당은 전미공화당 하원위원회(National Republican Congressional Committee) 및 이익집단들의 광고 캠페인이 집중 진행된 66개의 선거구 가운데 52개 선거구에서 승리했다. 특히 공화당은 2년 전 대선에서 오바마(Barack Obama) 대통령이 승리했던 주와 지역에서 민주당 현역 의원을 누르고 당선자를 내는 성과를 이뤘다. 지역적으로 공화당은 뉴욕 주에서 두 명의 현역 하원의원의 재선을 지켜냈을 뿐 아니라 민주당 현역의원을 누르고 6개 선거구에서 새로운 당선자를 냈다. 펜실베이니아(Pennsylvania) 주에서는 7석을 지켜내고, 5석을 추가로 확보했다. 중서부 지역에서의 공화당 약진도 두드러진다. 공화당은 오하이오(Ohio) 주에서 8석을 지켜내고 새롭게 5석을 추가로 확보했고, 일리노이(Illinois) 주에서는 6석 모두를 수성하고, 3석을 추가로 확보했다. 미시간(Michigan) 주에서는 4개의 현역 의원 불출마 선거구(open seat)에서 3개 의석을 확보했고, 위스콘신(Wisconsin) 주에서는 2석을 추가로 확보했다. 플로리다(Florida) 주에서 공화당은 민주당 현역의원 4명을 낙선시키고 의석을 추가했다.

미국의 중간선거는 대통령 및 집권당의 정책에 대한 평가(referendum) 성격이 강하고, 이 경우 집권당 정책에 실망한 유권자들의 선거참여를 통한 심판(punishment)의 동기가 강하게 작용하여 선거에 적극적으로 참여하여 야당 후보에게 투표하는 반면, 대통령 및 집권당 정책에 만족하는 유권자 다수는 상대적으로 선거에 불참하는 경향이 강하다. 그 결과, 대통령 선거에서 대통령 후보 정당을 지지했던 유권자의 선거 불

1) 선거결과는 다음과 같다.

	선거 전		선거 후		계
	민주당	공화당	민주당	공화당	
상원	57	41	53(-6)	47(+6)	100
하원	256	178	193(-63)	242(+63)	435
주지사	26	23	20(-6)	29(+6)	49 (1 무당파)

자료 출처: New York Times (http://elections.nytimes.com/2010/results/senate)

참이 큰 폭으로 이루어지고, 비판적인 유권자의 선거 참여가 대거 이루어지게 되면, 집권당의 패배는 불가피하다. 이러한 소위 '(대통령 선거에서의 투표자) 증대와 (중간 선거에서의 투표자) 감소(surge and decline)' 및 '부정 투표 성향(negative voting)' 현상은 지속적으로 반복되어 온 미국 선거에서의 특성이다(Campbell 1966, 1991; Born 1990; Kernell 1977; Lau 1982).[2)]

더욱이 이번 중간선거는 대공황 이후 최악의 경기불황과 높은 실업률, 재정 적자 확대 등으로 인해 현직 대통령에 대한 지지도가 40%대를 유지하면서 치러진 점 역시 민주당 패배의 환경적, 맥락적 요인으로 작용했다.[3)] 선거 구도가 집권당에게 매우 불리한 중간 선거임에도 불구하고 2010년 중간선거에서의 민주당의 패배 혹은 의석상실 폭은 역대 중간선거와 비교해도 매우 큰 편이다.

이러한 큰 폭의 패배에는 맥락적, 환경적 구도 외에도 선거 전략적인 차원에서의 효율성 혹은 전략적 적실성이라는 단기적인 요인 역시 적지 않게 작용했기 때문으로 보인다. 민주당은 행정부와 상하 양원을 모두 장악한 명실상부한 집권당으로서 여러 맥락적, 환경적 구도에서의 불리함에도 불구하고, 효과적인 선거 전략을 구사할 수 있는 정치적 자원—이를테면, 선거자금 및 미디어 노출—에 있어서 공화당에 비해 월등히 우월한 위치에 있었다고 할 수 있다.[4)] 그리고 이러한 선거자원에

2) 덧붙여 피오리나(Fiorina 1992) 등에 따르면, 미국 유권자들은 매디슨(Madison)류의 권력 분립에 의한 견제와 균형을 선호하는데, 이러한 성향은 경쟁하는 정당에 의한 의회권력과 행정 권력의 분할을 통한 정책 균형(policy balancing)의 추구로 특징지어진다. 이들은 따라서 대통령 선거와 의회 선거가 동시에 치러지는 선거에서는 분할 투표(split-ticket voting)를 행하고, 중간 선거에서는 대통령 당(president's party)이 아닌 정당에 투표함으로써, 분점정부(divided government)로 가시화된다(Born 1994; Lewis-Beck and Nadeau 2004; Smith et al. 1999).

3) 여기에 관해서는 *Times*의 기사 "Education of a President"를 참조하시오(http://www.nytimes.com/2010/10/17/magazine/17obama-t.html).

4) 이번 중간 선거는 미국 선거 역사상 가장 많은 선거 비용이 모금되고 지출된 선거로 기록되었다. 민주당과 공화당은 각각 188백만 달러와 178백만 달러를 지출

서의 우위는 실제로 몇몇 격전지역에서 민주당 후보의 신승에 도움이 되었다. 그러나 전체적으로 오바마 대통령 및 민주당은 선거 전략적인 차원에서 미숙함 혹은 오류를 범했으며, 그것은 고스란히 여러 선거구에서의 패배로 이어졌다고 볼 수 있다.

보다 구체적으로, 경기침체와 실업이 당면한 가장 큰 이슈였음에도 불구하고, 오바마 대통령은 탄소배출제한과 탄소배출권 거래(cap and trade), 이민법개혁, 중동지역에서의 평화 이니셔티브, 그라운드 제로 무슬림 사원(ground zero mosque) 등에 대해 언급하면서, 유권자들의 주요 관심 이슈를 중심으로 적극적 메시지의 전달이 부족했다. 공화당 선거 전략가인 칼 로브(Karl Rove)는 오바마 대통령과 백악관의 중간선거 전략이 '미국 역사상 최악'이라 평가한다. 반면, 공화당의 메시지는 실패한 경기부양책과 계속되는 고 실업률, 정부의 고삐 풀린 재정지출로 인한 재정적자 확대, 소위 오바마식 건강보험개혁법(ObamaCare)이 초래할 위험성 등의 핵심적인 이슈에 집중되었고, 그에 대한 공격적이고 설득력 있는 판단의 준거(framing)를 제공하는 데 상당한 정도 성공했다고 평가한다.[5)]

요컨대, 민주당이 갖는 선거 자원에 있어서의 우위는 선거 전략의 미숙함 혹은 오류로 인해 많은 부분이 상쇄된 반면, 중간선거의 특징인 여당에 대한 심판의 정서는 경기침체와 실업 문제 등과 상승작용을 일으켜 공화당 바람(the Republican wave)으로 이어지는 한편, 후보충원, 캠페인 메시지와 광고전략, 유권자동원 전략(GOTV)[6)]에 있어서 민주당

한 것으로 알려졌다. 민주당 후보들은 공화당 후보들에 비해 훨씬 많은 선거비용을 지출한 것으로 나타난 반면 (민주당 117백만 달러, 공화당 76백만 달러), 정당과 독립적인 그룹에 의해 지출된 캠페인 비용은 공화당이 우위에 있는 것으로 나타났다.

5) 여기에 대해서는 칼 로브(Karl Rove)의 월 스트리트 저널(*The Wall Street Journal*) 기고문을 참조하시오(http://online.wsj.com/article/SB10001424052702304741404575564383870852928.html?mod=WSJ_Opinion_LEADTop#printMode).

6) GOTV는 "Get Out The Vote"의 약자로 주로 선거일 당일 혹은 직전일 행해지는

보다 우위의 전략을 구사한 공화당은 하원선거에서 낙승을, 상원에서는 상당한 정도의 선전을 했다고 평가할 수 있다.

본고는 먼저 오바마 행정부에서의 주요 정치적 사건을 일별하고, 그것을 오바마 대통령에 대한 지지율 추이와 연결하여 2010년 중간 선거의 구도 혹은 환경에 대해 분석한다. 이를 밑그림으로 하여, 2010년 중간선거에서의 공화당의 중간 선거 캠페인 전략을 다음의 4주제—1) 후보자 충원, 2) 캠페인 메시지 구성 및 광고 캠페인 전략, 3) 티파티(Tea Party) 그룹과의 관계 정립 및 활용 전략, 4) 선거자금 모금과 선거광고의 집행—로 나누어 살펴본다.

II. 2010년 중간선거 구도: 오바마 행정부의 정책적 성공과 정치적 실패

2010년 중간선거 결과를 이해하기 위해서는 오바마 대통령 취임 이후 전개되었던 민주당과 공화당 사이의 정책 대결 및 그 결과에 대한 이해가 선행되어야 한다. 어떤 선거도 미래에 대한 정책 공약만으로 이루어질 수 없으며, 정책 결과에 대한 정치적 책임을 둘러싸고 전개되기 때문이다. 더욱이 앞서 언급한 바와 같이, 중간선거는 선거 주기의 특성상 이러한 정책 결과에 대한 '회고투표(retrospective voting)'의 성격을 강하게 갖는다.[7)]

투표 참여 설득을 위한 전화 홍보, 선거 홍보물 배포, 투표장으로의(그리고/혹은 투표장에서의) 교통 편의 제공 등의 활동을 말한다.

7) 주지하듯이, 미래의 정책에 대한 공약을 중심으로 유권자의 선택이 이루어지는 경우를 '전망투표(prospective voting)'라 일컫는 반면 실행된 정책에 대한 판단을 중심으로 유권자의 선택이 이루어지는 경우를 '회고투표(retrospective

오바마 대통령은 취임 당시 지난 세대 동안 취임한 역대 대통령 보다 어려운 과제와 더불어 엄청난 기대 속에 출발했다. 취임 당시 오바마 대통령은 '전쟁'과 '대공황 이후 최악'의 경기침체라는 과제에 직면해 있었다. 그럼에도 불구하고, 미국 역사상 최초의 흑인 대통령이라는 조건과 그가 제시했던 '변화와 희망'의 메시지는 많은 미국인들을 열광하게 하기에 충분한 것이었다. 집권기간 동안 이루어진 오바마 대통령의 여러 정책적 성공 혹은 역동적 국정운영은 여러 면에서 적지 않은 성취로 평가 받아 마땅하지만, 그가 추진했던 정책들로 인한 당파적인 대립의 격화, 범 당파적 혹은 광범위한 대중적 지지의 상실로 이어진 것 역시 온전히 오바마 대통령의 선택의 결과이며 '그 나름의 정치'에 따른 결과라고 볼 수 있다. 집권 초기 60% 중반에 이르렀던 오바마 대통령의 지지율은 중간선거 당시 45%대로 추락했다.[8] 이러한 지지율은 1994년 중간선거 당시 클린턴 대통령의 지지율보다 단지 1% 포인트 높은 것이며, 1982년 하원선거에서 크게 패배한 레이건 대통령의 지지율에 비해서는 3% 포인트 높을 뿐인 수치다.

오바마 대통령은 집권 초기인 2009년 2월, 해고 제한과 고용 창출을 통해 10% 이하의 실업률 달성이 가능하다고 주장하면서 그를 위한 경기부양책으로 '경제회복과 투자법(American Economic Recovery and Reinvestment Act)'을 입법화하는 데 성공한다. 세금경감, 건강보험 및 교육 보조금 지급, 저소득 근로자, 실업자 및 퇴직자에 대한 지원, 사회간접자본에 대한 투자 등을 포괄하는 이 법은 7,870억 달러에 달하는 정부 재정 지출을 담보로 한 것이었다. 이 법안에 대해 하원 공화당 의원은 단 한 명도 찬성표를 던지지 않았으며, 상원에서는 3명의 공화당 상원의원이 찬성표를 던졌다.

---

voting)'라 한다.

8) 자료 출처는 갤럽 여론조사(http://www.gallup.com/poll/116077/obama-job-approval-dips-below-first-time.aspx).

2009년 3월에는 오바마 당선자의 요청에 의해 전임 부시(George W. Bush) 대통령이 단행했던 GM 사와 크라이슬러(Chrysler) 사에 대한 174억 달러의 구제 금융에 이어 이들에 대한 새로운 구제금융 계획이 발표되었고, 이에 대해 정부의 지나친 개입에 의한 부당한 특혜 제공이라는 비판이 거셌다. 2009년 6월에는 탄소배출 상한선 규제와 탄소배출권 거래(cap and trade)를 주요 내용으로 하는 '청정에너지안보법(American Clean Energy and Security Act)'이 하원에서 219 대 212로 통과되었다. 이 법률안에 대해 8명의 공화당 하원의원이 찬성했으며, 44명의 민주당 하원의원의 반대,[9] 그리고 3명의 기권이 있었다. 44명의 민주당 반대표에서 볼 수 있듯이 법률안은 민주당 내에서조차 논쟁적이었다.

건강보험 개혁법안(health care overhaul) 및 이민법안 등이 이슈화되면서, 이미 하강국면에 있던 오바마 대통령의 지지율은 가파르게 하락한다. 2009년 6월부터 오바마 대통령 지지율은 50% 대로 떨어지게 되고, 11월에 들어서면서부터는 50% 이하로까지 추락한다. 더불어 티파티 그룹을 중심으로 건강보험 개혁법안에 대한 조직화된 반대운동이

〈그림 1〉 오바마 대통령에 대한 지지율(Job Approval)

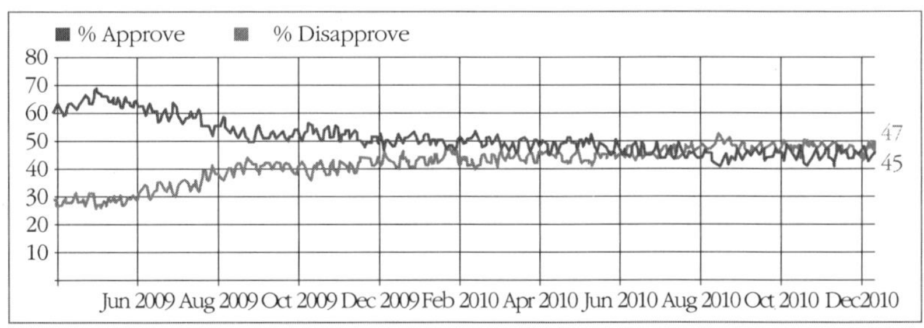

자료 출처: 갤럽 여론조사(http://www.gallup.com/poll/116077/obama-job-approval-dips-below-first-time.aspx)

9) 민주당의 반대표는 친 공화당 지역구 출신 민주당 초선의원, 보수적인 소위 '블루 독(Blue dog)' 민주당 의원, 석탄 화력 발전을 하는 지역구 의원 및 전통적인 공업지역 지역구 의원으로부터 나왔다.

세를 확장해 가면서 민주당과 오바마 대통령에 대한 정치적 압박이 가중된다.

2010년에 들어서면서, 오마바 대통령 여러 정책적 입장에 대한 반대자들의 반발은 더욱 거세게 표출되었다. 1월 하순 치러진 매사추세츠(Massachusetts) 주 연방 상원의원 보궐선거는 이러한 흐름의 일정한 정점을 형성한다. 민주당 테드 케네디(Ted Kennedy) 상원의원의 사망으로 보궐선거를 치른 매사추세츠 주 연방 상원의원 선거에서 무명에 가까운 스콧 브라운(Scott Brown) 공화당 후보가 마사 코클리(Martha Coakely) 민주당 후보를 5%포인트(52%~47%) 차이로 누르고 당선되었다. 고 테드 케네디 의원이 자신의 '일생의 대의(the cause of my life)'라고 표현했던 보편적 건강보험에 대한 반대의 입장을 주요 공약으로 제시했던 공화당 후보의 당선은 충격적인 것이었다. 매사추세츠 주 연방 상원의원 보궐선거가 건강보험개혁법안 및 기타 이슈들의 법률입안 과정에 대한 일종의 심판(referendum)으로 간주되었기 때문이다. 더욱이 이 선거에서의 패배로 인해 민주당은 상원 필리버스터(filibuster)를 저지할 수 있는 60석 유지에 실패함으로써 건강보험개혁법안 통과를 위한 새로운 의회 전략 수립이 요구되었다. 스콧 브라운의 당선은 건강보험개혁법안뿐 아니라 경기부양정책 등 민주당이 추진한 주요 정책에 대한 민주당 아성(오바마 대통령은 불과 1년 남짓 전 대선에서 62%의 득표율을 기록했다)에서의 반대라는 점에서 충격적이다. 이 시기 오바마 대통령에 대한 지지율은 48% 지지 대 47% 반대(2010년 1월 23일~25일)로 찬반이 팽팽하게 맞서는 데에 이른다. 이후부터 중간선거 시점까지 오바마 대통령의 지지율은 더 이상의 급격한 등락 없이 40%대 중반을 유지한다.

2010년 3월 23일과 30일 건강보험개혁 관련 두 개의 법률이 탄생하게 됨으로써 민주당과 미국 자유주의자들의 오랜 숙원이 달성되었다. 그러나 워싱턴 정가 류의 정치관행 개혁과 비 당파적인(혹은 초 당파적인) 국정운영을 약속했던 오바마 대통령은 건강보험개혁법안의 의회 통과 과정에서 어떤 공화당 의원의 지지도 획득하지 못했으며, 오히려 이를 계기로 양당 간의 당파적인 다툼이 극단으로 치닫는 상황이 이어지게 된다. 공화당은 건강보험개혁법을 '큰 정부의 광란(big government run amuck)'으로 표현하고, 즉각적인 '무효화(repeal and replace)' 캠페인을 시작한다. 역사적인 입법 성공에도 불구하고 건강보험개혁법에 대한 여론 역시 우호적이지 않았다. 2010년 3월 22일 실시된 Gallup/USA Today 여론조사에 따르면, 건강보험개혁법에 대한 찬성과 반대는 각각 50% 대 42%로 조사되었다. 오바마 대통령은 정책적인 성공을 대가로 정파적 대립의 격화, 대중적 지지 약화라는 값비싼 비용을 감수해야 했고, 이후 선거 시기까지 공화당과 티파티 그룹 등에 의한 지속적인 비판의 표적이 된다.

오바마 행정부의 개혁정책을 '좌편향' 혹은 '사회주의'적인 것으로 비판하면서 대중적인 세력을 획득한 티파티 운동은 무당파 보수주의 유권자를 주요 지지 기반으로 공화당 예비선거에 적극적으로 개입한다. 그 최초의 성과가 나타난 것은 2010년 6월 8일 네바다(Nevada) 주 공화당 상원의원 예비 선거에서 부터다. 이 예비선거에서 극단적인 보수주의자이며 티파티의 지지를 받는 샤론 엥글(Sharon Angle)이 공화당 예비 후보를 누르고 당선되었다. 예비선거 직후 여론조사에서 엥글은 상원 다수당 대표(Senate Majority Leader)인 민주당 해리 리드(Harry Reid) 의원을 두 자리 수 이상의 격차로 앞서고 있는 것으로 조사되었고, 이러한 상황은 전국적인 이슈로 부상한다. 공화당은 티파티의 반 현역 의원 정서(anti-establishment mood)를 이용하여 대표적인 자유주의자이며 오바마 대통령의 정책의제를 이끌어가는 상징적인 인물인 리드 상원의원에 대한 반대 캠페인을 대대적으로 전개하는 동시에, 엥글 티파티 후보에 대한 어떠한 종류의 비판도 자제한다.[10)]

델라웨어(Delaware) 주 예비선거(2010년 8월 14일)에서는 티파티 그

10) 이후 본 선거에서 낙승이 예상되었던 리드 후보는 힘겨운 승부 끝에 신승한다.

룹의 지지를 받는 크리스틴 오도넬(Christine O'Donnell) 후보가 현역 하원의원인 마이크 캐슬(Mike Castle)을 누르고 당선된다. 캐슬 의원은 여러 법안에서 민주당에게 투표한 '무늬만 공화당원(Republican in Name Only(RINO))'으로 묘사, 조롱되었다. 알래스카 주 예비선거(2010년 8월 24일)에서는 리사 무코스키(Lisa Murkowski) 공화당 현역 상원의원 역시 티파티 그룹 지원 후보인 조 밀러(Joe Miller)에게 패배한다. 그 밖에도 뉴욕 주 주지사 예비선거에서는 티파티그룹이 지원하는 칼 팔라디노(Carl Paladino)가 하원의원 출신 릭 라지오(Rick Lazio)에게 승리한다.

티파티 그룹의 이러한 성공은 반 민주당, 반 오바마 행정부 정서의 확대는 물론, 반 현역의원(anti-establishment) 정서의 확대로 이어지면서, 공화당 후보들은 보다 선명하게 보수적인 입장을 표명할 것을 요구받는다.

III. 공화당의 선거 전략

2010년 중간선거 결과는 오바마 대통령의 주요 정책 의제에 대한 보수적인 무당파 유권자의 선거참여를 통한 심판 및 지속되는 경기불황과 높은 실업률에 대한 대중적 지지 상실을 자신들의 전략적 이점으로 활용하는데 성공한 공화당 선거 전략의 결과라고 할 수 있다.

공화당은 2008년 선거 직후 2009년 1월 10일, 당의 최다선 의원들의 모임에서 오바마 행정부하에서의 국정운영 전략에 대해 논의한다. 이 자리에서 공화당 다선 의원들은 오마바 행정부하에서 공화당의 정국운영의 중심이 2010년 중간선거에서의 승리임을 명확히 한다. 뉴욕 타임즈(New York Times) 보도에 따르면, 이 자리에서 발표된 슬라이드의

한 장은 다음과 같이 자문자답한다: "다수당이 통치를 목적으로 한다면, 소수당의 목표는 무엇인가? 그것은 다수당이 되는 것이다."[11)]

공화당의 이 모임은 오바마 대통령 취임 10일 전에 이루어진 것으로 의회와 행정부 모두를 민주당에 내주었던 공화당의 절박함의 발로로 보이지만, 이들의 논의가 소수당이 가야할 길에 대한 매우 정확한 진단에 기초해 있다는 것 역시 명확해 보인다.

이 일화가 예시하는 것처럼, 공화당은 2010년 중간 선거에서의 승리를 위한 준비를 2008년 선거가 끝난 직후부터 시작했다는 것이며, 다른 한편 일상적인 법률제정을 둘러싼 정치 과정(legislative politics)은 선거정치(electoral politics)의 연장, 그 이상도 이하도 아니라는 점에서, 미국 정치는 '지속적인 선거 캠페인(permanent campaign)'일 뿐이라는 시각을 확인하게 한다. 시드니 블루멘탈(Sidney Blumenthal 1982)이 주장한 것처럼, '정책'과 '정당'을 중심으로 한 전통적인 의미에서의 정치는 '여론'과 '지지율,' 그를 위한 '소통(campaign)'을 중심으로 한 캠페인 정치로 전환된 것이다.

2010년 중간 선거를 준비하는 공화당 선거 전략의 핵심은 역량 있는 후보자 충원을 통한 선거 경쟁력의 강화, 일관되고 강력한 캠페인 메시지의 구성, 선거 자금 모집과 집행에 있어서의 경쟁 우위 확보 등으로 요약될 수 있을 것이다. 여기에 덧붙여 풀뿌리 운동(grassroots movement)으로 세력을 확대해 나가는 다양한 티파티 그룹들의 영향력에 대한 일정한 통제와 관계 설정이 주요한 과제였다.

---

11) 원문은 다음과 같다: "if the goal of the majority is to govern, what is the purpose of the minority? ..the purpose of the minority is to become the majority." 자료 출처는 뉴욕 타임즈(http://www.nytimes.com/2010/11/04/us/politics/04campaign.html).

1. 후보자 충원

공화당은 하원의 민주당 다선 의원 선거구에서 경쟁력 있는 공화당 후보를 충원하기 위한 매우 적극적인 노력을 기울였다. 공화당 지도부는 민주당 다선 의원들의 출마포기를 위한 다양한 차원의 압박 전략을 구사하는 한편, 소위 스콧 브라운(Scott Brown) 효과를 기대하면서 다선 의원 지역구를 집중공략한 결과 괄목할 만한 성과를 이루어 냈다.

보다 구체적으로, 클래스 III에 속하는 34석의 상원의석과 3석의 보궐선거 의석(델라웨어, 뉴욕, 웨스트 버지니아)을 놓고 경합한 상원 선거에서 공화당은 두 명의 현역 상원 의원 블랑쉬 링컨(Blanche Lincoln, 아칸소) 및 러스 파인골드(Russ Feingold, 위스콘신)을 상대로 승리했으며, 현역 의원 없이 치러진 4곳 선거구 모두에서 승리했다(일리노이 주, 인디아나 주, 노스 다코다 주 및 펜실베이니아 주). 반면 공화당 현역 의원이 불출마한 6개 선거구 모두에서 공화당은 자당 의석을 지켜냈다. 435석 모두를 대상으로 한 하원 선거에서 52명의 민주당 현역 하원의원이 재선에 실패한 반면, 재선에 실패한 공화당 현역 하원의원은 2명에 불과했다.

하원의 경우 통상적으로 85% 이상의 현역 의원이 재선에 성공한다. 이들이 갖고 있는 상대 후보에 비해 높은 인지도, 선거 자금 확보의 용이성 및 우위성, 선거 전략 수립에 있어서의 경험상의 우위 때문이다. 이러한 현역 의원 효과(incumbent effects)를 고려할 때, 민주당 현역 의원들을 누른 공화당 초선 후보들의 승리는 예외적인 것이다. 이번 중간선거에서의 다수의 민주당 현역 의원들의 재선 실패 원인은 보다 구체적인 사안별 분석을 요한다. 다만, 역량 있는 정치 신인의 충원 노력과 그들에 대한 적절한 정당의 지원 없이 이러한 공화당 후보들의 약진이 불가능했다는 것은 분명하다.

예컨대 공화당은 21번의 선거에서 연속 당선된 하원 세출위원회 위원장 데이빗 오베이(David Obey)에 대항해 출마할 후보로 숀 더피(Sean

Duffy) 카운티(county) 검사의 충원에 성공한다. 민주당 다선 의원에 대한 공화당의 집중 공략은 이 지역구에서의 적극적인 광고 캠페인으로 이어졌고, 매우 어렵다고 예상되는 선거 판세에 대한 압박 속에서 민주당 내 다선 3위인 데이빗 오베이 의원은 불출마를 결정한다. 숀 더피 후보는 불출마 선언한 데이빗 오베이 의원의 뒤를 이은 민주당 쥴리 라싸(Julie Lassa)후보를 누르고 당선된다.

공화당은 또한 하원 예산위원회 위원장 존 스프라트(John Spratt, 사우스 캐롤라이나 주 5지역구), 하원 국방위원회 위원장 아이크 스켈톤(Ike Skelton, 미주리 주 4지역구), 하원 교통 · 기간시설위원회(Transportation and Infrastructure) 위원장 제임스 오버스타(James Oberstar, 미네소타 주 8지역구) 지역구에서 역량 있는 자당 후보를 충원하고 당선시킨다. 그밖에도, 보수적 민주당원인 진 테일러(Gene Taylor, 미시시피), 13선 의원인 릭 바우처(Rick Boucher, 버지니아), 바론 힐(Baron Hill, 인디아나), 알렌 보이드(Allen Boyd, 플로리다), 보수적인 텍사스에서 1990년 이래 재선에 성공한 쳇 에드워드(Chet Edwards), 13선 의원인 폴 칸요스키(Paul Kanjorski, 버지니아) 등의 다선 의원들이 공화당이 충원한 정치 신인들에게 패배해 낙선했다.

주니어 민주당 의원 역시 공화당이 충원한 정치 신인의 희생양이 되어 낙선했다. 톰 페리엘로(Tom Perriello, 버지니아), 글렌 나이(Glenn Nye, 버지니아), 수잔 코스마스(Suzanne M. Kosmas, 플로리다)와 알란 그레이슨(Alan Grayson, 플로리다) 등이 낙선했으며, 펜실베이니아 주, 오하이오 주, 일리노이 주 등에서 여러 현역 민주당 하원의원들이 낙선했다.

더불어, 공화당 지도부는 최초의 흑인대통령의 당선이래, 공화당 후보들의 백인 편향 혹은 흑인 및 유색인종 후보 충원 실패에 대한 새로운 이해와 각성의 기회를 갖는다. 공화당은 공화당 전국위원회(Republican National Committee) 위원장으로 메릴랜드 주 부지사 출신의 마이클 스틸(Michael Steele)을 선출한다. 2010년 중간선거에서 공화당 지도부의 적극적인 후보 충원 노력에 따라 공화당 후보로 출마한 흑인 후보는 상원 3명, 하원 14명에 이르며, 이것은 2008년의 거의 두 배에 이르는 증가다.

이들 중 팀 스콧(Tim Scott)과 알렌 웨스트(Allen West) 후보가 사우스 캐롤라이나(South Carolina)와 플로리다(Florida)에서 각각 당선된다. 이들 모두 재건기(Reconstruction) 이후 이 지역에서 당선된 최초의 흑인 후보들이다. 히스패닉 출신 프란시스코 칸세코(Francisco Canseco) 공화당 후보가 텍사스에서 당선되었으며, 제이미 헤레라(Jamie Herrera) 후보는 워싱턴 주 최초의 히스패닉 하원의원으로 당선되었다. 그 밖에도 공화당은 이번 중간 선거를 통해 최초의 여성 히스패닉 주지사인 수잔나 마르테네즈(Susana Martinez, 뉴멕시코 주), 인도 출신 최초의 여성 사우스 캐롤라이나 주 주지사 니키 헤일리(Nikki Haley), 네바다 주 최초의 히스패닉 주지사인 브라이언 샌도발(Brian Sandoval), 쿠바출신 마르코 루비오(Marco Rubio) 플로리다 주 상원의원이 공화당 후보로 출마하여 당선되었다.

불과 2명의 흑인 공화당 하원 당선자를 냈을 뿐이지만,[12] 공화당 지도부의 소수 인종 출신 후보 충원 노력은 공화당의 향후 발전을 위한 중요한 전초가 되었다는 것이 일반적인 분석이다. 오바마 유권자의 인식 변화는 소수인종 출신 후보 충원에 성공적이지 못했던 공화당에게 새로운 변화를 추동했다고 보여진다. 더욱이 이번 중간선거의 주요 이슈였던 일자리 창출, 경기 회복, 정부의 재정건전성 확보 등은 인종과 무관한 것들로 공화당의 소수인종 출신 후보 충원을 확대하게 했던 원인으로 분석된다.

---

12) 41명의 흑인 하원의원이 민주당 출신이며, 상원의 유일한 흑인 의원 로날드 버리스(Ronsald Burris) 일리노이 주 상원의원 역시 민주당 소속이다. 29명의 히스패닉 하원의원 중 24명이 민주당 소속이다. 2명의 흑인 주지사, 데발 페트릭(Deval Patrick, 매사추세츠)과 데이빗 패터슨(David Paterson, 뉴욕) 역시 민주당 후보로 출마하여 당선되었다.

2. 캠페인 메시지

캠페인 메시지의 후보 선택 효과에 대한 이론은 여러 갈래지만, 대체로 유권자들은 캠페인 메시지를 통해 자신들의 태도나 가치 등을 중심으로 한 기존의 정치적 성향(political predispositions)을 점화(activation) 혹은 재인식함으로써 자신의 기존 정치적 성향을 재강화(reinforcement)하는 것으로 알려져 있다.[13] 말하자면 캠페인 메시지를 통해 유권자의 기존 태도나 가치를 변화시키거나 지지 정당을 바꾸게 하는 것은 불가능하거나 비효율적이며(지나치게 고비용이라는 측면에서), 그러므로 효과적인 캠페인 메시지는 유권자가 자신들의 기존 태도나 가치에 '따라서' 투표결정을 할 수 있도록 구성되어야 한다는 것이다. 그러기 위해서는 전달되는 캠페인 메시지가 여러 선거 관련 이슈들을 일관된 '이야기 구조(framing)'에 따라 배치되고 해석되는 것이 필수적이다. 유권자들이 선거 구도 혹은 이슈의 쟁점 전체를 이해하고 판단할 수 있는, 단순하지만 강력하게 틀 지워진 이야기 구조에 따라 일관된 캠페인 메시지가 지속적으로 전달되는 것이 필요하다는 것이다.

더불어 이러한 단순하고 일관되게 구성된 캠페인 메시지는 전통적인 중간층을 획득하는 캠페인 전략에서 벗어나 핵심지지층의 결집을 일차적인 목표로 하고, 그를 바탕으로 지지 세력의 외연 확대를 궁극적인 목표로 한다. 이러한 전략은 당내 경선 즉, 예비선거에서의 승리에 결정적인 역할을 할 뿐 아니라, 본 선거를 위한 핵심 지지자들의 선거자금 기부를 위해서도 긴요하다는 것이다. 마지막으로 이렇게 통합적으로 구성된 캠페인 메시지는 여러 이슈 영역에서 시너지 효과를 발휘할 뿐 아니라, 하나의 이슈 영역에서의 실패가 다른 이슈 영역에서의 실패로 이어질 수 있는 연쇄효과를 사전에 차단함으로써 이슈의 전달력 및

---

13) 이 주제에 관한 최근의 논의에 대해서는 다음을 참조하시오: Shaw 2006; Iyengar and Simon 2004; Hillygus and Jackman 2003; Hillygus and Shields 2009.

파괴력을 점증시켜 가는 경향이 있다.

이상을 고려할 때, 공화당의 캠페인 메시지 구성은 성공적이었다는 것이 일반적인 평가다. 반면 오바마 대통령과 민주당은 공화당만큼 일관되고 강력한 이야기 구조를 만들어 내는 데 실패했다. 오바마 대통령의 건강보험개혁법이나 경기부양법 등은 모두 성공적인(혹은 불가피한) 입법의 예라고 할 수 있지만, 이들 법률이 갖는 의미에 대한 '해석의 틀(frame)'을 둘러싼 커뮤니케이션 싸움에서 실패했다는 것이다. 더불어 민주당은 유권자들의 일차적이고 직접적인 관심사항에서 벗어나 있는 다양한 이슈에 대한 메시지 전달을 시도함으로써 메시지의 응집성이 약화되었고, 나아가서는 가장 핵심적인 이슈, 즉 고용과 경기회복에 대한 일종의 정책의지 부족으로 까지 유권자에게 인식되었다.

공화당은 구체적인 공약제시를 통한 유권자 설득 보다는 보다 분명하고 단순한 선택의 준거를 유권자에게 제시한다. 사실 공화당은 구체적인 공약을 개발하거나 제시하는 것을 통해 새로운 논쟁거리를 만들어 내지 않았다. 공화당의 전략은 수미일관되게 오바마 행정부의 정책에 대한 심판에 맞춰졌다.

실업률은 여전히 두 자리 수를 육박하는 수준이었으며, 더욱 나쁜 것은 경기회복을 위한 오바마 행정부의 엄청난 재정지출에도 불구하고 실업률은 오바마 행정부의 전망이나 약속만큼 나아지지 않았다는 것이다. 공화당은 민주당과 오바마 행정부를 '역사상 가장 큰 정부'라고 틀지우는데 성공한다. 건강보험개혁법은 9,400억 달러짜리 가격표가 붙은 '오바마 케어(ObamaCare)'로 이름 붙여졌고, 경기부양법은 7,890억 달러가 쏟아 부어지는 프로그램으로 메시지가 구성되었다. 더욱이 '오바마 케어'는 메디케어(Medicare) 예산 감축으로 이어질 것이라는 공화당의 공격은 노년층을 중심으로 한 오바마 대통령의 지지율을 40%까지 떨어지게 하는데 기여한다. 덧붙여 공화당은 오바마 행정부가 갖고 있는 사회복지 계획으로 인해 중산층에 대한 엄청난 세금 부담이 추가적으로 발생할 것이라는 메시지를 덧붙인다. 오바마 대통령 역시 기존 민주당원 누구와도 다를 바 없는, '구식의 세금징수-재정지출 류의 자유주의적 민주당원(the same old tax-and-spend liberal Democrat)'으로 묘사된다.

전체적으로 민주당과 오바마 행정부는 대공황 이후 최악의 경제상황을 극복하기 위한 정책을 과감하고 신속하게 추진하고 입법에도 성공했지만, 그 정책 및 법률이 갖는 효과가 긍정적인 결과로 나타나기 전에 치러진 중간선거 스케쥴로 인한 손해를 감수해야 했다. 게다가 주요 정책 및 법률의 성격을 유권자에게 자신들이 원하는 틀 혹은 방식으로 강하게 전달하는데 실패하면서 공화당이 만든 이슈 프레임에 의해 지배되는 메시지 전쟁에서 패배한 것으로 보여진다.

3. 티파티(Tea Party) 그룹과의 관계정립

주요 정책 이슈에 있어 티파티 그룹과 공화당 사이의 차이는 그리 크지 않다. 양자 사이의 차이는 많은 경우, 전통적인 정치의 영역에서의 정책적인 접근과 행동주의적인 혹은 이데올로기적인 방향에서의 접근의 차이에서 근거하는 것으로 볼 수 있다. 티파티 그룹과 공화당은 세금감면, 연방정부의 역할 축소, 건강보험개혁법의 무효화, 탄소배출권거래(cap and trade) 정책에 대한 반대, 애리조나(Arizona) 주의 새로운 이민법에 대한 찬성 등에 있어 온도의 차이는 있지만 유사한 정치적, 이데올로기적 입장을 취한다. 물론 티파티 그룹이 지지하는 후보들이 극단적인 우편향의, 비현실적인 정책 공약을 내놓은 경우도 적지 않다. 예컨대 몇몇 티파티 후보는 강간과 근친상간의 경우에도 낙태를 반대하며, 균형예산을 위한 정부 재정지출의 대폭적인 감소와 추가적인 세금감면 공약을 제시하지만 그것을 이루기 위한 구체적인 방안을 제시하지는 못한다.

갤럽 여론조사에 따르면, 티파티 운동에 동조하는 세력의 80% 정도

〈표 1〉 티파티 지지자의 정치이념적-당파적 구성

(단위: %)

	자유주의적 민주당일체자	중도성향 민주당일체자	보수적 민주당일체자	순수한 민주당일체자	중도성향/보수적 공화당일체자	보수적 공화당일체자
티 파티 지지자	3	7	5	6	17	62
미국인 평균	18	19	9	8	15	29

자료 출처: 갤럽 여론조사 (2010년 3월 26~28일, 5월24~25일, 6월11~13일 실시조사)
http://www.gallup.com/poll/127181/tea-partiers-fairly-mainstream-demographics.aspx

는 공화당 지지 경력을 가진 유권자들이다(〈표 1〉 티파티 지지자의 정치이념적-당파적 구성 참조). 같은 여론조사에 따르면 티파티 운동 동조자와 공화당 일체자 사이에 정당 후보지지 측면에서 투표 성향에 있어서의 차이는 없다. 티파티 운동 동조자들은 자신들을 '헌법에 기초한 보수주의자(constitutional conservatives)'로 자임하면서, 헌법적으로 제한된 정부, 자유시장경제, 낮은 세금의 세 원칙에 기초해 있다고 주장한다. 이들은 오바마 행정부의 '사회주의적' 정책에 대해 반대할 뿐 아니라, 공화당 소속 현역의원들이 공화당의 이상을 배신했다고 믿으며, 공화당 정풍(purification)을 자신들 운동의 주요한 목표의 하나로 설정한다. 이들은 중간 선거를 통해 민주당 후보의 패배뿐 아니라, 중도성향 공화당 후보의 낙선을 보다 구체적인 목표로 설정한다.

티파티 운동이 세를 확장해 가면서 2010년 9월의 여론조사에 따르면 스스로를 티파티 그룹의 일원이라는 응답자가 20%에 이르게 된다. 이 같은 티파티 그룹의 세력 확장, 이들이 지원하는 후보의 공화당 예비선거에서의 승리, 오바마 행정부에 대한 매우 단순한 메시지('Obama government is just bad')를 통한 공격, 매우 극단적인 정책의 제시 등은 중간 선거 캠페인 기간 내내 지대한 언론의 관심 대상이 되면서 지속적으로 이슈 거리(talking points 혹은 sound bites)를 만들어 낸다. 이들이 쏟아내는 이슈들은 '사실' 여부나 정책의 실현 가능성 여부를 떠나 오바마 행정부에 대한 감성적 반대의 정서가 노골적으로 표출되는 계기를 만들어 내게 되고, 공화당은 그로부터의 반사적인 이득을 챙기는 상황이 지속되었다.

공화당 입장에서 티파티 그룹은 민주당을 공격하는 충실한 동맹자이면서, 동시에 책임 있는 정당으로서의 티파티 그룹과의 일정한 거리를 유지하고 동시에 현실성 있는 정책을 제시하는 공화당의 위상을 보여줌으로써 티파티 그룹은 일종의 '반면 거울'로서의 역할을 했다고 평가할 수 있겠다. 티파티 그룹에 의해 보수적인 유권자의 동원과 결집, 선거참여에 대한 열의가 형성되고, 그것이 반 민주당 정서와 연결되면서 공화당 입장에서는 지속적으로 선거 이슈를 선점해 가는 이점을 가질 수 있었다고 평가할 수 있겠다.

4. 선거자금 모금과 선거광고의 집행

이번 중간선거는 역사상 가장 많은 선거비용이 모금되고 지출된 선거로 기록되었다. 〈표 2〉가 보여주듯이, 이번 중간 선거에서 정당과 비정당 그룹이 지출한 선거 캠페인 지출 총액은 461.8백만 달러로 2006년 중간 선거 지출 비용 278.8백만 달러에 비해 166%가량 증가했다. 선거 캠페인 비용 지출과 관련하여 이번 선거에서 두드러지는 특징은 비정당 그룹에 의한 독립적인 캠페인 비용 지출은 280.2백만 달러로 2006년 중간 선거에서 지출된 비용 53.9백만 달러의 5배 이상 증대되었으며, 정당에 의한 지출(181.6백만 달러)을 압도했다는 것이다. 비 정당 그룹에 의한 선거 캠페인 비용 지출이 정당에 의한 그것을 초과한 것은 미국 선거 역사상 최초의 일이다.[14] 특히 공화당 지지 비 정당 그룹에 의

14) http://abcnews.go.com/Politics/vote-2010-elections-campaign-spending-

〈표 2〉 선거 캠페인 비용 지출

(단위: 백만 달러)

			비 정당 그룹	정당	합계
2010 중간선거	총액		280.2	181.6	461.8
	하원	민주당	49.3	65.0	114.3
		공화당	86.0	51.3	137.3
	상원	민주당	38.1	39.2	77.3
		공화당	98.5	26.1	124.6
2006 중간선거	총액		53.9	224.9	278.8
	하원	민주당	25.1	64.1	89.2
		공화당	14.1	86.0	100.1
	상원	민주당	5.3	42.9	48.2
		공화당	9.2	31.9	41.1

자료 출처: The Campaign Finance Institute(http://www.cfinst.org/Press/PReleases/10-11-05/Non-Party_Spending_Doubled_But_Did_Not_Dictate_Results.aspx)

한 선거 캠페인 비용지출(하원 86백만 달러, 상원 98.5백만 달러)이 민주당 지지 비 정당 그룹의 지출(하원 49.3백만 달러, 상원 38.1백만 달러)을 크게 상회하는 것으로 나타났다. 정당에 의한 캠페인 비용 지출은 지난 중간 선거에 비해 34% 포인트 가량 감소한 것이며, 2008년 선거에서 정당에 의한 선거 비용은 비 정당 그룹에 의한 선거 비용의 2배, 2006년 선거에서는 4배에 달했었다. 이러한 비 정당 그룹에 의한 캠페인 비용 지출은 이번 선거가 '정당'에 의해 주도된 선거라기보다는 티파티 그룹 등을 위시한 광범위한 사회단체들의 이해관계와 관심이 집중된 일종의 'wave' 선거였음을 보여주는 것이다.

정당과 후보자 개인에 의해 지출된 선거 캠페인 지출은 민주당이 우세한 것으로 나타났다. 민주당 후보들은 공화당 후보들에 비해 훨씬 많은 선거비용을 모금한 것으로 나타났다(민주당 117백만 달러, 공화당

political-parties-eclipsed/story?id=11965623&page=1

76백만 달러). 민주당 후보들이 선거자금 모금과 집행에 있어 우위에 있을 수 있었던 이유는 현직자 효과라고 보인다. 민주당은 104.2백만 달러를 지출한 반면, 공화당은 77.4백만 달러를 지출한 것으로 나타났다. 여당인 민주당과 버금가는 금액의 선거자금 모집과 집행을 한 공화당의 약진은 평가할 만한 요소다. 공화당 지도부는 민주당에 버금가는 선거자금 모집에 성공함으로써 전략적인 차원에서의 캠페인 메시지 전달이 가능했던 것으로 평가된다.

비 정당 그룹들은 격전 지역에서 TV 광고, 우편 발송, 전자메일 발송, 유권자 방문 등 공격적인 선거 캠페인을 전개했으며, 민주당 및 민주당 후보들의 선거자금에 있어서의 우위를 상당한 정도 상쇄하면서 공화당 후보의 약진을 도왔다고 볼 수 있겠다. 공화당 및 지지그룹에 의한 캠페인 집행은 초기 열세에 있던 공화당 후보들에 대해 적극적으로 지원하면서, 안전하다고 여겨졌던 민주당 후보들의 지위를 위협하고, 더불어 공화당 후보들이 자체적인 선거자금 모금과 집행이 가능한 수준으로 발전하는 것을 도왔다. 〈표 3〉은 선거 캠페인 지출에 있어 상위 50개의 비 정당단체와 그들의 선거 캠페인 지출액을 보여 준다. 이에 따르면 상위 50개 단체 중 30개가 공화당지지 단체이며, 이들에 의한 캠페인 지출 역시 민주당지지 단체에 의한 지출액을 압도한다.

정당과 후보자 입장에서 캠페인 비용의 모금과 지출은 선거 승리를 위한 필수적인 자원이며, 유권자와 여러 사회단체의 입장에서 선거 캠페인 기부는 정치참여의 한 형태이며 투표보다 적극적인 정치적 의사표현 수단이기도 하다. 따라서 선거 캠페인 모금액은 특정 후보 및 정당의 선거 승리를 바라는 핵심 유권자 층의 열망과 결집 정도를 나타내는 좋은 지표라고 할 수 있다.

이번 선거에서 공화당 지지 비 정당 단체에 의한 광범위한 선거 캠페인 모금이 이루어지고 이들에 의한 캠페인 비용 지출이 정당에 의한 캠페인 비용 지출을 상회한 점은 미국 선거 역사상 '최초'의 일로 이번 선거에서의 효과 및 장래 선거에 있어서의 지속성 여부 등에 대한 심도

〈표 3〉 선거 캠페인 지출 상위 50개 단체

순위	단체명	지지 정당	지출액
1	American Crossroads/Crossroads GPS	공화당	38,675,721
2	U.S. Chamber Of Commerce	공화당	32,925,647
3	American Action Network	공화당	23,905,952
4	AFSCME(American Federation of State County and Municipal Employees)	민주당	12,178,769
5	SEIU(Service Employees International Union)	민주당	12,032,784
6	American Future Fund	공화당	9,129,944
7	Americans for Job Security	공화당	9,005,422
8	Club for Growth	공화당	8,056,870
9	National Association of Realtors	공화당	7,125,548
10	NEA(National Education Association)	민주당	7,121,841
11	The 60 Plus Association	공화당	7,083,530
12	National Rifle Association	공화당	6,729,926
13	America's Families First Action Fund	민주당	5,878,743
14	League of Conservation Voters	공화당	5,446,742
15	Emily's List	민주당	4,913,699
16	Americans for Tax Reform	공화당	3,865,874
17	Common Sense Ten	민주당	3,257,031
18	Votevets.Org	민주당	3,218,871
19	AFL-CIO	민주당	3,133,362
20	Patriot Majority	민주당	2,852,921
21	Citizens for Strength and Security	민주당	2,794,990
22	Revere America	공화당	2,571,521
23	Our Country Deserves Better Pac	공화당	2,564,791
24	Center for Individual Freedom	공화당	2,500,617
25	Our Future Ohio Pac	민주당	2,428,165
26	Susan B Anthony List	공화당	2,343,399

순위	단체명	지지 정당	지출액
27	Right to Life	공화당	2,267,296
28	Planned Parenthood	공화당	2,013,234
29	Right change.Com	공화당	1,956,132
30	Senate Conservatives Fund	공화당	1,735,387
31	Super Pac for America	공화당	1,633,786
32	The New Prosperity Foundation	공화당	1,528,923
33	Robert Kirkland	공화당	1,497,367
34	American Hospital Association	민주당	1,495,324
35	First Amendment Alliance	공화당	1,487,861
36	Arkansans for Change	민주당	1,335,073
37	Americans for Prosperity	공화당	1,322,061
38	Alaskans Standing Together	민주당	1,260,000
39	Campaign Money Watch	민주당	1,174,718
40	Ending Spending Fund	공화당	1,150,000
41	Moveon.Org	민주당	1,132,270
42	National Republican Trust Pac	공화당	1,083,056
43	Americans for Limited Government	공화당	1,021,378
44	National Federation of Independent Business	공화당	1,006,345
45	Majority Action Pac	민주당	986,607
46	Campaign for Working Families	공화당	982,527
47	Defenders of Wildlife Action Fund	민주당	975,151
48	National Association of Manufacturers	민주당	886,762
49	Working for Us	민주당	886,543
50	Arkansans for Common Sense	공화당	856,110

자료 출처: http://www.openscrets.org; 지지 정당은 Washington Post(http://www.washingtonpost.com/wp-srv/politics/campaign/2010/spending/committee_list.html)

있는 연구가 진행되어야 할 연구 영역이다. 다만 이번 선거에 국한할 경우, 이 같은 현상은 야당이 갖는 선거 캠페인 자금 모금에서의 비교열위를 광범위한 비 정당 사회단체에 의한 캠페인으로 극복한 사례로 기록될 수 있을 것이다.

Ⅳ. 결론에 대신하여

선거 캠페인 전략의 효과에 대한 학계에서의 논쟁은 유권자 선택에 영향을 미치는 모든 요인을 '통제'하고도 캠페인에 의한 유권자 설득 혹은 동원 효과가 후보자의 당락을 결정할 만큼 충분히 독립적으로 그리고 의미 있게 존재하느냐의 문제에 집중되어 있다(Shaw 2006; Ansolabehere 2006; Bartels 2006). 주류 학설은 '최소 효과(minimal effects)' 가설을 지지한다. 유권자의 후보 선택은 주로 정당 일체감 등의 장기적인 결정요인에 의해 이루어지기 때문에 선거 캠페인 효과는 유권자의 기존 태도를 '활성화(activation)'하고 '재강화(reinforcement)'하는 데 국한되며, 따라서 선거 캠페인을 통한 유권자 태도나 선택의 변화는 부분적으로만 일어난다는 것이다.

선거 캠페인 효과를 데이터에 의해 직접적으로 실증하는 것은 지난한 과제다. 선거 캠페인 효과가 여러 경로, 즉 후보자 충원, 캠페인 메시지 구성 및 광고 캠페인, 비 정당 사회 · 이익 단체의 활동 및 참여, 선거자금 모금과 선거광고의 집행 등을 통해 이루어지고, 이들 모든 경로에 대한 포괄적인 실증 분석이 이루어져야 종합적인 캠페인 효과 분석이 이루어졌다고 할 수 있기 때문이다. 그럼에도 불구하고, 선거 캠페인 효과는 활성화와 재강화 이외에도 설득에 의한 새로운 유권자 획득 및 잠재적 유권자의 동원에 이르기까지 최소 효과를 넘어 독립적이고 의미 있는 직접적인 변화를 만들어 낸다는 다수의 연구결과가 있다 (Shaw 1999a, 1999b, 2000, 2006).

2010년 미국의 중간 선거 결과에 공화당의 선거 캠페인 전략의 성공이 일정한 기여를 했다는 것은 명확해 보인다. 물론 중간 선거라는 구조적 특성과 오바마 행정부가 추진한 정책에 대한 조직화되고 운동화된 반대라는 선거특수적인 맥락이 작용한 것도 사실이다. 그러나 다른 한편 이번 선거는 민주당 및 공화당의 선거 전략으로 인해 구조적 특성과 선거특수적인 맥락의 영향이 극대화되었던 것으로 보인다. 민주당 및 백악관은 스스로 인정하듯 '자신들의' 선거를 치르지 못했고 자신들의 메시지를 유권자들에게 효과적으로 전달하는 데 실패함으로써 선거구도 및 맥락에 있어서의 불리함을 상쇄하거나 극복할 수 있는 선거 전략을 구사하지 못했다. 반면, 공화당은 선거자금 및 후보자 등 전략 자원의 동원, 일관된 메시지 구성 및 전달, 제 사회집단과의 효율적 연계 등을 통해 '자신들의' 선거를 치렀고 그럼으로써 자신들에게 유리하게 조성되어 있는 선거구도 및 맥락의 효과를 유권자 투표 선택으로 극대화할 수 있었다.

참고문헌

Ansolabehere, Stephen. 2006. "The Paradox of Minimal Effects." In Brady, Henry E. and Richard G. Johnston, eds. *Capturing Campaign Effects*. University of Michigan Press.

Bartels, Larry M. 2006. "Priming and Persuasion in Presidential Campaigns." In Brady, Henry E. and Richard G. Johnston, eds. *Capturing Campaign Effects*. University of Michigan Press.

Born, Richard. 1990. "Surge and Decline, Negative Voting, and the Midterm Loss Phenomenon: A Simultaneous Choice Analysis." *American Journal of Political Science* 34(3): 615-645.

______. 1994. "Split-Ticket Voters, Divided Government, and Fiorina's Policy-Balancing Model." *Legislative Studies Quarterly* 19(1): 95-115.

Blumenthal, Sidney. 1982. *The Permanent Campaign*. New York: Simon and Schuster.

Brady, Henry E., and Richard G. Johnston, eds. 2006. *Capturing Campaign Effects*. University of Michigan Press.

Campbell, Angus. 1960. "Surge and Decline: A Study of Electoral Change." *The Public Opinion Quarterly* 24(3): 397-418.

Campbell, James E. 1991. "The Presidential Surge and its Midterm Decline in Congressional Elections, 1868-1988." *The Journal of Politics* 53: 477-487.

Hillygus, D. Sunshine, and Simon Jackman. 2003. "Voter Decision Making in Election 2000: Campaign Effects, Partisan Activation, and the Clinton Legacy." *American Journal of Political Science* 47(4): 583-596.

Hillygus, D. Sunshine, and Todd G. Shields. 2009. *The Persuadable Voter: Wedge Issues in Presidential Campaigns*. NJ: Princeton University Press.

Iyengar, Shanto, and Adam F. Simon. 2000. "New Perspectives and Evidence on Political Communication and Campaign Effects." *Annual Review of*

Psychology 51: 149-169

Finkel, Steven E. 1993. "Reexamining the "Minimal Effects" Model in Recent Presidential Campaign." *The Journal of Politics* 55: 1-21.

Fiorina, Morris P. 1992. "An Era of Divided Government." *Political Science Quarterly* 107(3): 387-410.

Kernell, Samuel. 1977. "Presidential Popularity and Negative Voting: an Alternative Explanation of the Midterm Congressional Decline of the President's Party." *American Political Science Review* 71(1): 44-66.

Lau, Richard R. 1982. "Negativity in Political Perception." *Political Behavior* 4(4): 353-377.

Lewis-Beck, Michael, and Richard Nadeau. 2004. "Split-Ticket Voting: The Effect of Cognitive Madisonianism." *The Journal of Politics* 66: 97-112.

Shaw, Daron R. 1999a. "The Effect of TV Ads and Candidate Appearances on Statewide Presidential Votes, 1988-96." *The American Political Science Review* 93(2): 345-361.

______. 1999b. "A Study of Presidential Campaign Event Effects from 1952 to 1992." *The Journal of Politics* 61: 387-422.

______. 2000. "Campaign Events, the Media and the Prospects of Victory: The 1992 and 1996 US Presidential Elections." *British Journal of Political Science* 30: 259-289.

______. 2006. *The Race to 270: The Electoral College and the Campaign Strategies of 2000 and 2004*. Chicago: Chicago University Press.

Smith, Charles E. Jr., Robert D. Brown, John M. Bruce, and L. Marvin Overby. 1999. "Party Balancing and Voting for Congress in the 1996 National Election." *American Journal of Political Science* 43(3): 737-764.

| 제4장 |

2010년 중간선거에서의 민주당 선거 전략의 특징*

정회옥 | 이화여자대학교

I. 머리말

2010년 미국 중간선거가 민주당의 패배로 끝났다. 대통령을 배출한 당이 중간선거에서 패배하는 것은 미국 정치에서 일반화된 현상이라고 할 수 있을 정도로 지극히 빈번히 발생한다. 그러나 민주당의 이번 패배는 72년 만에 최악으로 기록될 정도의 완패로서 40~50석을 잃을 것이라 예상한 전문가들의 예상과는 달리 하원에서 63석을 잃어 역사상 여당이 경험한 큰 의석 상실의 예 중의 하나로 기록되었다.

민주당의 패인에는 여러 가지 이유가 있는데 심각한 경제 불황, 의료보험 개혁, 이민법 문제 등을 둘러싼 오바마 행정부와 민주당의 국정운

* 이 논문은 "2010년 중간선거에서 민주당 선거 전략의 특징"으로 『미국학』 34권 1호(2011년)에 게재된 것을 수정 · 보완한 것입니다.

영에 대한 유권자들의 심각한 불만이 가장 큰 원인이라 하겠다. 여기에 덧붙여 민주당의 선거 참패에는 효과적이지 못한 선거 캠페인도 일정 부분 기여했다. 선거 캠페인은 본질적으로 정당이나, 후보자 선거 캠프, 정부조직으로부터 시작되어 전체 유권자 또는 특별한 타깃 유권자층을 대상으로 하는 하향적인(top-down) 성격을 강하게 갖는 정치 커뮤니케이션 과정이다.[1] 효과적인 선거 캠페인을 펼침으로써 정당과 정치인들은 자신들의 정책을 시민들에게 홍보하며, 시민들의 관심을 유도하며, 궁극적으로는 선거에서 대중의 지지를 끌어내고자 한다.[2] 따라서 선거 결과는 종종 선거 캠페인 전략의 효과 여부를 판단하는 중요한 지표로 해석되어 왔다(Schmitt-Beck and Farrell 2002). 즉, 선거에서의 패배는 선거 캠페인 전략에서의 패배를 뜻하기도 한다.

2010년 중간 선거를 위한 민주당의 선거 캠페인은 현 상황을 자신들에게 유리하도록 규정짓는 프레이밍과 공화당을 공격하는 네거티브 캠페인이라는 두 가지 특징을 보였다. 보다 구체적으로 민주당의 선거 캠페인 활동을 살펴보면 다음의 네 가지 전략틀 내에서 이루어진 것을 알 수 있다. 첫째는 미국 유권자 사이에 반(反) 부시 정서를 불러일으키는 것, 둘째는 보수적인 유권자 운동모임인 티파티와 공화당이 연계되어 있다는 것을 유권자들에게 인식시키는 것, 셋째는 공화당은 극단주의 정당, 민주당은 상식에 기반 한 중도 정당임을 알리는 것, 마지막으로 주요 지지기반인 흑인들에게 오바마 대통령을 집중적으로 어필한 것이

---

1) 선거 캠페인이 상향적인(bottom-up) 성격을 전혀 가지고 있지 않은 것은 아니다. 선거 캠페인을 벌이는 정치 행위자들은 그들의 전략이 효과를 발휘하고 있는지 평가하기 위해서 캠페인이 타깃으로 하는 유권자들은 지속적으로 모니터하며 피드백을 구하기 때문이다(Schmitt-Beck and Farrell 2002).

2) 정당이 선거 캠페인을 벌이는 다른 목적으로는 정당 내부적인 측면이 있는데, 선거 캠페인을 통해 정당은 당 내의 결속력을 유지하며 새로운 당원을 끌어들이고 자금을 모으려고 한다. 그러나 선거에서의 승리와 정권 획득이야말로 정당이 선거 캠페인을 벌이는 가장 핵심 목적이다 (Downs 1957; Schmitt-Beck and Farrell 2002; Schumpeter 1994).

다. 이러한 선거 전략은 수세에 몰린 민주당으로서는 불가피하게 택할 수밖에 없었던 측면도 있지만, 대체로 미국 유권자들의 마음을 되돌리는데 실패하였고 어떤 측면에서는 유권자들의 마음을 더욱 민주당으로부터 멀어지게 하는 역효과를 가져오기도 했다.

이 장에서는 민주당 선거 전략의 네 가지 특징에 대해 차례대로 기술하도록 하겠으며, 덧붙여서 기초적인 여론조사 결과를 토대로 각각의 선거 전략이 얼마나 효과적이었는지에 대해서도 추론해 볼 것이다. 미국 선거에 대한 심층 설문자료들은 선거가 끝난 후 일정 기간이 경과해야 사용이 가능하기 때문에 중간선거가 끝난 지 한 달이 조금 넘은 현 시점에서는 선거 캠페인이 유권자의 투표 전략에 미치는 영향을 구체적으로 측정하는 질문을 담은 여론조사 자료를 얻는 것이 가능하지 않았다. 따라서 경험적인 분석은 직접적인 인과관계보다는 가능성을 추론해 보는 데 그칠 수밖에 없었다.

II. 이론적 논의: 프레이밍과 네거티브 캠페인

선거 캠페인의 중요성은 나날이 커지고 있다(Schmitt-Beck and Farrell 2002). 정당은 선거 캠페인을 선거 승리에 있어 필수적인 요소로 간주하며 많은 비용과 시간을 투자하고 있다. 선거 때가 되면 정당은 자신들의 처한 상황에 대한 분석을 바탕으로 어떤 방식으로 캠페인을 벌일 것인지를 결정해야 하는데, 어떤 메시지를 유권자들에게 전달하는 것이 선거 승리에 가장 도움이 될 것인지, 또한 이러한 메시지를 전달하는 데 있어 어떤 방식을 사용해야 가장 효과적일지 등이 선거 전략을 결정짓는 주요 내용이다(Schmitt-Beck and Farrell 2002). 이 절에서는 민주당이 중간선거에서 선택한 선거 전략의 특징들과 관련되어 있는 이론적 논의를 간략히 기술하도록 하겠다.

선거에서 승리하기 위해서 정당은 캠페인의 아젠다를 자신에게 유리한 방향으로 프레이밍(framing)하고자 한다. 정당은 자신들에게 유리하나 상대방에게는 불리한 이슈나 주제를 찾아내고 이를 유권자들에게 전달해야 한다. 이러한 과정에서 정당은 선거에서의 주요 이슈들을 의도적으로 프레임하는 경향이 있다(Petrocik 1996). 정치에서 프레이밍이 사용되는 예는 많다. 그 예 중의 하나를 클린턴 전 행정부에서 찾을 수 있는데, 클린턴은 보스니아 분쟁에 개입하여 미국의 지도력을 유지하고자 하였으나 당시에 미국 내에는 고립주의 여론이 거세어서 어려움을 겪고 있었다(안병진 2008). 그런데 보스니아 파병에 대한 여론조사의 지엽적인 부분을 살펴보면, 시민들은 만약 보스니아 파병이 전범색출이 아니라 평화유지의 경찰 임무일 경우에는 파병을 지지하는 것으로 나타났다. 따라서 클린턴 전 대통령은 텔레비전에 나와서 보스니아 파병이 평화유지군의 성격을 띠고 있다고 강조하는 연설을 전개하였다. 그 결과 여론은 다시 파병을 지지하는 쪽으로 바뀌었고, 클린턴 전 행정부는 보스니아 분쟁에 개입할 수 있었다. 보스니아 파병의 문제를 군사적 작전으로 규정하느냐 아니면 평화유지군으로 규정하는가는 정치적 프레임이라 볼 수 있다. 클린턴 행정부는 이를 평화유지군으로 규정함으로써 강조점의 변화를 통해 원하는 정치적 목적을 달성하였다(안병진 2008).

프레이밍은 선거 캠페인에서 흔히 발견된다. 정당은 유권자의 투표를 두 가지 중의 하나의 선택으로 프레이밍하는 경향이 있는데, 그 두 가지 선택은 현재 나라가 처한 문제들을 잘 해결할 수 있는 자신들과 그럴 능력이 없는 상대 당과 후보들이다(Salmore and Salmore 1989). 이러한 캠페인 메시지를 지속적으로 유권자들에게 전달함으로써 정당과 후보들은 궁극적으로 유권자들로 하여금 당면 문제를 해결할 수 있는 사람은 바로 자신들이라는 점을 설득하고자 한다(Petrocik 1996).

다음으로 선거 캠페인에 관한 논의에서 많이 등장하는 것은 네거티브(negative) 캠페인의 횡행과 이것이 유권자의 투표선택 및 선거 결과에 미치는 영향이다. 선거 캠페인은 그 성격에 따라 네거티브 캠페인과 포지티브(positive) 캠페인으로 구분할 수 있다.

네거티브 캠페인은 상대편의 능력, 자질, 정책, 이슈입장 등을 공격하는 선거캠페인 행위인 반면 포지티브 캠페인은 상대에 대한 언급이 없이 자당 또는 자기 후보자의 능력, 자질, 정책, 이슈입장 등의 긍정적인 면만을 부각시키는 것을 뜻한다. 네거티브 캠페인은 미국의 선거운동에서 횡행하고 있어 많은 학자들이 이를 미국 정치에서 암적인 존재이며 가장 유감스러운 점 중 하나로 지적하기도 한다(Ansolabehere and Iyengar 1995; Mark, 2009). 무수한 예 중 몇 가지만 들자면, 2000년 대선에서 공화당 측은 고어 후보를 거짓말쟁이로 묘사하며 그의 윤리적인 측면을 집중 공격하였으며, 2008년 대선 때는 힐러리 후보를 독재자로 묘사한 네거티브 UCC 동영상이 만들어져서 문제가 되었다(서현진 2008). 또한 2008년 대선 공화당 후보였던 매케인은 오바마가 미국내 과격 테러 집단과 한통속이었다고 공격하기도 하였다. 이처럼 미국 선거에서 네거티브 캠페인은 필수적인 요소라고 할 수 있을 정도로 정당과 후보자들이 흔하게 사용하는 선거 전략의 하나이다.

정당이나 후보자들이 왜 네거티브 캠페인을 선택하느냐에 대해서는 여러 설명이 있다. 첫째로 유권자들은 투표 선택을 하는 데 있어 긍정적인 정보보다는 부정적인 정보에 더 많은 비중을 두기 때문에(Lau 1982, 1985), 정당이나 후보자들은 네거티브 캠페인이 선거 승리에 도움이 될 것이라고 판단한다고 한다. 부정적인 메시지는 긍정적인 메시지보다 독특하기 때문에 유권자들이 기억하기가 쉽고 따라서 투표 선택을 할 때 긍정적인 정보보다는 부정적인 정보가 더욱 많이 남아 유권자들의 투표에 영향을 미친다는 것이다. 또한 사람들은 네거티브한 정보가 더욱 설득력 있다고 생각하는 경향이 있어 특정 인물이나 정당에 대해 네거티브한 정보를 듣게 되면 그 정보를 더욱 신뢰한다는 설명도 있다(Allen and Burrell 2002). 따라서 상대방에 대해 능력이 없다든가 당선가능성이 없다는 식의 비방을 가하는 것은 자신이 능력이 있다고 과시하는 것보다 더욱 선거 승리에 도움이 될 수 있다는 것이다. 또 다른 설명으로는 네거티브 캠페인은 상대방 정당이나 후보자를 지지하는 사람들의 투표 참여를 감소시킴으로써 선거 승리에 도움이 될 것이라고 정당이나 후보자들은 판단한다고 한다(Buchanan 1996).

네거티브 캠페인이 실질적으로 유권자의 투표행태에 어떠한 영향을 미치는지를 검토한 연구들을 살펴보면 긍정적인 효과와 부정적인 효과가 혼재하고 있는 것으로 나타난다. 여러 연구들에서 네거티브 캠페인은 유권자의 투표 참여를 증가시키는 긍정적인 효과를 갖는 것으로 나타났다. 칸과 케니(Kahn and Kenney 1999)는 공공연한 인신공격을 제외하고는 대부분의 네거티브 캠페인은 유권자의 투표참여를 증가시킨다고 주장했으며, 라우와 팜퍼(Lau and Pomper 2001) 역시 대부분의 네거티브한 공격은 유권자들로 하여금 투표에 더욱 많은 관심을 갖도록 하며 투표 참여를 독려하는 역할을 한다고 주장하였다.

이와는 반대로 부정적인 효과를 주장하는 연구물들도 있다. 유권자들은 네거티브 캠페인에 대해 반감을 갖고 있고(Garramone 1984; Merrit 1984), 상대 후보자나 정당에 대한 강한 공격은 공격을 가하는 쪽에 오히려 역효과를 가져오며(Buchanan 1996; Garramone 1984), 유권자들을 정치과정으로부터 소외시키고 정치 불신을 야기하여 미국 민주주의에 해롭다는 주장이 있다(Pinkleton 1997). 또한 네거티브 캠페인은 유권자들, 특히 무당파들로 하여금 정치인들과 정치과정에 혐오감을 느끼게 하고 정치 효능감을 약화시킴으로써 투표에 불참하도록 유도한다고 한다(Ansolabehere and Iyengar 1995).

III. 반(反) 부시 전략

민주당 선거 캠페인의 첫 번째 특징은 중간선거를 부시와 공화당에 대한 심판이라고 프레임하면서 '반 부시대통령' 또는 '부시 때리기' 전략을 적극 동원한 네거티브 캠페인을 벌였다는 것이다. 민주당의 이러한 전략은 2006년 중간선거와 2008년 대통령 선거에서 사용하였던 전략을 그대로 다시 활용한 것이다. 조지 W. 부시 대통령의 실정으로 인해 2006년과 2008년 선거에서 민주당이 사용하였던 부시 대통령을 공격하는 선거 캠페인은 큰 효과를 발휘하였다. 그 결과 민주당은 공화당을 누르고 하원의 다수당의 지위를 차지할 수 있었고 2년 후 대선에서는 민주당 후보인 버락 오바마가 대통령에 당선될 수 있었다. 과거 선거에서의 경험을 바탕으로 민주당은 이번 중간선거에서도 부시의 유산을 적극 활용하여, 공화당 후보들과 부시 전 대통령을 결부시키는 선거 전략을 구사하였다. 민주당은 2008년 금융위기와 그로 인한 최장기 경기침체를 가져온 것은 바로 부시의 잘못된 국정 운영 때문이라고 규정지으며 공화당 후보들은 부시와 같은 생각을 가진 사람들이라고 강조하였다. 또한 공화당의 선거공약인 '미국에 대한 서약'(Pledge to America)에 대해 "경제위기를 초래한 과거의 정책을 또 다시 이야기하고 있다"며 공화당을 압박하였다.

민주당 전국위원회(Democratic National Committee)가 중간 선거를 겨냥하여 내보낸 첫 번째 텔레비전 광고에서는 다음과 같은 메시지가 흘러나온다.

"이번 가을, 미국은 큰 선택을 앞두고 있습니다: 민주당과 함께 앞으로 전진을 계속하시겠습니까? 모든 아이들에게 교육받을 기회를 제공하고, 우리나라에서 물건을 생산하며, 오염 없는 깨끗한 에너지로 경제를 부흥시키기를 원하십니까? 메인스트리트(Main Street)를 월가(Wall Street) 보다 더 우선시해야 할까요? 대기업들이 잘못을 저질렀을 때 그들에게 책임을 물어야 할까요? 아니면 현재의 불경기를 초래했던 공화당의 예전 정책으로 다시 돌아가야 할까요?" 메시지는 "다시는 속지 마세요"라는 부시의 육성을 들려주면서 끝을 맺는다.

이 텔레비전 광고는 공화당이 현재의 불경기를 초래했던 당이라는 점을 강조하면서 마지막에 부시의 육성을 들려줌으로써 불경기를 초래했던 장본인은 바로 부시라는 메시지를 유권자들에게 전하고자 하였다. 또한 낸시 펠로시(Nancy Pelosi) 민주당 소속 하원의장은 기자회견에서 공화당을 향해 부시 행정부 시절과 똑같은 정책 아젠다를 표방하고 있다고 비판하였다.[3] 이러한 예에서 볼 수 있듯이, 민주당의 주요 선거전략 중의 하나는 '공화당=부시'라는 등식을 유권자들에게 인식시키는 것이었다. 민주당은 이번 중간선거를 '불황을 초래했던 부시의 과거로 돌아갈 것인지?' 아니면 '미래를 열어가는 오바마와 동행할 것인지?' 중에서 유권자들이 선택을 해야 하는 것으로 프레임하였다.

민주당의 '부시 때리기 전략'은 선거 후반부에 들어서면서 더욱 적극적으로 활용되었다. 부시는 민주당이 선거에서 승리할 경우 세금이 인상되고 테러와의 전쟁이 더욱 어려워진다며 유권자들에게 공화당을 지지할 것을 호소하였다. 또 여러 지역을 찾아 공화당 후보들을 위한 유세지원을 펼쳤다. 그러나 이라크 전쟁 반전 여론이 미국 내에 확산되면서 부시에 대한 미국인들의 지지도가 갈수록 떨어지게 되자, 부시의 공화당 지원 선거운동이 역효과를 낼지도 모른다는 인식 또한 공화당 내에서 확산되었다. 오하이오 주와 버지니아 주의 공화당 소속 출마 후보들을 비롯한 몇몇 후보들은 부시 대통령의 유세 지원을 거부하기도 하였다. 이에 민주당은 더욱 더 부시 때리기 전략에 집중하였고, 거의 모든 선거광고에 있어 공화당 후보의 사진과 부시 대통령의 사진을 함께 등장시켜 부시 대통령과 공화당 출마 후보들을 연결시키는 전략을 적극 구사하였다.

---

3) 2010년 8월 3일자 인터넷 조선일보.

그러나 '반 부시 선거 전략'은 오히려 미국 유권자들의 반감을 사는 결과를 가져온 것으로 보인다. 이번 중간선거는 민주당이 '부시 때리기' 전략을 연속적으로 구사한 세 번째 선거였으나 중요한 것은 지난 4년간 의회의 다수당의 지위를 점했던 것은 바로 민주당이었으며 많은 유권자들 또한 그렇게 인식하고 있었기 때문이다. 여론조사 결과에 따르면 유권자들에게 현재의 경제 상황에 대한 책임이 누구에게 가장 많이 있느냐고 물었을 때 35%가 월가의 은행들, 29%가 조지 부시 대통령, 그리고 23%가 오바마 대통령이라고 대답했다고 한다.[4] 이 수치가 보여주는 것처럼 열 명 중 일곱 명의 응답자들이 부시 전 대통령을 경제 문제의 주 책임자라고 생각하고 있지 않는데, 민주당은 반 부시 분위기를 조성하는 네거티브 캠페인을 전개하였던 것이다.

민주당의 반 부시 전략의 배경에는 중간선거의 가장 큰 쟁점 중의 하나였던 감세법안이 있었다. 감세법안은 이라크 전쟁과 함께 부시의 대표 정책 중의 하나로, 부시 행정부는 지난 2001년과 2003년 두 차례에 걸쳐서 모든 소득계층을 대상으로 하는 감세혜택을 통과시켰는데 이 감세법안은 2010년 말에 만료를 앞두고 있다. 민주당과 공화당은 감세법안 연장을 어떻게 처리할 것인가를 둘러싸고 중간선거 내내 대립하였다. 민주당은 오바마의 선거공약대로 연간 개인소득 20만 달러, 가구당 소득 25만 달러 이하 계층에 대해서만 감세 혜택을 연장하고 그 이상의 고소득층에 대해서는 감세혜택을 철회하겠다고 밝혔다. 가구당 소득 25만 달러 이상은 미국 가계의 5%에 불과하므로 민주당으로서는 선거에 도움이 안 된다는 판단을 한 것이다.[5] 그러나, 공화당은 의회의 다수당이 된다면 부시의 감세 조치를 그대로 연장하겠다고 약속하였다. 표면적인 이유는 고소득층에 대한 감세혜택을 중단하면 경기회복에 악

---

4) *New York Times*, 2010/11/06(http://www.nytimes.com/2010/11/06/us/politics/06myths.html?scp=3&sq=midterm%20election&st=cse).

5) 『한계레 신문』, 2010/7/25(http://www.hani.co.kr/arti/international/america/432011.html).

〈표 1〉 부시 행정부의 감세 조치에 대한 의견

(단위: %)

	모든 성인	투표자	기권자
감세조치를 그대로 유지	34	40	23
고소득층만 감세혜택 철회	30	33	24
모든 감세조치 철회	28	22	39
모름	8	5	14

출처: http://people-press.org/report/?pageid=1844(검색일: 2010년 12월3일)

영향을 미칠 수 있기 때문이라는 것인데 실은 고소득층이 공화당의 주요 지지기반이며 선거자금이 이들에게서 나오고 있기 때문이다. 그런데, 〈표 1〉의 선거 후 실시된 여론조사 결과를 보면 민주당이 반 부시 전략을 앞세우며 내놓았던 고소득층에 대한 감세조치 철회 공약은 민주당에게 그다지 유리하게 작용하지 않은 것으로 보인다. 투표자들 중 40%가 공화당이 내세운 감세조치 유지안에 찬성하였으며, 33%가 민주당이 약속한 고소득층에 대해서만 감세혜택을 거두는 안에 찬성의사를 표시하였다. 반면에 기권자들을 살펴보면, 23%가 공화당 안에 또한 24%가 민주당 안에 찬성하는 것으로 나타났다. 즉, 실제로 투표를 한 사람들 중에서는 공화당의 감세 공약에 찬성한 사람이 민주당의 공약에 찬성한 사람보다 7%가 많은 반면, 기권자들에서는 공화당과 민주당의 격차가 1%에 지나지 않으며 오히려 민주당 안에 찬성하는 사람들이 더 많은 것으로 나타났다. 이러한 결과는 민주당이 부시 때리기 전략을 내세우며 부자들에 대한 감세 조치를 거두겠다고 공약한 것은 이에 찬성하는 사람들의 투표 참여를 유도하지 못하고 오히려 반대하는 사람들의 보다 적극적인 투표 참여를 야기했을 가능성을 암시한다.

또한 실제 민주당의 캠페인 슬로건은 "Moving America Forward"이었는데 민주당은 이러한 슬로건과는 맞지 않게 이미 과거가 된 부시 행

〈표 2〉 선거 캠페인에 대한 투표자 평가

(단위: %)

이전 선거보다 이번 선거에서 더 많은 인신공격이 있었다.	2006년 11월	2010년 11월	변화
모든 투표자들	69	77	+8
공화당 지지자	75	70	-5
민주당 지지자	67	79	+12
무당파	68	81	+13
후보자들에 대해 충분히 알고 투표를 하였다.			
모든 투표자들	72	64	-8
공화당 지지자	77	75	-2
민주당 지지자	71	58	-13
무당파	68	59	-9
이전 선거보다 이슈에 대한 논의가 더 많았다.			
모든 투표자들	40	35	-5
공화당 지지자	32	50	+18
민주당 지지자	52	28	-24
무당파	32	28	-4

출처: http://people-press.org/report/675/(검색일: 2010년 12월 3일)

정부에 대해서만 이야기하고 어떻게 해서 미국을 앞으로 나아가게 할 것인지에 대한 구체적인 메시지를 유권자들에게 제대로 전달하지 못하였다는 데에 반 부시 전략의 허점이 있었다.

민주당의 특성과 이념이 미국을 앞으로 전진 하도록 할 수 있음을 주장하는 긍정적인 선거운동 보다는 부시를 끌어들여 공화당의 약점을 보다 강조하려는 네거티브 선거운동 전략을 추구한 것은 민주당 지지자들에게 이번 중간선거가 인신공격이 난무한 선거였다는 부정적인 이미지를 갖게 하였으며, 후보자들과 이슈에 대해 충분히 알 기회를 제공하지 못함으로써 투표선택을 어렵게 한 측면이 있다. 〈표 2〉는 선거 후 투표자들을 대상으로 한 여론 조사 결과인데 민주당 투표자들이 공화당 투표자들 보다 전반적으로 선거 캠페인에 대해 훨씬 낮은 점수를 주고 있어 이러한 추측을 뒷받침해 준다. 즉 네거티브 캠페인의 부정적 효과가 민주당 투표자들 사이에 강하게 표출된 것으로 보인다.

Ⅳ. 공화당과 티파티 연계 전략

부시와 공화당을 연계시키는 것과 더불어 민주당은 공화당과 티파티(Tea Party)를 연계시켜 이들을 동일한 집단으로 프레이밍하는 선거 전략을 구사하였다. 티파티는 2010년 초 시작된 보수적 유권자 운동모임으로 오바마 대통령의 복지 위주 정책에 대한 반발에서 출발한 민간단체이다. 티파티가 이번 선거의 핵심 변수였다는 데 이의를 다는 사람이 없을 정도로 티파티의 위력은 대단하였다. 이번 중간선거에서 열광적이며 이념성이 강한 티파티가 과연 공화당에 도움이 될 것인지 또는 공화당 후보들에게 방해가 될 것인지에 대한 논란이 팽배한 가운데, 민주당은 두 번째 가능성을 더 염두에 두고 공화당과 티파티를 동일시하는 전략을 구사하였다.

민주당이 티파티와 공화당을 동일한 집단이라고 공식적으로 주장한 것은 2010년 7월28일 있었던 기자회견을 통해서이다. 민주당 전국위원회의 의장인 팀 케인(Tim Kaine)을 비롯한 민주당 지도부가 참석한 회견에서 "The Republican Tea Party Contract on America"라는 문서를 발표하며 앞으로 5천만 달러 광고 캠페인을 펼치겠다고 선언하였다. 이는 1994년 공화당이 발표하여 40년 만에 공화당이 하원의 다수당이 되는데 일조했던 "Contract with America"와 2010년 7월 초 티파티 활동가들이 발표했던 "Contract from America"를 조롱하듯이 모방한 것인데, 아래의 10개 항목을 차례로 나열하며 공화당과 티파티는 이들 항목에 대해 공통적인 의견을 갖고 있다고 주장하였다.

1. 의료보험 개혁안의 폐지
2. 사회보장제도의 민영화 또는 단계적 폐지
3. 노인 의료보험제도(Medicare)의 단계적 폐지
4. 부시 행정부의 부유층과 거대 석유업자에 대한 감세조치의 혜택 확대
5. 월가 개혁안의 폐지
6. 석유 유출의 책임자들을 보호
7. 교육부의 폐지
8. 에너지부의 폐지
10. 미국 헌법 수정 17조의 폐지(연방 상원의원 직접선출 폐지)

민주당은 각각의 항목에 있어서 공화당과 티파티는 구별할 수 없을 만큼 유사해지고 있으며 공화당이 집권을 하게 되면 미국을 뒷걸음치게 할 극우적인 정책들이 현실이 될 것이라 주장하며 미국인들이 이러한 현실을 인식하고 있어야 한다고 주장하였다. 민주당은 유권자들에게 티파티는 현재 공화당 내의 가장 강력한 조직체 중의 하나이자 최근의 티파티 코커스(Tea Party Caucus)가 공화당 수뇌부의 지지를 받으며 조직된 것에서 알 수 있는 것처럼 티파티는 공화당의 "제도화"된 조직이며, 공화당과 티파티는 하나의 동일한 집단이라는 메시지를 호소하고자 하였다. 공화당과 티파티를 연계시키면서 11월에 있을 중간 선거에서 유권자들은 두 가지 중에서 하나를 선택해야 할 것이라고 하였는데, 첫째는 의료보험 개혁과 월가에 대한 제재를 단행했던 오바마 대통령하의 민주당, 둘째는 민주당의 역사적인 성취들을 거스르려 하는 공화당-티파티 결합이다. 프레이밍 이론이 주장하듯이 민주당은 이번 선

〈표 3〉 티파티와 공화당의 관계에 대한 유권자 태도

(단위: %)

	공화당과 티파티는 별개	티파티는 공화당의 일부	모름
합계	47	38	16
공화당 지지자	54	36	10
민주당 지지자	33	48	18
무당파	55	32	14

출처: http://people-press.org/report/?pageid=1843(검색일: 2010년 12월 3일)

거를 두 가지 중에 하나를 선택해야 하는 것으로 규정짓고자 하였다.

민주당의 "티파티 때리기" 전략은 중도적인 성향을 가졌거나 무당파인 유권자들이 티파티와 공화당 보수주의자들의 급진적인 정책들에 반감을 갖게 될 것이라는 계산하에 나온 것이다. 그러나 민주당이 공화당과 티파티를 분리해서 각각을 공격하는 것(divide and conquer)이 나았을지, 아니면 두 집단을 하나로 보아 공격하는 것이 더 나았을지에 대해서는 의문이 제기되었다. 왜냐하면 공화당과 티파티를 연계시킬 경우 공화당 지지자들과 티파티 지지자들이 서로 연합하도록 유도하면서 결과적으로 공화당에게 유리하게 작용할 수 있기 때문이다.

이 부분에 대해서는 더 구체적인 분석이 필요하지만 몇 가지 여론조사 결과를 토대로 추측해보자면 민주당의 공화당-티파티 연계 전략은 그다지 성공적이지 않았던 것으로 보인다. 민주당은 공화당과 티파티는 하나라고 규정지어 이를 유권자들에게 전달하고자 하였으나, 실제 많은 유권자들은 티파티 운동을 공화당과는 별개의 조직으로 생각했던 것으로 나타났다. 〈표 3〉은 티파티가 공화당과 다른 별개의 조직인지를 묻는 질문에 대한 여론조사 결과를 보여준다.

전체 유권자의 47%가 티파티는 공화당과는 상관없는 별개의 운동이라고 응답한 반면, 38%의 유권자가 티파티는 공화당과 연계되어 있다고 응답하였다. 특히 2년 전 오바마 대통령의 당선에 결정적 역할을 했

〈표 4〉 티파티 지지율과 투표 성향

(단위: %)

티파티 운동 지지 여부	총 투표자	공화당 투표자	민주당 투표자
지지	40	87	11
반대	.31	12	86
중도	25	50	47

출처: 에디슨 리서치(Edison Research)가 실시한 출구조사로 2010년 11월 3일 CNN에서 방송됨. 퓨 리서치 센터 보도자료(The Pew Research Center News Release Nov. 3, 2010)에서 재인용

던 무당파들의 경우에는 과반수를 넘는 55%가 공화당과 티파티는 별개의 조직이라는 생각을 하고 있다. 이러한 결과는 민주당이 공화당과 티파티를 하나로 프레이밍하였던 것은 유권자들의 의중을 제대로 읽지 못한 것이었다고 할 수 있겠다.

또한 티파티 지지자들은 반대자들보다 투표에 더욱 적극적으로 참여했던 것으로 나타났다. 〈표 4〉는 티파티 지지와 투표성향의 관계를 보여주는 출구조사 결과이다. 40%에 달하는 투표자가 티파티를 지지하는 것으로 나타났는데 이는 선거 전에 실시되었던 대부분의 조사와 비교 했을 때 상당히 높은 수치였다. 9월 중순에 실시된 뉴욕 타임즈와 CBS 여론조사에서는 오직 19%의 응답자만이 티파티를 지지한다고 응답하였다(New York Times 2010/9/18). 또한 퓨 리서치 센터와 내셔널 저널(The Pew Research Center/National Journal)이 9월 30일~10월 3일에 실시한 조사에서는 21%만이 티파티를 지지하는 후보자에게 투표할 것이라고 응답한 반면, 이보다 훨씬 많은 32%가 티파티를 지지하는 후보자에게는 투표하지 않을 것이라고 응답하였다(http://people-press.org/report/661/ 검색일: 2010년 12월 2일). 즉 선거 이전에 실시된 조사에서는 선거 당일 출구조사에 비해 티파티를 지지하는 응답자가 무려 20% 가량 적었다는 것을 알 수 있다.

이러한 결과는 티파티를 지지하는 보수적인 성향의 유권자들이 더욱 더 투표에 많이 참여했음을 암시하는 것이다. 또한 티파티 지지자들은 전국적으로 압도적인 비율로 공화당 하원 후보들에게 표를 던진 것으로 나타났다. 따라서 민주당이 중간선거를 '공화당=티파티'로 등식화해 프레이밍한 것은 공화당과 티파티의 열성 지지자들을 더욱 투표에 참여하도록 자극했을 가능성이 있어 성공적인 전략은 아니었던 것으로 평가된다.

V. 상식 대 극단의 대조 전략

2010년 9월 8일, 중간 선거를 55일 남겨둔 시점에 민주당 주지사 협회(Democratic Governors Association: DGA)는 막바지 선거 캠페인 전략을 공개했다. DGA가 내놓은 전략의 핵심은 "민주당은 상식을 앞세우는 중도 정당"인 반면, "공화당은 상식을 벗어난 극단을 달리는 정당"이라는 것을 뚜렷하게 대비시키는 것이었다. 즉, 민주당은 '대조적인 캠페인'을 벌였는데, 이는 유권자들에게 정당 또는 후보자들 간의 차이점을 비교하여 보여주는 선거캠페인 행위 중의 하나이다(김창남 2000).

DGA가 내놓은 구체적인 선거 전략은 "공화당의 극단주의(extreme GOP makeover)"라는 타이틀 아래 다음의 세 가지 전략적인 원칙에 기반하고 있다. 첫째, 효율적인 타깃팅(smart targeting)으로 급진화된 공화당과 상식적인 정책과 비전을 가진 민주당의 차이를 가장 명확히 할 수 있는 지역에 선거자금과 인력을 집중하겠다는 것이다. 둘째는 공화당의 급진화로 인해 생긴 기회들을 최대한 이용하기 위해 다음의 세 가지 사실을 미국 유권자들에게 널리 알리는 데 집중하겠다는 것이다: (1)

공화당 후보자들은 주류적 가치를 지닌 후보들이 아니다. (2) 공화당 후보들은 중도적이거나 무당파인 사람들의 가치와는 배치되는 급진적인 정책을 주장하고 있다. (3) 공화당의 급진적인 정책들은 미국의 경제회복에 큰 위험을 야기할 수 있다. DGA가 내놓은 선거 전략의 세 번째는 지지기반을 활성화시키는 것으로 2008년 민주당에게 표를 던져 오바마의 당선을 도왔던 유권자들에게 민주당이 싸우고 있는 것은 공화당의 극단주의자들이라는 것을 상기시킴으로써 이들이 이번에도 민주당에게 투표할 수 있도록 하겠다는 것이다.

요약하자면, 민주당은 공화당을 급진주의 정책을 주장하는 상식을 벗어난 집단으로 묘사하는 반면, 민주당은 상식에 기반 한 정당이라고 프레이밍하면서 두 당이 가진 차이를 명확하게 대비시키는 데 중점을 두는 전략을 구사하였다.

실제 선거 캠페인에서 이 전략은 활발히 활용되었다. 예를 들어, 해리 리드(Harry Reid) 상원 다수당 원내 대표는 네바다 주에서 티파티 운동의 지지를 받아 공화당 상원의원 후보가 된 샤론 앵글(Sharron Angle)과 격전을 벌였는데 리드의 캠페인은 매번 앵글 후보에 대해서 "매우 과격한(just too extreme)" 사람이라고 묘사했다. 또한 앵글이 당선되면 사회보장 프로그램이 해체될 것이며 그녀는 무력에 의한 저항을 옹호하는 사람이라는 메시지를 담은 네거티브 캠페인을 적극 펼쳤었다.

공화당을 극단적인 이념성향을 가진 정당으로, 자신들을 상식에 기반 한 중도지향적 정당이라고 묘사하는 전략은 유권자들이 두 정당의 이념성향에 대한 평가 결과를 봤을 때 민주당에게는 택할 수밖에 없는 전략이었다. 〈표 5〉는 퓨 히스패닉 센터(The Pew Hispanic Center)가 2010년 6월 16~20일 실시한 여론조사 결과인데, 보다 많은 응답자들이 민주당이 공화당보다 중도에서 더 떨어져 있다고, 즉 더 급진적이라고 평가하였다. 구체적인 수치를 살펴보면, 26%의 응답자들이 민주당을 '아주 진보적'이라고 평가한 반면에, 18%의 응답자들이 공화당을 '아주 보수적'이라고 평가 하였다. 이 설문을 바탕으로 하여 민주당의 이

〈표 5〉 민주당과 공화당의 이념성향에 대한 유권자 평가

(단위: %)

	민주당의 이념성향에 대한 평가	공화당의 이념성향에 대한 평가	응답자 자신의 이념성향에 대한 평가
아주 보수적	3	18	9
보수적	9	38	30
중도	26	26	36
진보적	32	9	16
아주 진보적	26	4	6
의견없음/모름	4	5	2
합계	100	100	100

출처: http://people-press.org/report/636/(검색일: 2010년 12월 4일)

〈그림 1〉 유권자 자신과 각 정당의 이념성향에 대한 평가

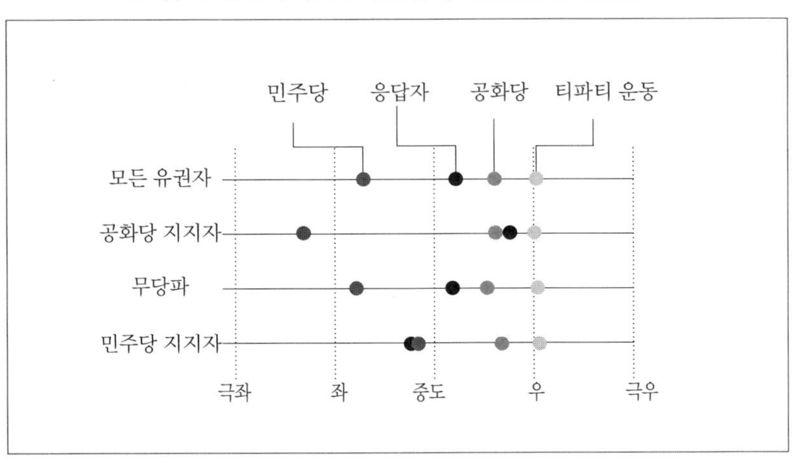

출처: http://people-press.org/report/636/(검색일: 2010년 12월 4일)

〈표 6〉 자신의 이념성향과 비교한 민주당과 공화당의 이념성향에 대한 평가

(단위: %)

자신의 이념성향과 비교했을 때 민주당은	모든 유권자	공화당 지지자	민주당 지지자	무당파
더욱 진보적	53	83	23	56
나와 같다	26	7	44	25
더욱 보수적	16	6	29	12
모름	5	4	4	6
합계	100	100	100	100
자신의 이념성향과 비교했을 때 공화당은				
더욱 보수적	41	23	60	39
나와 같다	26	38	12	31
더욱 진보적	27	35	23	24
모름	5	4	5	6
합계	100	100	100	100

출처: http://people-press.org/report/636/

데올로기에 대한 유권자들의 평균 점수를 도식화한 것이 〈그림 1〉이다. 그림에서 볼 수 있는 것처럼 유권자들은 민주당에 대해 공화당이 우측으로 편향되어 있는 것보다 더 많이 좌측으로 편향되어 있다고 인식하고 있음을 알 수 있다. 또한 응답자들에게 자신의 이념성향을 각 정당의 이념성향과 비교해서 평가하라고 요구했을 때 유권자들은 공화당보다 민주당이 더 중도에서 멀리 떨어져 있다고 인식하고 있는 것으로 나타났다(〈표 6〉참조). 과반수를 넘는 유권자들(53%)이 민주당의 이념성향이 자신들의 이념성향보다 더 진보적이라고 평가하고 있는 반면, 상대적으로 적은 수의 유권자들(41%)이 공화당의 이념성향이 자신들의 이념성향보다 더욱 보수적이라고 평가하였다.

여론조사 결과에 비추어 봤을 때, 민주당으로서는 급진적인 정당은 민주당이 아니라 오히려 공화당이며 공화당의 급진적인 정책은 미국의

경제안정에 도움이 안 될 것이라는 메시지를 유권자들에게 적극적으로 전달한 필요가 있었을 것이다.

또한 민주당이 자신들을 상식에 기반한 중도 정당으로, 공화당을 극단적인 정책을 내세우는 급진주의적 정당으로 대비시키는 전략을 구사한 것은 다운즈(Anthony Downs)의 명제에 충실한 것이었다고도 볼 수 있다. 다운즈는 유권자들의 이념 분포에 따라서 양 정당의 선거 전략이 달라질 수 있다고 하였다(Downs 1957). 다운즈에 따르면 유권자의 이념 분포는 세 가지로 나누어서 생각해 볼 수 있는데, 첫째는 두터운 중간층과 소수의 양쪽 극단으로 유권자의 이념분포가 이루어졌을 때이다. 이러한 때에 양 정당은 가운데로 수렴하는 선거 전략을 선택해 보다 많은 표를 얻으려 할 것이다. 두 번째는 중간층이 상대적으로 적고 양 극단에 위치한 유권자가 많은 경우인데, 이러한 경우에 양당은 가운데로 이동하기보다는 현재의 위치를 고수하거나 오히려 더 극단으로 이동하여 지지기반의 결속력을 다지려 할 것이다. 세 번째 경우는 중도계층의 숫자가 많지 않은 상태에서 양쪽 극단이 똑같은 세를 이루지 않고 한쪽 편에 보다 많은 사람이 몰려 있는 경우이다. 이 경우에는 소수를 대변하는 정당은 선거 승리를 위해서 중도로 이동하는 반면에 다수를 대표하는 정당은 원래의 입장을 더욱 강하게 고수할 것이다(임성호 2005).

이번 중간선거에서 미국 유권자의 이념 분포는 세 번째 경우에 보다 가깝다고 할 것이다. 〈표 5〉의 응답자 자신의 이념성향에 대한 평가에서 볼 수 있듯이 36%가 중도, 39%가 보수, 그리고 22%가 진보성향으로 중도계층의 수가 압도적이지 않으면서 양쪽 극단 중 보수에 더 많은 유권자들이 몰려 있음을 알 수 있다. 따라서 소수 진영인 진보를 대변하는 민주당은 선거 승리를 위해 자신을 중도적인 정당으로 프레이밍할 필요가 있었을 것이다.

VI. 흑인 유권자들에 대한 오바마 어필 전략

민주당 선거 전략의 마지막 특징은 흑인들에 대한 차별화된 선거 전략을 가지고 오바마 대통령을 흑인집단에 적극 어필했다는 것이다. 흑인은 민주당의 전통적인 주요 지지 기반 중의 하나이다. 지난 2006년 중간선거에서 흑인의 88%가 민주당에 투표한 것으로 나타났으며, 2008년 대통령 선거에서는 95%라는 압도적인 지지를 오바마에게 보내, 최초의 흑인 대통령 탄생에 기여한 바 있다. 민주당 전국위원회가 2010년 4월 26일 공개한 비디오 영상에서도 민주당이 흑인을 얼마나 중요하게 생각하는지를 엿볼 수 있다. 중간선거 캠페인이 시작된 후 처음으로 오바마 대통령이 등장하였던 비디오 영상에서 그는 흑인집단을 구체적으로 언급하였다. 흑인 유권자들 중에는 2008년 대통령 선거에서 오바마를 지지하기 위해 처음으로 투표장에 나타났던 사람들이 많은데, 오바마는 이들 흑인들에게 11월 2일 다시 한번 민주당을 지지해 줄 것을 호소하였다.

흑인에 대한 민주당 선거 전략의 핵심은 2008년을 재현하는 것이었다. 민주당은 중간선거가 오바마 행정부에 대한 국민투표(referendum)의 성격이 될 것이라면 오바마 대통령의 가장 확고한 지지집단인 흑인들의 결집을 유도하는 것이 선거 승리를 위해서 절대적으로 필요하다고 보았다. 따라서 흑인들을 겨냥한 캠페인 홍보물에는 항상 오바마 대통령을 언급하는 등 중간 선거를 오바마와 연관시키려 노력하였다. 민주당이 흑인들에게 전달하려고 하는 메시지는 간단히 말해 "오바마 대통령 편에 설 것" 그리고 "투표에 참여할 것"의 두 가지였다. 앞에서 언급했듯이 중간선거를 반 부시로 프레임하거나 공화당과 티파티를 동일 집단으로 규정짓는 전략들은 흑인들을 대상으로 한 선거 캠페인에서는 많이 찾아볼 수 없었다.

오바마 대통령 자신도 적극적으로 대 흑인 선거 캠페인에 동참하였

〈표 7〉 흑인들의 투표 선택

(단위: %)

2006년		2010년		변화
공화당 투표	민주당투표	공화당투표	민주당 투표	공화당 획득
10	89	9	89	-1

출처: 에디슨 리서치(Edison Research)가 실시한 출구조사로 2010년 11월 3일 CNN에서 방송됨. *The Pew Research Center News Release*(Nov. 3, 2010)에서 재인용

다. 흑인들을 대상으로 하는 인기 라디오 프로그램인 "The Tom Joyner Morning Show"와 "Michael Baisden Show"와의 인터뷰에 응했으며,[6] 흑인 의원총회(Congressional Black Caucus)가 주최하는 연회에도 참석하였다. 이러한 자리에서 오바마는 자신이 취임 후 행정부에 흑인들을 많이 등용하는 등 흑인들의 권익 향상을 위해 애써왔다는 사실을 상기시키며 흑인들의 지속적인 지지를 호소하였다. 또한 민주당 전국위원회는 흑인들을 대상으로 한 광고에만 2백만 달러를 지출하였는데, 이것은 2006년의 26만 달러에 비해 크게 증가한 수치이다.

민주당의 적극적인 대 흑인 선거 캠페인은 오바마 대통령과 거리를 두려고 하는 민주당 의원들의 숫자가 증가하면서 큰 효과를 거두지 못할 것이라는 우려도 제기되었었다. 그러나 선거 후 여론조사 결과를 보면 대 흑인 선거 캠페인은 어느 정도 성공을 거둔 것으로 평가된다. 〈표 7〉은 흑인들의 투표 선택을 보여주는데 민주당은 2006년과 비교했을 때 증감 없이 89%의 득표율을 보였고, 공화당은 오히려 1% 포인트가 감소하여 9%의 저조한 득표율을 보였다. 이러한 결과는 민주당이 흑인

6) 정치가들은 비용을 지불해야 하는 텔레비전 광고보다 무료로 자신을 광고할 수 있는 텔레비전 또는 라디오의 쇼 프로그램 등에 출연하는 것을 선호하는 경향이 있다(Salmore and Salmore 1989). 최근 미국에서는 "토크 쇼 캠페인(talk show campaigning)"이 정치인들 사이에서 아주 유행인데, 1992년 대선에서 무소속 후보로 출마했던 로스 페로(Ross Perot)가 토크쇼에 자주 출연하여 인기를 얻었던 것이 한 예이다(Lemert et al. 1996).

〈표 8〉 인종별로 보인 중간선거에의 관심과 열정

(단위: %)

	중간선거에의 관심과 열정		
	높음	중간	낮음
흑인	24	43	33
히스패닉	35	33	32
백인	43	35	23

출처: http://people-press.org/report/643/(검색일: 2010년 12월 1일)

들로부터 변함없는 지지를 얻어내는 데 성공하였음을 뜻한다.

또한 민주당의 대 흑인 선거 전략은 흑인들의 선거에의 관심을 불러일으키는데도 어느 정도 기여했던 것으로 보인다. 〈표 8〉은 선거 캠페인이 한참 가열되기 시작했던 2010년 8월에 실시된 여론 조사 결과인데, 흑인들의 선거에 대한 관심과 열정이 상당히 낮았다는 것을 보여준다. 응답자에게 "당신은 중간 선거에 대해 많이 생각해 보았습니까"와 "이번 선거에 꼭 투표할 생각입니까?"라는 두 질문을 한 후 두 질문 모두에 긍정적인 응답을 한 사람들을 "높음"으로, 두 질문 중 하나에만 그렇다고 대답한 사람들을 "중간"으로, 그리고 두 질 문 모두에 그렇지 않다고 대답한 응답자들을 "낮음"으로 구분하였다. 흑인의 경우 24%만이 선거에 대해 높은 관심과 열정을 갖고 있다고 응답하였는데, 이는 히스패닉(35%)이나 백인(43%)과 비교해 보았을 때 상당히 낮은 수치이다. 즉 흑인 집단은 선거가 치러지기 3개월 전만 해도 중간 선거에 대해 큰 관심도 갖고 있지 않았고, 선거에 투표할 의도도 많지 않았음을 알 수 있다. 그럼에도 불구하고 민주당이 흑인들로부터 변함없는 지지를 얻는 데 성공하였다는 것은 여러 다른 요인들도 있겠지만 민주당의 집중적인 대 흑인 선거 캠페인도 일정 부분 기여했을 것으로 보인다.

VII. 결론

이 장에서는 2010년 중간선거에서 민주당이 패한 이유 중의 하나로 선거 캠페인 전략의 실패를 들면서 민주당 선거 캠페인 전략의 기본틀의 네 가지 특징들을 살펴보았다. 간략히 말해 이번 중간선거에서 민주당은 프레이밍과 네거티브 캠페인을 적극 활용하였던 것으로 보인다. 반 부시 정서와 티파티 운동이라는 미국 내의 상황을 고려하여 안 좋은 경제상황은 부시의 유산으로, 공화당은 티파티와 동일한 과격한 집단으로 프레임하여 중간선거를 이끌어 나가려 하였다. 또한 공화당은 극단적인 정책을 앞세우는 집단으로 미국의 경제회복에 도움이 안 된다고 공격하는 네거티브 캠페인도 같이 하였다. 흑인 집단에 대해서는 중간선거는 오바마 대통령에 대한 평가와 같은 것으로 규정지으며, 적극적으로 오바마 대통령을 어필하면서 이들의 지지를 끌어내려 하였다.

그러나 민주당의 이러한 선거 전략은 전반적으로 그다지 성공적이지 못했던 것으로 평가된다. 앞서 논의한 몇 가지 기초적인 여론 조사 결과를 보면 부시 때리기 전략은 경제상황이 부시 탓이라는 민주당의 주장에 대한 유권자들의 충분한 동의를 끌어내지 못한 것으로 보이고, 공화당과 티파티 연계 전략은 많은 유권자들이 공화당과 티파티는 별개라고 생각했으며 투표 당일 날에도 보수주의적 유권자들의 투표 참여가 더욱 많았던 것으로 나타나 별 효과를 거두지 못한 것으로 보인다. 그러나 민주당이 흑인들에 대해 벌인 오바마 어필 전략은 흑인들의 선거에의 관심을 높이고 투표 선택 시 민주당을 지지하도록 유도하는데 일정 부분 기여를 한 것으로 보여 성공적이었다고 평가할 수 있겠다.

미국 중간선거는 역사적으로 집권당이 빈번하게 패했던 특징을 갖고 있기 때문에 공화당의 승리는 사실 어느 정도 예상된 것이었다. 그러나 민주당의 패배는 대공황 여파 속에 실시된 1938년 중간선거 이래 72년 만의 집권당 최악의 패배로 알려질 정도로 완전한 참패였으며, 민주당으로서는 예외적으로 혹독한 결과였다. 선거 캠페인은 "정보를 제공하고, 설득하고, 동원하기 위한 조직적인 노력"이다(Norris 2002, 128). 그러나 민주당이 행한 프레이밍과 네거티브 캠페인 전략은 유권자들에게 충분한 정보를 제공하지 못했으며 이들이 민주당을 지지하도록 설득하고 동원하는 데도 성공하지 못함으로써 민주당의 예견된 패배보다 더욱 가혹한 패배를 가져온 이유 중의 하나로 지적될 수 있다.

참고문헌

김창남. 2000.『현대 선거정치캠페인론』. 서울: 나남출판사.

안병진. 2008. "미국여론과 정치문화."『미국 정부와 정치』. 서울: 명인문화사.

임성호. 2005. "시의 전략적 극단주의: 정당 양극화, 선거전략 수렴의 부재." 미국정치 연구회 편.『부시 재집권과 미국의 분열』. 서울: 도서출판 오름.

Allen, M., and N. Burrell. 2002. "The Negativity Effect in Political Advertising: A Meta-Analysis." In J.P. Dillard and M.Pfau, eds. *The Persuasion Handbook: Developments in Theory and Practice*. Thousand Oaks, CA: Sage.

Ansolabehere, S. D., and S. Iyengar. 1995. *Going Negative: How Political Advertisements Shrink and Polarize the Electorate*. New York: Free Press.

Buchanan, Bruce. 1996. *Renewing Presidential Politics: Campaigns, Media, and the Public Interest*. Lanham, MD: Rowman and Littlefield.

Downs, Anthony. 1957. *An Economic Theory of Democracy*. New York: Harper.

Garramone, G. M. 1984. "Voter Responses to Negative Political Ads." *Journalism Quarterly* 61: 250-259.

Kahn, K. F., and Kenney, P. J. 1999. "Do Negative Campaigns Mobilize or Suppress Turnout? Clarifying the Relationship Between Negativity and Participation." *American Political Science Review* 93: 887-890.

Lau, Richard R. 1982. "Negativity in Political Perception." *Political Behavior* 4(4): 353-377.

______. (1985). "Two Explanations for Negativity Effects in Political Behavior." *American Journal of Political Science* 29 (1): 119-138.

Lau, R. R., and Pomper, G. M. 2001. "Effects of Negative Campaigning on Turnout in U.S. Senate Elections, 1988-1998." *Journal of Politics* 63:

804-819.

Lemert, James B., William R. Elliott, William L. Rosenberg, and James m. Bernstein. 1996. *The Politics of Disenchantment. Bush, Clinton, Perot, and the Press*. Cresskill, NJ: Hampton Press.

Merrit, S. 1984. "Negative Political Advertising: Some Empirical Findings." *Journal of Advertising* 13(3): 27-38.

Norris, Pippa. 2002. "Do Campaign Communications Matter for Civic Engagement? American Elections from Eisenhower to George W. Bush." In David M. Farrell and Rüdiger Schmitt-Beck, eds. *Do Political Campaigns Matter? Campaign Effects in Elections and Referendums*. London: Routledge. 127-144."

Petrocik, John R. 1996. "Issue Ownership in Presidential Elections, with a 1980 Case Study." *American Journal of Political Science* 40(3): 825-50.

Pinkleton, B. 1997. "The Effects of Negative Comparative Political Advertising on Candidate Evaluations and Advertising Evaluation: An Exploration." *Journal of Advertising* 26: 19-30.

Salmore, Barbara G., and Stephen A. Salmore. 1989. *Candidates, Parties, and Campaigns. Electoral Politics in America*. Second edition, Washington, D.C.: Congressional Quarterly Press.

Schmitt-Beck, Rüdiger, and David M. Farrell. 2002. "Studying Political Campaigns and Their Effects." In David M. Farrell and Rüdiger Schmitt-Beck, eds. *Do Political Campaigns Matter? Campaign Effects in Elections and Referendums*. London: Routledge. 1-21.

Schumpeter, Joseph A. 1994. *Capitalism, Socialism and Democracy*. London: Routledge.

| 제5장 |

티파티 운동과 미국 정당정치의 변화*

유성진 | 이화여자대학교
정진민 | 명지대학교

I. 서론

집권당의 빈번한 실패로 특징지어지는 미국 중간선거의 역사적 경험에 따르면 공화당의 압승으로 끝난 2010년 중간선거는 사실 예상치 못한 결과는 아니다. 국제적 수준에서의 경제불황, 중동에서의 전쟁 종결 등이 해결하기 어려운 난제였고 치열한 당파적 논쟁거리인 의료보험개혁, 이민법 문제 등과 멕시코 만에서의 예기치 못한 송유관 파열 등은 오바마 행정부 2년에 대한 평가에 큰 부담으로 작용하는 상황이었다.

특히, 금융위기를 극복하기 위해 투입한 천문학적 규모의 재정지출은 연방정부의 재정적자를 급속도로 증가시킨 반면, 일자리 창출과 실업률 감소, 인플레이션 억제와 같은 가시적인 경제성과로 이어지지 못

* 이 글은 『한국정당학회보』 10권 1호(2011)에 게재된 바 있음.

해 부정적인 여론을 촉발시켰으며 더불어 강한 당파적 분열과 논쟁 속에서 진행된 의료보험개혁은 이에 기인한 정부의 재정지출 확대 우려를 초래하였다.

여러 가지 국내적인 현안들의 개혁 자체에 대한 논란은 차치하더라도 경제회복의 속도가 더디고 연방정부에 의한 재정지출의 폭이 급격히 증가하는 상황은 오바마 행정부에 대한 비판적인 여론의 핵심에 자리잡고 있었다. 더욱이 오바마 행정부는 전임 정부에 대한 실망감이 크게 작용한 가운데에서 높은 기대감을 안고 등장한 바 있다. 때문에 공약의 성공적인 이행여부가 업적 평가에 결정적인 것으로 예측되는 상황에서 가시적인 성과의 부재(不在)는 높은 실망감으로 이어졌다.

이러한 인식에 근거하여 이 글은 민주당이 왜 중간선거에서 패배했는지에 관심을 두기 보다는, 이번 중간선거에서 나타난 양상들이 보다 거시적인 차원에서 미국 정당정치의 변화에 어떠한 함의를 주는지 살펴보는 것을 목적으로 삼는다.

이를 위하여 먼저 미국의 정당정치가 본격적으로 변화하기 시작한 1980년대 이후, 민주당 우위 정당체계가 약화되어 온 과정 및 티파티 운동이 등장하게 된 배경 및 특성에 대하여 간략하게 살펴본다. 이어서 2010년 중간선거의 결과와 특징을 설명하고 선거과정에서 티파티 운동이 어떻게 영향력을 행사하였는지를 티파티 운동의 지지를 받은 후보들의 선거 결과를 통하여 분석한다. 마지막으로 티파티 운동의 등장으로 향후 공화당의 당내 세력 분포, 이념 성향, 지지기반 등이 어떻게 바뀔 가능성이 있는지, 또한 티파티 운동이 1980년대 이후 지속되어 온 미국 정당정치의 변화, 특히 공화/민주 양당 간 힘의 균형 변화에 어떻게 영향을 미치게 될 것인지, 그리고 1980, 90년대 이후 지속되어 온 미국 정당정치의 분극화(polarization)에는 어떻게 작용하게 될 것인지 등에 관하여 전망을 시도한다.

II. 1980년대 이후 미국 정당정치의 변화

1932년 선거에서 루스벨트(Franklin D. Roosevelt)가 뉴딜(New Deal) 다수 선거연합을 구축하는 데 성공한 이후 장기간 지속되어 오던 민주당 우위의 뉴딜 정당체계는 1960년대 이후 나타난 미국사회의 변화와 맞물려 약화되기 시작하였으며 1980년대 들어오면서 이러한 변화는 보다 뚜렷해지게 된다. 뉴딜 정당체계의 변화는 흑인 민권운동에 따른 인종쟁점에 의해 시작되었지만, 이러한 변화가 가속화된 것은 1960년대의 여성운동, 환경운동, 소비자 보호운동 등이 확산되면서 부상된 각종 사회적 쟁점들과 관련되어 있다. 즉, 사회적 쟁점들에 대하여 민주당이 진보적 입장을 취함에 따라 그동안 민주당을 지지하였던 보수적 성향의 남부 백인, 가톨릭교도, 백인 노동자계급 유권자들이 이에 거부감을 갖게 되었고, 차츰 민주당을 이탈하게 되면서 뉴딜 정당체계의 약화는 가속화되었다(정진민 1996, 1998).

이러한 민주당 우위 정당체계의 약화와 관련하여 1980년 대선 공화당 레이건(Ronald Reagan)의 당선은 사회적 쟁점들을 부각시켜 보수적 성향의 유권자들과의 연계를 강화시키려는 공화당의 노력이 본격화되는 출발점이라는 점에서 민주/공화 양당 간 힘의 균형 변화가 시작되는 상징적 의미를 갖고 있다. 더욱 거슬러 올라가자면 공화당의 이러한 변화는 이미 1964년 공화당 대선후보로 당내 보수 진영을 대표하는 골드워터(Barry Goldwater)가 진보 진영을 대표하는 록펠러(Nelson Rockefeller)를 누르고 선출되면서부터 시작되었다고도 볼 수 있지만, 공화당이 사회적 쟁점을 축으로 보수적 성향 유권자들과의 연계를 강화하려는 노력이 본격화된 것은 레이건 행정부 시기부터이며 이때부터 민주/공화 양당 간 힘의 균형 변화가 뚜렷해졌다고 볼 수 있다(Axelrod 1986; Erikson et al. 1989; Stanley et al. 1986).

민주/공화 양당 간 힘의 균형 변화는 대통령선거와 의회선거의 두

수준으로 구별하여 볼 수 있는데, 대통령선거 수준에서는 이미 1968년부터 시작되었는 바 1968년 이후 11 차례 치러진 대선에서 1976, 1992, 1996, 2008년 네 차례를 제외하고 모두 공화당이 승리한 바 있다. 이렇듯 대통령선거 수준에서 시작된 양당 간 힘의 균형 변화는 공화당이 1994년 중간선거에서 크게 승리하여 연방의회 상/하 양원의 다수당이 되면서 의회선거 수준으로까지 확대된 바 있다.[1)]

이를 유권자 차원에서 다시 살펴보면, 1980년 레이건의 당선 이후 민주당이 20퍼센트 정도의 우위를 유지해 오던 정당일체감에도 변화가 시작되어 1980년대가 끝날 즈음에 정당일체감에서 민주당 우위는 3~4퍼센트 정도로 축소되기에 이른다(Abramowitz 1995; Miller 1991). 이러한 차이는 공화당 지지자들이 상대적으로 높은 투표율을 보인다는 점을 감안한다면 사실상 선거에서 공화당이 더 이상 불리하지는 않은 상황임을 의미하는 것이다.

이러한 민주/공화 양당 간 힘의 균형에서의 변화는 공화당의 선거전략에도 변화를 가져와 이전의 무당파와 일부 민주당지지 성향 유권자의 지지까지 끌어내려는 전략에서 공화당지지 성향 유권자의 지지 동원에 집중하는 전략으로 바뀌게 되는 요인으로 작용하게 된다(Wattenberg 1998). 이러한 공화당의 전략 변화는 민주당의 지지층 역시 결집시키게 되어 민주당과 공화당의 지지기반이 뚜렷한 차별성을 가지게 되면서 양당의 이념적, 정책적 차이가 커지게 되고 결과적으로 의회 내 정당 간 대립이 심화되는 분극화로 이어지게 된다.

---

1) 연방 상원의 경우에는 이미 레이건이 당선되었던 1980년에 공화당이 다수당을 차지하여 1986년까지 상원을 장악한 바 있다.

III. 티파티 운동의 등장과 특성

1980년대 이후 공화당의 선거 전략이 공화당을 지지하는 보수 성향 유권자 동원에 집중하는 전략으로 변화된 것은 정치쟁점의 변화와도 맞물려 있다. 즉, 1980년대 이후 공화당은 감세와 작은 정부를 핵심으로 하는 경제적 문제뿐 아니라 인종, 낙태, 동성애, 학교예배, 이민 문제 등 비경제적, 사회적, 종교적 문제들도 정치쟁점화 함으로써 이러한 문제들에 있어 보수적 입장을 갖고 있는 다수 백인 유권자들의 지지 동원에 주력하여 왔다.

이 과정에서 공화당은 보수적인 풀뿌리 대중운동과의 연계를 통하여 지지기반을 강화시키려는 노력을 해 온 바 있다. 1970년대 후반 캘리포니아 주 등 주로 서부 지역에서 일어났던 세금저항(Tax Revolt)운동, 1980년대 도덕적 다수(Moral Majority), 1990년대 기독교연합(Christian Coalition), 2000년대 복음주의(Evangelical) 개신교도 단체들과의 연대 강화는 대표적인 예들이라 할 수 있다.

이번 2010년 중간선거가 있기 불과 1년 전에 등장하여 공화당의 예비선거 및 본선거 과정에서 선거결과에 적지 않은 영향력을 행사한 티파티 운동도 지난 수십 년간 다양한 형태로 출현하여 미국 정당정치 변화에 영향을 미친 바 있는 보수적인 성향을 가진 주로는 백인 유권자들을 기반으로 하는 풀뿌리 대중운동의 연장선상에 있다고 볼 수 있다. 하지만 이번 중간선거의 티파티 운동은 사회/종교적 문제보다는 감세, 재정지출 축소와 같이 주로 경제적인 문제들에 집중하고 있다는 점에서 이전에 공화당과 연계되었던 보수적인 풀뿌리 대중운동과 뚜렷한 차별성을 보이고 있으며(Morris 2010),[2] 이러한 배경에는 2008년 금융

---

2) 티파티 운동 단체 Freedom Work을 이끌고 있는 전 하원 공화당 원내대표 아미(Richard Armey)도 그동안 공화당이 비경제적, 사회적 쟁점들에 집중해 온 것에

위기로 초래된 미국의 심각한 경제사정 악화가 자리잡고 있다.[3]

한편, 이번 2010년 중간선거에서 등장한 티파티 운동은 전국적으로 단일 대오를 형성한 체계적인 운동이라기보다는 지향하는 목표, 관심 쟁점, 규모 등에 있어 매우 다양한 형태의 지역적 차원의 운동[4]이라는 점 역시 특징적이다. 더욱이 운동의 지도부와 관련해서도 2008년 대선에서 공화당 부통령 후보였던 페일린(Sarah Palin)과 보수매체의 토크쇼 사회자인 글렌 벡(Glenn Beck) 등이 있지만 이들은 모두 개인적인 차원에서 티파티 운동을 지지하는 이들이며 전국적인 차원에서 운동을 주도하는 인물은 존재하지 않는다.

〈그림 1〉 티파티 운동의 지역적 현황

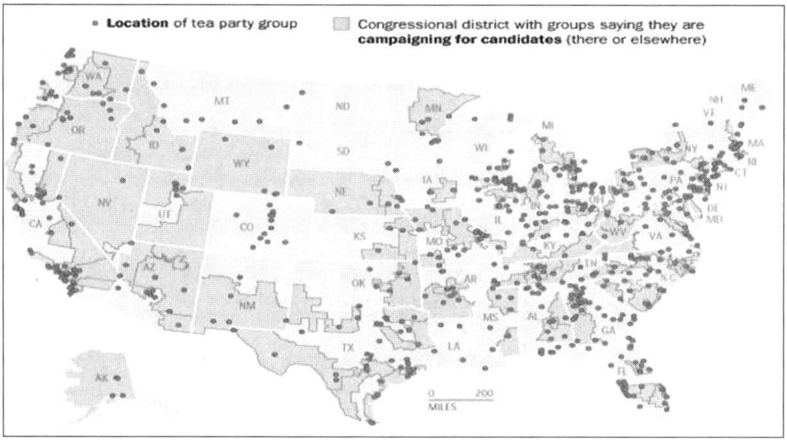

출처: http://www.washingtonpost.com/wp-srv/special/politics/tea-party-canvass/

대해 비판하고 있다(*New York Times*, November 14, 2010).

3) 이전 선거들에서 비경제적, 사회적 문제들에 있어 보수적 입장을 유지하여 쉽게 당선되어 왔던 민주당 내 블루독 소속 의원들이 이번 중간선거에서 대거 낙선한 것도 미국의 심각한 경제사정 악화로 인하여 유권자들이 사회적 문제들보다 경제적 문제들에 대해 더욱 민감해진 것과 관련이 있다고 볼 수 있다.

4) 워싱턴포스트의 조사에 따르면 티파티 운동의 87퍼센트가 지역적 차원으로 조직되어 있고 활동에 필요한 기금의 95퍼센트가 지역의 개인들로부터 모금되고 있다.

티파티 운동이 본격화되기 시작한 시기에 조사된 여론조사 결과에 따르면 티파티 운동의 지지자들의 사회경제적 특성은 〈표 1〉과 같이 나타난다. 응답자 전체와 비교해 보았을 때, 티파티 운동의 지지자들은 남성이 많고, 백인이 상대적으로 높은 비율로 나타나며, 장년층에서 많이 나타나고 있다. 또한 티파티 운동의 지지자들은 무당파의 비율에서는 유사하지만 절반 이상이 공화당을 지지하는 것으로 나타나 응답자 전체와 차이를 보였으며, 2/3 이상이 보수적인 이념성향을 갖고 있다고 응답하였다. 정당일체감과 이념성향만큼 두드러지진 않지만 티파티 운동의 지지자들과 응답자 전체는 교육과 소득수준에 있어서도 차이를 보였는데 티파티 운동의 지지자들은 상대적으로 높은 교육과 소득수준을 갖고 있는 응답자들로 구성되어 있었다. 이와 같이 티파티 운동의 지지자들에게서 발견되는 사회경제적 특성은 이들이 일반적인 유권자들과 다른 정치행태를 보일 수 있음을 시사하는 것이다.[5)]

〈표 1〉 티파티 운동 지지자들의 사회경제적 특성

		티파티운동 지지자	응답자 전체
성별	남성	59	49
	여성	41	51
인종	백인	89	77
	비백인	8	21

5) 해당 여론조사의 분석기사에서는 티파티 운동의 지지자들을 "공화당을 지지하는 중년 이상의 백인 기혼 남성들(Republican, white, male, married and older than 45)"이라는 용어로 표현하고 있다(http://www.nytimes.com/2010/04/15/us/politics/15poll.html?_r=1&ref=teapartymovement). 한편 이 여론조사에서는 전체 응답자의 18퍼센트만이 티파티 운동을 지지하는 것으로 나타났는데 중간선거 직후에 실시된 출구조사에서는 투표참여자 중 40퍼센트가 티파티 운동을 지지한다고 답하여 높은 투표참여율을 보여주었다(http://topics.nytimes.com/top/reference/timestopics/subjects/t/tea_party_movement/index.html?scp=1&sq=tea%20party%20movement%20poll&st=cse).

		티파티 운동 지지자	전체 응답자
연령	18~29	7	23
	30~44	16	27
	45~64	46	34
	64 이상	29	16
정당일체감	공화당	54	28
	민주당	5	31
	무당파	36	33
이념성향	진보	4	20
	중도	20	38
	보수	73	34
교육수준	고등학교 졸업	29	47
	대재	33	28
	대졸 이상	37	25
소득수준	3만 불 이하	18	32
	3만~5만 불	17	16
	5만~7만5천 불	25	18
	7만5천 불 이상	31	26

출처: NYT/CBS News 여론조사 (2010년 4월 5~12일. 총 응답자 1,580명)

〈표 2〉 티파티 운동 참여자들의 관심사안

티파티 운동의 성공요인	비율(%)	관심이슈	비율(%)
경제에 대한 우려	99	정부지출/적자	24
정부에 대한 불신	92	작은 정부	20
오바마/민주당 정책에 대한 반대	92	헌법수호	11
공화당 리더십에 대한 불만	87	유권자 교육	8

출처: http://www.washingtonpost.com/wp-srv/special/politics/tea-party-canvass/

관심사안에 있어서 티파티 운동에 참여하는 이들은 공통적으로 감세와 작은 정부, 미국의 전통적 가치 수호, 비미국적(un-American) 요소에 대한 강한 거부감을 밝히고 있어 적어도 정서적 측면에서는 일정한 공감대가 있는 것이 사실이다. 여론조사에서 나타난 이들의 주요 관심 이슈들과 자신들의 성공요인들을 정리하면 〈표 2〉와 같다.

〈표 2〉에 잘 나타나 있듯이 티파티 운동을 지탱하는 추동력은 현 경제상황에 대한 우려와 오바마 행정부와 민주당에 대한 강한 불신, 더불어 공화당 리더십에 대한 불만이 자리잡고 있다. 또한 이들은 오바마 행정부의 정부지출 확대와 이로 인한 재정적자를 가장 중요한 관심이슈로 꼽고 있어 작은 정부를 선호하며, 헌법수호를 중요하게 생각함으로써 미국적인 가치를 지켜야 한다는 입장을 견지하고 있다.

전체적으로 볼 때, 티파티 운동은 전형적인 풀뿌리 운동으로서 운동의 기반이 대부분 지역적 차원으로 조직되어 있고 이를 아우르는 전국적 조직은 아직 결성되어 있지 못하다. 물론 이들 중 일부(24%)는 장기적으로 공화당의 리더십 장악을 목표로 하고 있으나, 운동에 참여하는 이들의 절반이 넘는 비율(57%)이 현재 형성되어 있는 독립적인 지역조직들의 네트워크로 남기를 원하고 있어[6] 향후 이들이 어떠한 모습으로 발전할지는 미지수로 남아 있다.[7] 그렇다면 2010년 중간선거에서 티파티 운동은 어떠한 역할을 하였는가?

---

6) 워싱턴포스트 여론조사(http://www.washingtonpost.com/wp-srv/special/politics/tea-party-canvass/).

7) 한편 내셔널저널(*National Journal*)지에 따르면 지역적으로 형성되어 있는 티파티 운동조직 중 다음의 12개 조직들을 향후 이들을 이끌어갈 대표적 조직으로 꼽고 있다. American for Limited Government, American Majority, Americans for Prosperity (AFP) and Americans for Prosperity Foundation (AFP Foundation), Freedom Works, Independence Caucus, Liberty First, Our Country Deserves Better PAC, Smart Girl Politics Inc., Tea Party Nation, Tea Party Patriots, The 912 Project, The Patriot Caucus.

Ⅳ. 티파티 운동과 2010년 중간선거

1. 2010년 중간선거의 결과와 특징

2010년 미국 중간선거는 공화당의 압승으로 끝이 났다. 민주당에 의해 장악되어 있던 미국 의회는 하원의 경우 공화당이 4년 만에 다수당의 위치를 회복했고, 상원에서도 6석을 더 확보함으로써 민주당의 절대다수 위치를 흔들어 놓는 데 성공했으며 이는 다음의 〈표 3〉에 정리되어 있다.

이러한 결과는 대통령의 임기 중반에 치러지는 중간선거에서 집권당이 빈번히 패배를 경험하게 되는 이른바 '중간선거 실패(midterm loss)' 현상에 크게 벗어나지 않는 결과이다. 일반적으로 중간선거에서는 집권당의 정책에 대한 평가가 유권자 판단의 가장 두드러진 요인으로 작동하고 그 속에서 집권당을 지지하는 유권자들보다는 불만을 가진 유권자들이 훨씬 더 적극적으로 의사표현에 나서는 일종의 '불균형 현상(asymmetry effect)'이 나타나기 때문에(Katona 1975; Key 1964; Lau 1985) 집권당에게 불리한 결과로 이어지는 경우가 많았고, 이런 측면에서 민주당의 패배는 사실 예견된 결과라고 볼 수 있다.

〈표 3〉 2010 중간선거 결과

	민주당	공화당	총의석수
하원	193 (-63)	242 (+63)	435
상원	53 (-6)	47 (+5)*	100
주지사	20 (-6)	29 (+6)	50**

출처: http://elections.nytimes.com/2010/results/

* 알래스카 주의 상원의원인 머코스키(Lisa Murkowski)는 공화당 예비선거에서 패배하였으나 기명후보(write-in candidate)로 출마, 재선에 성공함

** 무당파인 로드아일랜드의 주지사 차피(Lincoln Chafee) 포함

더욱이 2006년 그리고 2008년 선거에서 압승을 거둔 민주당 의회에게 이번 중간선거는 잃을 것이 많았던 선거였던 반면에, 이전의 두 차례 선거에서 크게 패배한 공화당은 잃기보다는 얻을 것이 많았던 선거였다고 평가할 수 있다. 특히 2008년 대선 이후 의회와 행정부를 모두 장악한 민주당이 정책실패에 대해 직접적인 책임 소재로 비난받을 수 있는 위치에 있었던 반면, 지속적으로 수세에 몰렸던 공화당의 경우 책임을 회피할 수 있었을 뿐 아니라 비판적인 여론에 서서 민주당 행정부를 공격할 수 있는 상황이었다. 더욱이 쉽사리 회복되는 않는 경제상황과 미국 사회에서 크게 논쟁적이었던 의료보험개혁, 이라크와 아프가니스탄에서 지지부진한 상태로 이어지고 있는 전쟁 등이 집권 민주당에게 불리한 악재였던 반면, 공화당에게는 여론을 등에 업고 비판할 수 있는 호재로 작용하였다.

이번 선거에서 집권 민주당에게 비판적인 여론이 형성되는 중심에는 티파티 운동이 있었다. 오바마의 개혁정책에 대한 불만, 특히 금융개혁과 의료보험개혁으로 인한 재정지출의 급증은 전통적으로 작은 정부를 선호하는 보수적 성향의 유권자들로부터 부정적인 반응을 야기하였고, 이러한 유권자들은 전국 각지에 산개되어 조직된 티파티 운동조직들을 중심으로 결집하여 민주당에 매우 불리한 선거결과로 이어졌다.

그럼에도 이번 선거의 결과는 중간선거에 대한 일반적인 양상에 비추어 두 가지 차이점을 보인다. 첫째, 불과 4년 만에 의회 권력이 교체되었다는 점이다. 1994년 이후 12년 동안 지속되어 온 공화당 의회를 종식시키고 등장한 민주당 의회가 불과 4년 만에 다시 공화당에게 다수당의 지위를 내주었다는 사실은 미국 정치가 최근 들어 빈번한 정치권력의 교체를 겪고 있으며, 그 속에서 어느 한 정당이 절대 우위를 속적으로 유지하는 경우가 사라지고 있음을 보여준다.[8]

---

8) 20세기 후반의 미국정치는 공화당 주도의 행정부와 민주당 주도의 의회로 양분되는 모습을 보였다. 1952년 이후 15차례 있었던 대통령 선거에서 여섯 차례를

둘째, 이번 선거를 통해 중앙정치에 진출한 초선의원들이 이전과 비교해 볼 때 압도적으로 많다는 점이다. 이번 선거에서 하원의 경우 93명의 초선의원이 당선되었는데, 이는 '현직자효과(incumbent effect)'로 인해 매선거마다 많은 수의 현역의원들이 재선에 성공함으로써 초선의원의 비율이 낮았던 미국 의회의 특징적인 모습과는 사뭇 다르다. 상대적으로 높은 비율의 초선의원이 존재했던 시기에 미국 의회 내부 의사결정과정의 변화가 나타났던 과거의 경험[9]에 비추어 볼 때 이번 선거에서 초선의원들의 대거 등장은 향후 미국 정당정치의 변화를 가늠해볼 수 있는 계기를 제공한다고 볼 수 있다(유성진 2008).

결과적으로 이번 선거는 가시적인 성과를 내지 못한 민주당 행정부에 대해 불만스런 유권자들이 티파티 운동을 중심으로 적극적인 의사표현에 나섰고 공화당은 이에 편승하여 상대적으로 손쉬운 승리를 쟁취한 선거로 평가될 수 있다. 그렇다면 이러한 공화당의 성공에 티파티 운동은 얼마만큼 공헌하였는가?

2. 2010년 중간선거와 티파티 운동

이미 언급했듯이 2010년 중간선거에서 등장한 티파티 운동은 지향하는 목표와 관심 쟁점, 그리고 규모 등에 있어서 매우 다양한 형태를

제외하고는 모두 공화당이 승리하였던 반면에, 1994년 이전까지 40여 년 동안 의회는 민주당이 장악하여 장기간 권력을 양분한 바 있다. 그러나, 1994년 이후 공화당이 상/하원 양원을 장악하면서 이후 12년 동안 의회를 지배하였고, 2006년 선거에서 민주당이 의회를 다시 장악한 이후 불과 4년 만에 공화당에게 이를 다시 내줌으로써 정치권력의 교체가 예전에 비해 훨씬 빈번하게 나타나고 있음을 알 수 있다.

9) 20세기 후반 이후 미국 의회에서 초선의원들의 수가 많았던 시기는 워터게이트 스캔들에 뒤이어 치러져 75명의 민주당 초선의원들이 등장하였던 1974년, 그리고 40여 년 가까이 지속되어 왔던 민주당 의회를 종식시켰던 1994년의 중간선거이다. 이 시기 73명의 공화당 초선의원이 의회에 진출하였다.

가진 지역 차원의 운동이다. 그러나 이들은 감세와 작은 정부 등 경제적 차원에서의 합의를 바탕으로 하고 있기에 오바마 행정부에 의한 일련의 개혁정책에 부정적인 여론을 표출하고 있으며 정책적으로 민주당보다는 공화당과 보다 친화성을 가지고 있다. 때문에 이들은 지난 중간선거에서 공화당과 연계하여 자신들의 입장을 중앙정치에서 실현해 줄 후보를 선택적으로 지지하며 영향력을 행사하였다.

그렇다면 티파티 운동이 이번 중간선거에서 행사한 영향력들은 어떻게 파악할 수 있을까? 티파티 운동이 선거에 미친 영향을 파악함에 있어서 가장 큰 문제점은 이들은 전국단위의 조직체라기보다는 지역별로 산개되어 각기 다른 방식으로 활동을 하고 있기 때문에 그 조직적인 활동을 파악하기 대단히 힘들다는 점이다. 따라서 이 글에서는 뉴욕타임스와 워싱턴포스트의 조사결과를 중심으로 티파티 운동 지지후보들을 선별하고, 이들이 선거에서 어떠한 성공을 거두었는지를 중심으로 티파티 운동의 영향력을 살펴보고자 한다.[10)]

먼저 티파티 운동의 지지를 받았던 후보들의 현황을 공직과 지역별로 구분하여 정리하면 〈표 4〉와 같다.[11)] 소속정당으로 보면 이들은 모

---

10) 뉴욕타임스의 조사에 따르면 이번 중간선거에서 모두 140명의 티파티 지지후보들이 출마하였다. 워싱턴포스트의 조사결과는 이와 차이를 보이는데 뉴욕타임스에서 거명된 140명 이외에 34명이 추가되어 총 174명의 후보들이 티파티 운동의 지지를 받은 것으로 집계되었다. 더불어 워싱턴포스트에서는 페일린(Sarah Palin)에 의해 지지되었던 후보 52명을 추가로 집계하였는데 이 중 34명은 워싱턴포스트가 집계한 티파티 지지후보들과 중복된다. 결과적으로 이 장에서 사용되는 티파티 지지후보의 총 수는 192명이 된다. 관련 사이트는 뉴욕타임스(http://www.nytimes.com/interactive/2010/10/15/us/politics/tea-party-graphic.html), 워싱턴포스트(http://www.washingtonpost.com/wp-srv/special/politics/tea-party-endorsement-results/), 페일린 지지후보(http://www.washingtonpost.com/wp-srv/special/politics/palin_tracker/).

11) 엄밀히 말해 티파티 운동의 영향력은 미국 선거제도의 특성상 예비선거(primary election) 단계에서부터 추적되어야 한다. 하지만 예비선거 단계에서 티파티의 영향력을 정리한 자료들을 찾기란 대단히 어려웠으며 이러한 이유로 이 글의 분석에서 제외하였다. 예비선거 단계에서 나타난 티파티 운동의 영향력을 보여주는 몇 가지 사례를 살펴보면 다음과 같다. 테드 케네디 사후 매사추세츠 상원

〈표 4〉 티파티 운동의 지지후보 현황: 선출공직과 지역별

		지역				합계
		북동부	중서부	남부	서부	
선출공직	상원	2	1	5	6	14
	하원	32	44	52	42	170
	주지사	0	2	3	3	8
합계		34	47	60	51	192

뉴욕타임스, 워싱턴포스트에서 계산된 수치와 페일린 개인의 지지후보 모두를 합한 수치임

두 공화당의 후보들이며, 선출공직을 기준으로 보면 상원 14명, 하원 170명, 주지사의 경우 모두 8명이 티파티 지지후보로 분류된다. 이를 지역별[12]로 다시 살펴보면, 북동부 34명, 중서부 47명, 남부 60명, 서부 51명으로 구분된다.

그렇다면 총 192명에 달하는 티파티 지지후보들의 선거 결과는 어떠한가? 선출공직과 지역을 기준으로 구분된 티파티 지지후보들의 선거 결과는 〈표 5〉에 나타나 있다.

으로 당선된 스콧 브라운(Scott Brown)은 티파티 운동의 지지에 힘입어 공화당 후보로 선출되었다. 또한 켄터키 주 상원 공화당 예비선거에서 티파티 운동의 지지를 받은 랜드 폴(Rand Paul)은 공화당의 지지를 받은 트레이 그레이슨(Trey Grayson)을 23%의 차이로 물리쳤으며 본선거에서도 승리, 상원의원이 되었고, 사우스캐롤라이나의 하원 선거에서 승리한 팀 스콧(Tim Scott)은 공화당 예비선거에서 공화당의 후원을 받은 두 유력후보들을 물리친 바 있다. 한편, 티파티 운동의 지지를 받아 네바다 주의 공화당 상원의원 후보가 된 샤론 앵글(Sharron Angle)은 본선거에서 민주당 해리 리드(Harry Reid)에게 패하였고, 델라웨어 주 상원의원 공화당 예비선거에서 오도넬(Christine O'Donnell)은 티파티 운동의 지지를 등에 업고 공화당 내 유력후보였던 마이크 캐슬(Mike Castle)을 꺾고 공화당 후보가 되었으나 본선거에서 민주당의 크리스 쿤스(Chris Coons)에게 패배하였다.

12) 지역별 구분은 미국 인구센서스 조사의 기준을 따랐다. 이에 따르면 북동부 9개 주, 중서부 12개 주, 남부 16개 주와 워싱턴디씨, 그리고 서부 13개 주로 구분된다.

〈표 5〉 티파티 운동 지지후보의 선거결과

		당선	낙선	당선율(%)
선출 공직	상원	8	6	57.1
	하원	80	90	47.1
	주지사	6	2	75.0
지역	북동부	12	22	35.3
	중서부	31	16	66.0
	남부	36	24	60.0
	서부	15	36	29.4
합계		94	98	49.0

전체적으로 보았을 때, 티파티 지지후보들의 당선율은 49퍼센트로 나타났다.[13] 이를 선출공직으로 구분지어 보면, 상원의 경우 14명의 후보 중 8명이 당선되어 57.1%의 높은 당선율을 보였으며, 하원에서는 총 170명 중 80명이 당선되어 그 당선율은 47.1%에 달했다. 주지사 선거에 집계된 후보들은 모두 페일린에 의해 지지된 후보들인데 8명 중 6명이 당선되어 75%라는 높은 당선율을 기록하였다.

같은 수치를 지역별로 다시 살펴보면, 티파티 지지후보들의 당선율은 중서부와 남부에서 두드러지게 높은 것으로 나타났다. 중서부에는 총 47명 중 31명이 당선되어 66%의 당선율을 기록하였고 남부 지역에서 이는 60%에 달하는 것으로 나타났다. 이러한 수치는 북동부와 서부 지역으로 이동하면 상당히 낮아지는데 이들 지역에서 티파티 지지후보

13) 티파티 지지후보들의 당선율은 조사 매체에 따라 큰 차이를 보인다. 뉴욕타임스에 의해 조사된 140명 중 49명만이 당선되어 당선율은 35%로 나타나는데, 이러한 차이는 워싱턴포스트에 의해 추가된 34명이 모두 선거에서 승리하였다는 점에 기인한다. 한편, 페일린의 경우 지지후보 52명 중 30명이 당선되어 57.7%의 당선율을 기록하였다.

〈표 6〉 선거 양상과 티파티 지지후보

	티파티 지지후보의 수	당선	낙선	당선율(%)
현직자 출마	140	51	89	36.4
공석 선거	52	43	9	82.7

들은 각각 35.3%, 29.4%의 비율로 당선되었다.

이와 같은 결과는 티파티 운동의 영향력이 공화당의 우세지역인 남부에 비해 민주당 우세지역인 북동부와 서부에서는 크게 약화되어 나타났음을 알려준다. 그러나 이보다 더 중요한 사실은 민주당과 공화당의 각축장인 중서부 지역에서 티파티 지지후보들이 대단히 성공적인 선거를 치렀다는 점이다. 이는 이번 중간선거에서 공화당의 압승이 중서부지역에서의 선전에 크게 힘입었음을 의미하는 동시에 티파티 운동이 향후 미국 정당정치의 변화에 중요한 계기가 될 수도 있음을 시사한다.

한편, 미국 선거의 특징 중의 하나는 해당 지역구에 현직자가 재선에 도전하였을 경우 대다수가 선거에서 승리한다는 점이다. 이러한 특징은 미국의 선거에서 선거 양상에 따라 그 결과가 크게 영향 받음을 의미한다. 티파티 운동의 영향력을 이러한 관점에서 검토하기 위해 선거양상에 따라 티파티 지지후보들이 어떠한 차이를 보이는지 살펴볼 필요가 있다. 〈표 6〉에서는 이를 중심으로 티파티 지지후보들의 선거결과를 재구성해 보았다.

〈표 6〉에 나타난 결과는 티파티 지지후보들이 공석 선거인 경우에 훨씬 더 성공적이었음을 보여주고 있다. 현직자가 출마한 선거구의 경우 총 140명의 티파티 지지후보들 중 36.4%인 51명이 당선된데 반해, 공석 선거에 출마한 52명 중 43명이 당선되어 82.7%라는 높은 당선율을 보였다. 이러한 사실은 티파티 운동의 영향력이 공석 선거에서 크게 발휘되었음을 의미하지만, 미국 선거에서 현직자의 재선율이 90여 퍼

〈표 7〉 티파티 지지후보와 선거 양상: 지역별 구분

지역	선거 양상	당선	낙선	당선율(%)
북동부	현직자 출마	9	21	30.0
	공석 선거	3	1	75.0
중서부	현직자 출마	19	14	57.6
	공석 선거	12	2	85.7
남부	현직자 출마	16	21	43.2
	공석 선거	20	3	86.9
서부	현직자 출마	7	33	17.5
	공석 선거	8	3	72.7

센트에 달한다는 점을 고려할 때(Swain et al. 2000) 현직자 출마 선거구에서도 티파티 운동의 영향력이 상당했음을 보여준다.

그렇다면 이러한 양상이 지역별로 고르게 나타났을까? 최근의 선거에서 지역별로 정당의 우열이 더욱더 분명해지고 있으며 이러한 양상이 정당의 선거전략에 영향을 미친다는 점을 고려할 때 티파티 운동의 영향력 역시 일정부분 지역적 고려에 의해 영향을 받을 수밖에 없다. 이를 보다 자세히 살펴보기 위해 앞의 결과를 지역별로 구분지어 다시 살펴보았으며 그 결과는 〈표 7〉에 나타나 있다.

〈표 7〉의 결과는 이번 중간선거에서 공화당이 지난 선거에서 잃었던 지역적 기반을 상당히 회복했으며 그 과정에서 티파티 운동이 상당한 공헌을 했음을 명확히 보여주고 있다. 표에 잘 나타나 있는 바와 같이 공석 선거에서 티파티 지지후보들의 성공은 지역별로 큰 차이를 보이고 있지 않지만 현직자 출마 선거구인 경우 그 차이가 크게 벌어진다.

다시 말해, 공석 선거의 경우 그 당선율이 각 지역별로 75.0, 85.7, 86.9, 72.7퍼센트로 나타나 그 차이가 두드러지지 않은 반면, 현직자 출마 선거구의 경우 북동부와 서부에서는 30.0%와 17.5%로 낮은 당선율을 보이는데 반해 중서부와 남부에서는 그 당선율이 각각 57.6%와 43.2%로 크게 높아졌다. 이와 같은 사실은 남부와 중서부에서 공화당이 티파티 운동에 힘입어 많은 지역구에서 민주당 현직자들을 물리치고 크게 선전했음을 의미한다.

3. 2010년 중간선거 이후의 티파티 운동과 공화당 초선의원: 단기적 전망

살펴본 것처럼 티파티 운동은 전국적인 수준의 단일조직은 아니지만 각 지역별로 산개하여 자신들의 입장을 대변하는 공화당 후보를 지지하였고, 지역과 개인적 차원에서 적극적으로 캠페인 활동을 벌이고 모금에 참여함으로써 공화당의 유권자 동원에 크게 기여하였다. 그러나 지역적 차원의 활동으로 티파티 운동의 지지를 받았던 후보들이 대거 당선되었음에도 전국적인 관심의 대상이었던 지역에서 민주당 후보가 승리를 거둔 경우[14]가 많아 이들의 활동이 판세 전체를 좌지우지했다고 보기는 어렵다.

게다가 현재 강고해 보이는 티파티 운동이 지역적으로 파편화되어 있고 각 지역마다 다양한 형태로 구성되어 있기 때문에 이들의 영향력이 지속적으로 공화당에게 유리하게 발휘될 것인지는 아직 미지수이다. 특히, 이번 선거에서 티파티 운동에 참여하고 있는 이들 중 87퍼센트가 자신들의 입장에 동조할 경우에만 공화당 후보를 지지하겠다고 밝힌 점은 이들이 장기적으로 공화당의 지지기반으로 남을 것인지에 의문을

14) 알래스카와 콜로라도 주의 상원의원 선거에서 티파티 운동의 적극적 지지를 받았던 조 밀러(Joe Miller)와 켄 벅(Ken Buck)이 근소한 차이로 패배하였고, 네바다 주에서 민주당 원내대표였던 해리 리드(Harry Reid)는 티파티 운동의 적극적인 낙선운동에도 불구하고 샤론 앵글(Sharron Angle)을 큰 표 차로 제치고 재선에 성공하였다.

던져준다.[15)]

더불어 최근 미국 선거의 결과에서 빈번히 목격되는 정치권력의 교체는 선거 환경에서 어느 하나의 정당이 절대 우위를 지속적으로 유지하는 경우는 더 이상 찾아보기 어려움을 알려준다. 이러한 관점에서 볼 때, 이번 중간선거를 통해 의회를 장악한 공화당이 그 우세를 다음 선거까지 이어져 나갈 수 있다고 낙관하기는 어렵다. 우선, 공화당의 내부에서 전통적인 공화당원들과 새로이 가세한 티파티 운동가들 간의 치열한 각축과 갈등이 언제든 나타날 가능성이 있다는 점을 지적할 수 있다. 또한, 이번 선거의 승리로 인해 공화당이 미국 정치의 의사결정과정에서 한 축을 담당하게 됨으로써 앞으로 전개될 정치과정의 책임소재 중 하나로 등장하였다. 때문에 이번 선거에서 공화당 지도부가 적극적으로 부각시켰던 오바마 행정부의 실정을 더 이상 추구하기는 어렵다.[16)]

그럼에도 이번 중간선거에서 나타난 티파티 운동의 영향력은 앞으로 정당 간 힘의 균형을 무너뜨릴 수 있는 잠재력을 갖고 있다고 전망할 수 있는데, 이는 이번 선거에서 티파티 운동의 지지를 등에 업고 중

〈표 8〉 2010 중간선거 초선의원 현황: 당파와 티파티 지지후보

	초선의원 수	소속 정당		
		민주당	공화당	(티파티 지지후보)
상원	16	3	13	(7)
하원	93	9	84	(76)

15) 조직구성의 측면에서 티파티 운동의 40퍼센트가량이 1년 이내의 활동기간을 갖고 있다는 점 역시 장기적으로 이들의 활동이 안정적으로 그리고 지금처럼 파급력 있게 지속될 수 있을지 확신하기 어렵게 한다.

16) 이런 점에서 1994년 공화당의 역사적인 선거승리 이후, 클린턴 행정부가 의회 내 의사결정과정의 정체(legislative gridlock)의 책임을 공화당에 지움으로써 재선에 성공하였던 역사적 경험은 시사하는 바 크다.

앙정치에 진출한 공화당 초선의원들이 상당하다는 점 때문이다.

〈표 8〉에 나타나 있듯이 이번 중간선거는 이전과 비교해 볼 때 수적으로 대단히 많은 초선의원들을 배출하였다. 상원의 경우 이번에 새로이 선출된 35명의 거의 절반에 육박하는 16명이 초선의원들이며, 하원의 경우 총 93명의 초선의원들을 배출하여 그 비율이 20퍼센트를 상회하고 있다. 티파티 운동과 관련지어 특기할 만한 사실은 이러한 초선의원들의 거의 대부분이 공화당 소속이며, 그 중의 절대다수가 티파티 운동의 지지를 받아 당선에 성공하였다는 점이다.

문제는 이들이 새로이 시작될 의회에서 어떠한 역할을 할 것이며, 그러한 역할이 얼마나 지속될 것이냐이다. 미국 정당정치의 변화라는 측면에서 볼 때, 이들의 단기적 역할보다는 장기적으로 유권자들과 얼마나 호의적인 관계를 맺고 의회에서 활동을 지속하느냐가 보다 중요하다. 이는 무엇보다도 이들이 현 시점에서 미국 유권자들 사이에 새로이 떠오르고 있는 풀뿌리 운동에 근거하고 이로부터 가장 가까운 정치인들이기 때문이다.

앞에서 언급했듯이 티파티 운동의 참여자들은 이들이 자신들의 입장을 중앙정치에서 대변해 줄 것으로 기대하고 있으며, 향후 이들의 의회활동이 그렇지 못할 경우 언제든 지지를 철회할 의사 역시 갖고 있다. 때문에 이들이 초선의원으로서 의회에 단기적으로 새바람을 불러일으킬 것이라는 점에는 부인의 여지가 없어 보이지만, 경험적 자료가 없는 상태에서 장기적으로 이들이 어떠한 역할을 할지는 아직 단정적으로 말하기 어렵다. 하지만 과거 보수적인 운동단체들의 지지로 당선된 초선의원들이 얼마나 성공적인 의회활동을 수행했고, 이를 바탕으로 재선에 성공하였는지를 통해 현재 티파티 운동의 지지를 받아 당선된 초선의원들의 미래를 간접적으로 전망해 볼 수 있다.

역사적으로 보수적인 운동단체들의 운동이 활발했던 시기에 당선되었던 공화당 초선의원들의 사례는 1980년 연방 상원의원 선거와 1994년 중간선거에서 당선되었던 연방 상/하원의 경우를 들 수 있다. 이들

〈표 9〉 공화당 초선의원들의 재선성공률

	1980	1994	
	상원 (16명)	상원 (10명)	하원 (73명)
재선 성공	8	7	59
재선 실패	8	3	14
재선성공률	50%	70%	80.8%

출처: 해당연도(1980, 1986, 1994, 1996, 2000) CQ Almanac

의 재선 성공여부를 정리한 결과는 〈표 9〉에 나타나 있다. 이에 따르면 1980년에 당선된 공화당 초선의원들 중 절반이 1986년 선거에서 재선에 성공하였다.[17] 이러한 재선율은 1994년의 경우 훨씬 높아져 10명의 공화당 초선 상원의원들 중 70퍼센트가 2000년 선거에서 재선에 성공하였고, 73명의 공화당 초선 하원의원들 중 80퍼센트가 넘는 59명이 1996년 선거에서 재선에 성공하였다.

이러한 결과에 따르면 이번 중간선거를 통해 당선된 공화당 초선의원들 중 많은 수는 2012년 선거에서도 살아남을 가능성이 높음을 알 수 있다. 물론 이들이 티파티 운동의 기대에 부응할지는 지금 단계에서는 알 수 없다. 게다가 〈표 8〉에서 1980년에 당선되었으나 1986년 선거에서 재선에 실패한 8명의 공화당 초선의원들 대부분은 보수단체의 지지에 편승하여 당선된 의원들이라는 점은 이들의 의정능력과 활동이 그리 성공적이지 못했음을 보여준다. 1994년의 경우에도 깅그리치의 보수적인 선거 전략에 편승하여 의회에 진출한 공화당 초선의원들 중 많은 수가 1996년 선거에서 깅그리치와의 거리두기를 통해서 재선에 성공하였다는 점 역시 이들의 의정활동이 상황에 따라 얼마나 가변적일

17) 이들 중 지금까지 남아 있는 상원의원은 펜실베이니아 주의 스펙터(Arlen Specter)의원 한 명이다.

수 있는지 보여준다.

그럼에도 현재의 시점에서 한 가지 확실한 점은 이번 선거에서 당선된 공화당 초선의원들의 향후 활동과 티파티 운동의 지속성 여부가 1980년대 이후 지속되어 온 미국 정당정치의 변화, 특히 민주/공화 양당 간의 힘의 균형 변화에 앞으로 지속적으로 영향을 미칠 수 있을 것인지 또는 일시적인 현상으로 그칠 것인지에, 그리고 그동안 지속되어 온 미국 정당정치의 분극화를 가속화시킬 것인지에 매우 중요한 요인이 될 수 있다는 점이다.

V. 티파티 운동과 미국 정당정치의 변화

티파티 운동이 미국 정당정치의 변화에 주게 될 영향과 관련하여 우선 티파티 운동이 직접적으로 관련되어 있는 공화당의 변화에 어떻게 영향을 미치게 될지에 대하여 살펴볼 필요가 있다. 즉, 티파티 운동이 향후 공화당의 당내 세력 분포, 이념성향, 지지기반 등에 어떠한 영향을 미칠 수 있을 것인가에 관한 것이다.

1990년대 이후 탈냉전 시기에 들어오면서 공화당은 친 기업(pro-business)적이면서 사적인 부문에 있어서 개인의 자유를 옹호하는 경제적 보수주의자들(economic conservatives)로 이루어진 자유주의(libertarian) 분파와 사회적, 도덕적 문제들과 가족적 가치를 중시하고 전통적인 가치보전을 위해서 필요하다면 국가가 적극적인 역할을 해야 한다고 믿고 있는 사회적 보수주의자들(social conservatives)이 서로 대립하여 왔다. 공화당 내 사회적 보수주의자들은 경제나 사회보장 문제에 있어서 민주당의 우위를 역전시키기 힘들기 때문에 민주당과의 경쟁에서 사회적, 도덕적 문제에 보다 비중을 두어야 된다고 주장하여 온 바 있다.

하지만 2008년 금융위기 이후 경제상황 악화가 지속되면서 민간부문에 대한 국가의 개입이 증대되고 경제위기 극복을 위한 재정 지원으로 재정적자 규모가 커지게 되자 작은 정부와 감세, 재정지출 축소 등을 주장하며 등장한 티파티 운동이 공화당의 중간선거 승리에 크게 기여한 바 있고, 이러한 티파티 운동의 등장은 자유주의자들 혹은 경제적 보수주의자들과 사회적 보수주의자들간 당내 균형에 있어 자유주의자들에게 보다 유리하게 작용하게 될 것으로 보인다.

실제로 티파티 운동의 지지를 받았던 후보들이 대거 의회에 진입하게 되면서 이들의 대표격으로 공화당내 티파티 코커스를 이끌었던 바흐만(Michele Bachmann) 의원이 당내 서열 4위인 의총 의장(Conference Chairman)직에 도전을 시도하는 등 입지 강화를 꾀하고 있고 당지도부도 이들의 지도부 회의 참석을 허용하는 등 당내 자유주의 분파의 입지는 더욱 강화되고 있다. 이에 따라 공화당의 보수적인 이념성향도 기존의 사회적인 보수주의보다는 경제적인 보수주의가 보다 강화되는 방향으로 변화될 가능성이 커지고 있다.

이와 같은 당내 자유주의 분파의 강화로 그동안 우세를 보여 왔던 보수적인 개신교도들과 남부 백인 유권자들의 당내 영향력을 제어할 수 있게 됨에 따라 공화당이 중도적인 성향의 유권자들로부터 지지를 끌어내는 게 가능해지고 있다. 또한 민주당과 정당일체감을 가지고 있으면서도 1960년대 중반 이후 자주 민주당을 이탈하였던 백인 노동자계급 유권자들로부터 공화당이 지지를 확보하는 것이 보다 용이해지고 있다. 결과적으로 공화당이 중도적인 성향의 유권자들까지도 아우를 수 있게 되면서 공화당 지지기반의 외연이 크게 확대될 수 있는 토대가 마련된 것이다.

이러한 공화당 지지기반의 변화는 지역적인 정당지지 변화에도 반영되어 나타나고 있는데, 1980년대 이후 남부 지역이 공화당의 공고한 지지기반으로 변화한데 더하여 이번 중간선거에서 중서부, 북동부, 서부 등 비남부 지역에서도 공화당이 지지의 폭을 확대하는 데 성공한 점은 주목할 만하다. 특히 전통적으로 민주당이 강세였던 중서부 지역에서 공화당은 다음의 도표에서 보여주듯이 크게 약진하였다.

〈그림 2〉 지역별 2010년 연방의회 선거 결과[18)]

하원선거

공화 승리 민주 승리 정당 교체

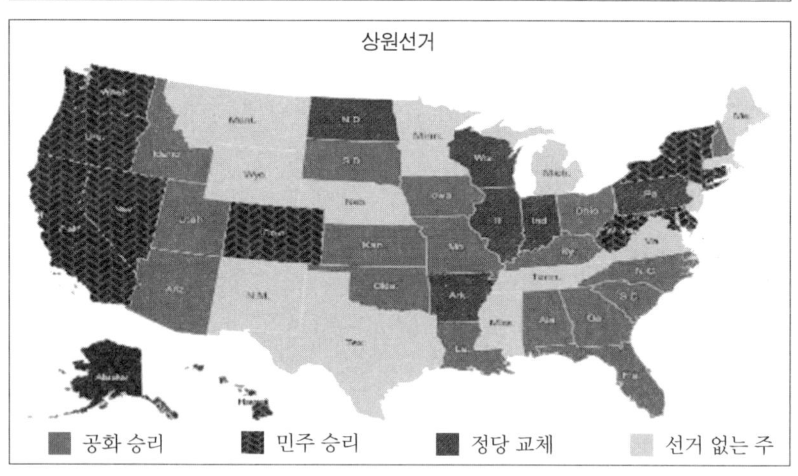

출처: http://elections.nytimes.com/2010/results/

먼저 하원의원 선거에서 63석을 늘린 공화당은 특히 오하이오, 미시간, 인디애나, 일리노이, 미주리, 위스콘신, 미네소타, 노스다코타, 사우스다코타 주 등 중서부 지역에서 크게 의석을 늘리고 있다. 마찬가지로 공화당은 이번에 상원의원 선거가 치러진 중서부 9개 주 모두에서 승리하였으며 특히 인디애나, 일리노이, 위스콘신, 노스다코타 주 상원의원은 민주당에서 공화당으로 교체되어 이번에 상원에서 늘어난 공화당 의석 5석 중 4석을 중서부 지역에서 얻었다. 주지사선거에서도 그동안 민주당이 차지하고 있던 오하이오, 미시간, 아이오와, 위스콘신 등 중서부의 4개주를 포함하여 모두 12개주의 주지사가 민주당에서 공화당으로 교체되었는데, 이 중에는 최근의 대통령선거 과정에서 전략적으로 중요해지고 있는 오하이오, 플로리다, 펜실베이니아 주 등이 포함되어 있다.

이번 중간선거의 결과는 1980, 90년대 사회적 문제에 있어 보수적인 입장을 취함으로써 남부지역에서의 지지기반을 구축한 공화당이 경제적인 문제들에 있어 보수적인 입장을 전면에 부각시킴으로써 지역적 지지기반을 중서부를 포함한 전국적으로 확대시키는 데 성공하고 있음을 보여준다. 이러한 변화는 공화당이 보다 폭넓은 유권자를 이끌어낼 수 있는 잠재적인 역량을 확충시켰다는 점에서, 중장기적인 민주/공화 양당 간 힘의 균형 변화에서 공화당에 유리한 방향으로 영향을 미칠 수 있다고 본다.

더욱이 주지사 선거뿐 아니라 주 의회 선거에서도 공화당은 크게 약진하고 있는데 이 역시 양당 간 힘의 균형 변화에 영향을 미칠 가능성이 크다. 실제로 2010년 중간선거 이전에 민주당이 27개 주 의회에서 그리고 공화당은 14개 주 의회에서 각각 다수당이었지만, 이번 중간선

18) 정당 교체 지역은 상원의 경우 모두 민주당에서 공화당으로 교체되었고, 하원의 경우 민주당으로 교체된 두 지역(델라웨어, 루이지애나 2구)을 제외하고 모두 공화당으로 교체되었다.

거 결과 공화당이 26개 주 의회에서 다수당이 된 반면, 민주당은 17개 주 의회에서만 다수당을 차지하고 있다.[19] 2012년 하원선거는 2010년 인구조사에 기초하여 주 의회 주도하에 이루어지게 될 선거구 재획정(redistricting) 이후 첫 번째로 치러지게 될 선거가 된다. 이러한 점에서 2010년 선거에서 공화당이 민주당보다 많은 수의 주에서 주 의회 다수당을 차지하게 된 것은 2012년 연방하원 선거에서 민주당에 불리하게 작용하게 될 것이며 이는 하원선거에서 나타나는 강한 현직자 효과를 고려할 때 그 이후의 하원선거에서도 지속적으로 영향을 미칠 가능성이 크다.

하지만 티파티 운동의 등장이 중장기적인 양당 간 힘의 균형 변화에 있어서 반드시 민주당에 불리하게만 작용한다고 볼 수는 없다. 미국 유권자의 다수가 보수 내지는 중도적 이념성향을 보이고 있지만(Erikson and Tedin 2010), 이들 중 다수의 미국 유권자들은 실제로는 번햄(Burnham 1997)이 주장하듯이 이념적 보수주의와 실질적 진보주의(ideological conservatism and operational liberalism)를 동시에 갖고 있는 경우가 많다. 즉, 대다수 미국 유권자들은 이념적으로 국가의 지나친 개입에 반대하는 보수 성향을 갖고 있지만, 그렇다고 해서 뉴딜 정당체계가 시작된 이후 얻게 된 각종 사회보장 혜택이 철회 내지는 감소되는 것은 원치 않는 일종의 이중적 이념성향을 갖고 있다고 볼 수 있다.[20]

---

19) *Washington Post*, November 13, 2010. 또한 이번 중간선거 결과 주 정부와 주 의회 모두를 장악하고 있는 주의 수에 있어서도 공화당은 선거 이전 9개 주에서 21개 주로 크게 증가하고 있는 반면 민주당은 16개 주에서 11개 주로 감소하고 있다.

20) 이중적 이념성향을 갖고 있는 유권자 집단의 대표적인 예로 백인 노동자계급 유권자들을 들 수 있는데 이들은 1980년대 이후 주로 사회적 쟁점들에 있어 보수적 입장을 취하고 있는 공화당을 지지하여 오다가 1994년 선거를 통하여 의회를 장악한 공화당이 의료보장 및 사회보장 혜택의 대폭 삭감을 추진하자 이에 위협을 느껴 1996년 선거에 참여하여 민주당을 지지한 바 있다(Buell 1997).

이러한 미국 유권자들의 이중적 이념성향을 고려할 때 이번 중간선거를 통한 공화당의 하원 장악이 1996년 선거에서처럼 2012년 선거에서 민주당에 기회를 제공해 줄 가능성도 배제할 수 없다. 1996년 선거에서 클린턴이 중도적 입장을 견지하면서 재집권에 성공할 수 있었던 것은 1994년 의회를 장악한 공화당의 지도자인 깅그리치(Gingrich)의 무리한 보수적 정책 추진으로부터 힘입은 바 크다. 물론 현재의 악화된 경제 상황은 1992년 클린턴 집권 이후 경제 상황이 호전되었던 것과는 크게 다르지만 티파티 운동의 강한 경제적 보수주의가 과도하게 공화당의 정책에 영향을 미쳐 급격한 재정지출 축소로 이어지고, 그 결과로 사회보장 혜택이 대폭 삭감될 경우 이는 진보적 유권자들의 결집뿐 아니라 중도적 유권자들의 공화당 이탈을 초래하여 2012년 대선에서 오바마의 재집권에 유리하게 작용할 수 있을 것이다.[21] 더욱이 공화당이 이제 하원의 다수당이 됨으로써 정책결정의 한 축을 맡게 되면서 국정운영의 책임으로부터 더 이상 자유롭지 않게 됨에 따라 정책결정이 교착될 경우 2012년 대선에서 공화당에 대한 역풍으로 작용할 가능성도 배제할 수 없다.

티파티 운동이 중장기적인 민주/공화 양당 간 힘의 균형에 미치게 될 영향과 관련하여 고려해 볼 수 있는 또 다른 요인은 티파티 운동의 원주민주의(Nativism)적 특성이다. 이와 관련하여 티파티 운동이 지역별로 지향하는 목표, 관심 쟁점 등에 있어서는 매우 다양하지만 미국의 전통적 가치 수호를 강조하는 등 소위 비미국적(un-American) 요소에 대한 강한 거부감이라는 면에서는 폭넓은 공감대가 형성되어 있다는 데 주목할 필요가 있다. 티파티 운동의 이러한 특성은 이 운동이 주로 백인들에 의해 주도되고 있는 것과도 무관하다고 볼 수 없기 때문에

21) 뉴욕타임스의 여론조사에 따르면 실제로 티파티 운동 지지자들 중 다수가 작은 정부를 원하면서도 사회보장 혜택의 삭감을 바라지 않는 이중적인 태도를 보이고 있다(http://www.nytimes.com/2010/04/15/us/politics/15poll.html?ref=newyorktimespollwatch).

이 점에 있어서는 덴마크, 네덜란드, 프랑스, 오스트리아, 스웨덴 등 많은 유럽국가에서 적지 않은 지지를 확보하고 있는 반외국인 정서가 강한 대중주의적 우파 정당들과도 유사한 측면이 있다. 만약 이러한 티파티 운동의 원주민주의적 특성이 공화당의 이념이나 이민법과 같은 정책에 크게 영향을 주게 된다면 히스패닉계 등 비백인 유권자들의 반발을 초래할 가능성이 크다. 현재 히스패닉계 유권자들의 비율이 빠르게 증가하는 추세를 고려할 때 양당 간 힘의 균형에 있어 공화당에 불리하게 작용할 가능성도 있다고 본다.

마지막으로 티파티 운동의 등장은 그동안 지속되어 온 미국 정당정치의 분극화와 관련해서도 적지 않은 영향을 줄 것으로 보인다. 다수의 티파티 운동 참여자들은 자신들이 주장하고 있는 작은 정부, 감세, 정부지출 축소, 재정적자 축소 등의 원칙과 관련해서는 일체의 타협이 있을 수 없으며 이러한 원칙을 지키지 않는 공화당 의원의 경우에는 다음 선거 후보선출 과정에서 책임을 묻겠다고 공언하고 있다. 이러한 티파티 운동 참여자들의 오바마 행정부 및 민주당 정책에 대한 대결지향적 입장(no-compromise stance)은 미국 정당정치의 분극화를 더욱 가속화시킬 가능성이 커 보인다.[22] 더욱이 이번 선거에서 보다 보수적인 공화당 의원들이 의회진입에 성공한데 반해, 이번 중간선거의 가장 큰 피해자들은 중도성향의 민주당 의원들이라고 일컬어질 정도로 중도 성향의 민주당 의원들이 대거 낙선한 바 있다.[23] 이러한 결과 역시 보다 진보적인 민주당과 보다 보수적인 공화당의 구도를 더욱 강화함으로써 정당 간 경쟁이 더욱 격화되고 의회내 의사결정과정의 정체(legislative

22) 또한 이러한 대결지향적 입장은 티피티운동과 티피티운동의 지지를 받아 의회에 진입한 의원들이 기존 공화당 의원 및 당지도부 등 주류 공화당(Establishment Republican)과 갈등을 빚게 될 주요 요인으로 작용할 가능성도 크다.

23) 오바마의 의료보험개혁에 반대한 34명의 민주당 의원들 중 17명이 이번 중간선거에서 낙선하였으며, 이러한 결과는 오바마 행정부의 정책에 대해 유권자들 역시 크게 양분되어 있음을 시사한다.

gridlock)로 이어지기 쉬운 상황을 초래함으로써 정당정치의 분극화가 더욱 심화될 가능성을 높이고 있다.

VI. 결론

2010년 중간선거에서 티파티 운동은 각 지역별로 자신들의 입장을 대변하는 공화당 후보의 당선을 위하여 적극적으로 선거운동을 벌이고 모금 활동을 전개함으로써 공화당을 지지하는 유권자들을 동원해 내는 데 크게 기여하였다. 이러한 티파티 운동의 성공은 향후 미국 정당정치의 변화를 예측하는 데 중요한 시사점들을 던져준다.

먼저, 티파티 운동의 성공은 기왕에 지탱되어 왔던 미국 선거의 지형이 향후 변모할 수 있다는 가능성을 제시해준다. 티파티 지지후보들의 당선은 중서부와 남부 지역에 집중되었는데 1980, 90년대를 거치면서 이미 공화당의 확고한 지지지역으로 변모한 남부보다 그동안 민주당과 공화당의 각축장이었던 중서부 지역에서 티파티 지지후보들이 대거 당선되었다는 사실은 주목을 요한다. 이는 이번 중간선거에서 공화당의 압승이 중서부지역에서의 선전에 크게 힘입었을 의미하는 동시에 티파티 운동이 향후 미국 정당정치 변화에 중요한 계기가 될 수 있음을 시사하기 때문이다.

둘째, 티파티 운동의 성공은 공화당 내부의 변화도 가져올 것으로 예측된다. 금융위기 이후 경제상황 악화가 지속되면서 민간부문에 대한 국가의 개입이 증대되고 경제위기 극복을 위한 대규모 재정 지원으로 인해 적자 규모가 커지게 되자 작은 정부와 감세, 재정지출 축소 등 경제적인 문제들에 집중하고 있다는 점에서 티파티 운동은 사회적 문제들에 초점을 맞추었던 1980, 90년대의 보수적 대중운동과는 뚜렷한 차이를 보이고 있다. 이번 선거를 통해 경제적 보수주의에 초점을 맞추고 있는 티파티 운동의 지지를 받은 후보들이 대거 의회에 진입함에 따라 공화당내 세력 분포 및 이념성향에 있어 사회적 보수주의보다는 경제적 보수주의가 강화되는 방향으로의 변화가 예상된다.

셋째, 티파티 운동의 성공이 미국 정당정치 변화와 관련하여 보다 중요한 사실은 이번 중간선거에서 공화당이 이들과의 연계를 통하여 보다 폭넓은 유권자들의 지지를 이끌어낼 수 있는 잠재적 역량을 확충하고 있다는 점이다. 즉, 당내 경제적 보수주의를 중시하는 자유주의 분파의 강화로 그동안 공화당의 과도한 사회적 보수주의 때문에 지지를 유보해 왔던 유권자들로부터도 지지를 끌어내는 게 가능해졌고, 이에 따라 중도적인 성향의 유권자들까지도 아우를 수 있는 토대를 마련한 것이다. 물론 티파티 운동의 대립지향적인 입장이 미국정치의 분극화를 심화시키고 티파티 운동의 원주민주의적 성향이 강화될 경우 반작용이 예상되지만, 이번 중간선거에서 공화당은 지지기반의 외연을 확장시킬 수 있는 잠재적인 역량을 강화시킴으로써 중장기적으로 정당간 균형에 변화를 가져올 수 있는 우세한 위치를 차지하였다.

물론 티파티 운동이 지역적으로 파편화되어 있고 각 지역마다 다양한 형태로 구성되어 있으며 티파티 운동 참여자들의 활동 기간이 일천하여 이들이 지속적으로 공화당에 영향을 줄 수 있는 안정적인 지지기반으로 발전되어 나갈 수 있을 것인지에 대해서는 의문이 있다. 또한 티파티 운동과 주류 공화당 간의 갈등이 예상되는 상황에서 티파티 운동의 지지로 당선된 공화당 의원들이 티파티 운동가들이 원하는 실질적인 변화를 어느 정도 이루어 낼 수 있을 것인지, 그리고 이들이 지속적으로 유권자들의 지지를 확보해 냄으로써 재선에 성공할 수 있을 것인지 등도 미지수로 남아 있다. 따라서 티파티 운동이 향후 미국 정당정치 변화에 얼마나 영향을 미칠 수 있을 지는 아직은 가변적이지만 미국 정당정치에 새로운 변화를 가져올 수 있는 하나의 계기가 마련되었다는 점에서는 그 의미가 적지 않다고 본다.

참고문헌

서현진 · 정진민. 2008. "문화적 쟁점과 미국 정당 지지기반 양극화." 미국정치연구회(編). 『미국정치의 분열과 통합』. 207-240.

유성진. 2008. "미국정치 보수화의 한 단면: 기독교 우파의 부상과 공화당 지지기반의 재편." 『국제정치논총』 48-3.

______. 2008. "의회 개혁과 의사결정구조의 변화: 미국 공화당 의회 하 상임위원회 제도와 운영의 변화를 중심으로." 『21세기정치학회보』 18-2 .

정진민. 1996. "미국 정당정치의 변화: 뉴딜연합의 약화를 중심으로." 『한국정치학회보』 30-1. 199-222.

______. 1998. "전후 미국 정당기반 재편과 정당체계의 변화." 『한국정치학회보』 32-4. 223-241.

______. 2000. "1980년대 이후 미국 정당정치의 변화: 세대요인을 중심으로." 『한국정치학회보』 34-1. 237-254.

최준영. 2007. "공화당의 남벌전략과 남부의 정치적 변화." 『신아세아』 14-3.

Abramowitz, Alan. 1995. "The End of the Democratic Era? 1994 and the Future of Congressional Election Research." *Political Research Quarterly* 48: 873-889.

Axelrod, Robert. 1986. "Presidential Election Coalitions in 1984." *American Political Science Review* 80: 281-284.

Buell, John. 1997. "Election Results." *Humanist* 57: 39-41.

Burnham, Walter Dean. 1997. "Introduction: Bill Clinton, Riding the Tiger." Gerald Pomper, ed. *The Election of 1996*. Chatham: Chatham House.

Erikson, Robert, Thomas Lancaster, and David Romero. 1989. "Group Components of the Presidential Vote, 1952-1984." *Journal of Politics* 51: 337-346.

Erikson, Robert, and Kent Tedin. 2010. *American Public Opinion: Its Origins, Content, and Impact*, 8th ed. New York: Longman.

Katona, George. 1975. *Psychological Economics*. New York: Elsevier.

Key, V. O., Jr. 1964. *Politics, Parties, and Pressure Groups*. New York: Thomas Y. Crowell.

Lau, Richard R. 1985. "Two Explanations for Negativity Effects in Political Behavior." *American Journal of Political Science* 29: 119-38.

Miller, Warren. 1991. "Party Identification, Realignment, and Party Voting: Back to the Basics." *American Political Science Review* 85: 557-568.

Morris, Dick. 2010. "The New Republican Right." *Real Clear Politics* (October 20). www.realclearpolitics.com/articles/2010/10/20/the_new_republican_right_107653.html

Stanley, Harold, William Bianco, and Richard Niemi. 1986. "Partisanship and Group Support over Time: A Multivariate Analysis." *American Political Science Review* 80: 969-976.

Swain, John W., Borrelli, Stephen A., Reed, Brian C., and Sean F. Evans. 2000. "A New Look at Turnover in the US House of Representatives, 1789-1998." *American Political Research* 28: 435-457.

Wattenberg, Martin. 1998. *The Decline of American Political Parties, 1952-1996*. Cambridge: Harvard University Press.

| 제6장 |

경제이슈를 중심으로 본 2012년 미국 중간선거*

김준석 | 동국대학교

I. 들어가며

2010년 11월 둘째 주 미국 시사주간지 타임(Time)의 표지엔 존 뵈너(John Boehner)라는 다소 생소한 인물이 등장하였다. 뵈너는 2010년 중간선거에서 공화당의 압승을 이끈 주역으로서, 그리고 지난 2011년 1월 출범한 112대 하원의 예비의장으로서 미국은 물론 전 세계의 주목을 받고 있다. 불과 2년 전 미국 최초의 흑인 대통령의 탄생과 함께 민주당의 워싱턴 독주가 장기화될 것으로 예상한 이가 대다수였다. 당시 오바마는 민주당을 새로운 반석으로 이끌 '변화의 메시야'로서 큰 기대를 얻었다. 그에 반해 공화당은 금융위기와 아프간과 이라크 두 번의

---

* 본 장은 학술지 『사회과학연구』(동국대 사회과학 연구소 刊) 18권 1호에 게재된 내용을 연구서에 맞게 편집 · 재구성하였습니다.

전쟁에 대한 멍에에, 대선참패까지 더해져 장기간의 내홍과 침체를 겪을 것으로 보였다. 그리고 2010년 11월 2일, 민주당은 오바마의 표현대로 "참패(shellacking)"했다. 하원에서 63석을 잃었고, 상원에선 6석을 상실했다. 1938년 루스벨트의 중간선거 이후 집권당 최대의 참패였다.

민주당 패배에 대한 언론의 호들갑스러운 반응과 달리, 사실 금번 중간선거에서의 대통령당의 패배는 그간의 문헌을 통해 충분히 예측 가능한 것이었다. 정치학자는 중간선거에서 여당의 패배를 당연한 귀결로 받아들인다. 에릭슨(Erikson 1988)은 "중간선거에서의 대통령당의 의석상실은 단순한 경향 수준을 넘어서, 불변에 가까운 역사적 법칙"으로 단언한다.[1] 지난 100년의 미국의회선거를 살펴보아도 집권당이 중간선거에서 의석을 잃지 않은 경우는 단 네 차례에 불과하다.[2] 민주당이 2006년, 2008년 두 번의 선거에서 공화당을 압도하고, 대통령까지 배출한 마당에 금번 중간선거에서 유권자의 견제심리가 작동할 것이란 건 일정부분 당연하다.[3] 오바마와 민주당이 다시금 승리를 기대하긴 어려운 상황이었고, 관심은 '민주당이 얼마나 의석을 잃을 것인가?'에 쏠렸다. 민주당의 패배는 예측할 수 있었지만, 이렇게 크게 패배할 것이라 예측하기 쉽지 않았다. 금번 중간선거에서 오바마와 민주당의 패배의 가장 큰 원인으로 주목받는 건 역시 침체일로의 길에 있는 '경제'이다.[4] 금융위기는 미국경제에 큰 상흔을 남겼고, 높은 실업률과 엄청

---

1) "...the phenomenon is more than a mere tendency. Midterm loss is an almost invariable historical regularity" (Erikson 1988, 1011).

2) 1902년, 1934년, 1998년, 2002년 중간선거가 있다.

3) 2006년 중간 선거를 통해 민주당은 하원 30석, 상원 6석을 얻어 원내 다수당으로 자리매김하였고. 2008년 선거에선 오바마를 대통령으로 당선시켰을 뿐 아니라, 하원에서 21석, 상원에서 8석을 더 얻음으로써 원내 절대다수당으로서의 위치는 물론이요, 상원에서 민주당의 힘만으로 필리버스터를 무력화시킬 수 있는 지위에 까지 올랐다.

4) 낸시 펠로시 하원의장은 "실업은 (민주당의 그간의 노력을) 어둡게 가려버린다. 유권자들이 직업이 없으면 (정부가) 그들 손에 직업을 쥐어주기 위해 얼마나 노력했던 관심을 가지지 않는다. 사람들은 결과를 원한다"라는 말로 중간선거에

난 재정적자는 오바마 정부를 짓누르는 상황이다. 실물지수로 보나, 유권자의 체감지수로 보나 현재의 미국경제상황은 집권당이 승리하기 힘든 구조적 제약을 만들어 놓았다.

경제상황과 집권당의 승패의 인과관계는 기존의 많은 문헌들이 구체적으로 검증해 놓았다 (Tufte, 1975, 1978; Hibbs 1982; Lewis-Beck and Rice 1984; J. E. Campbell 1985; Oppenheimer, Stimson, and Waterman 1986; Abramowitz, Cover, and Norpoth 1986; Born 1986; Erikson 1988). 중간선거에서 집권당의 패배는 대통령선거 해에 치러진 의회선거에서 여당의 지지도가 대통령과 동반상승하였고, 이러한 후광효과 (presidential coattail effect)가 중간선거에서 빠지면서 원래의 지지로 회귀한다는 시각 (Midterm Loss as Regression to the Mean)도 있고, 대선 해에 여당지지가 상승하고 중간선거에서 하락하는 '쇄도와 감퇴' (Surge and Decline) 주기론도 주장된다. 유권자가 중간 선거를 대통령을 평가하는 장으로 간주한다는 시각 (Midterm Loss as a referendum on presidential performance)도 있고, 대통령의 성과와는 관계없이 중간선거에서 집권당이 항상 불이익을 얻을 수밖에 없다는 (presidential penalty) 주장도 힘을 받고 있다.[5] 더 나아가, 경제 변인과 대통령 지지율을 통해 중간선거의 결과를 예측하는 모형도 상당부분 논의가 진전되어 있다 (특히 Tufte 1975, 1978).[6] 하지만 이러한 접근은 '경제 요인이 중간선거에서의 집권당 득표에 어떠한 영향을 미치는가?'의 일반

대한 소회를 대신하였다. 오바마 또한 '경제'가 선거의 제1이슈임을 인정하며, "민주당이 많은 진전을 이루었지만, 사람들이 그 (경제적) 진전을 체감할 수 없었고, 이는 유권자로 하여금 현 상황에 대한 두려움으로 내몰았다"고 소회를 밝혔다.

5) 에릭슨(Erikson 1988)은 중간선거에선 대통령에 대한 유권자의 견제심리가 작동함은 물론, 대통령과 집권당에 부정적인 평가를 하는 유권자층이 긍정적인 평가를 가진 유권자층보다 선거에 적극적으로 참여하게 된다는 점을 들어 집권당이 대통령의 성과와는 관계없이 유권자의 처벌의 대상이 된다고 주장한다.

6) 미국의 50개 주를 횡단면 연구의 장으로 활용하여, 각 주의 경제변수의 차이를 통해 주별 여당득표율의 변이(variation)를 설명하는 회귀모형도 있다.

가설의 검증에 초점을 맞추고 있으며, 2010년 선거 역시 그 전의 많은 선거 중의 하나, 즉 단순한 통계관측치의 하나로서 다루어지게 되는 난점이 있다. 기존의 실증적 연구방식을 취할 경우 2010년 중간선거라는 특정한 시기에 미국의 경제적 상황이 얼마나 심각하였으며, 미국의 유권자들은 이러한 경제적 상황을 어떻게 표심에 반영하였는지, 그리고 향후 2012년의 대통령선거에서의 전망 등에 대한 보다 심도 있는 논의가 어렵게 된다.

이 글은 거시경제 변수와 선거결과의 일반 가설을 검증하지 않는다. 이 글은 2010년 미국 중간선거에서 경제적 상황이 어떠했고, 경제이슈가 유권자의 심리에 어떻게 영향을 주어, 궁극적으로 민주당의 참패로 이어지게 되었는지를 추론해 볼 수 있는 하나의 에세이를 지향한다.

먼저 2010년 10월 미국의 경제가 얼마나 심각한 상황이었는지를 실질지표와 유권자의 체감지표를 통해 살펴본다. 최악의 금융위기 이후 미국은 2010년 GDP가 2.8% 성장하는 등 회복의 징후를 나타내고 있으나, 그 영향이 일자리의 회복으로까지는 이어지고 있지 않다. 또한 미증유의 연방적자의 발생은 연방정부의 손과 발을 묶어버리며, 인위적 경기부양의 여지마저 좁혀놓고 있다. 중간선거 당시의 미국경제상황을 실업률, 장기실업자의 비중, 연방정부 재정적자 증감 등의 시계열 자료를 통해 평가해 본다.

나아가, 미국 유권자들이 경제위기를 얼마나 심각하게 받아들였는지를 '유권자 체감지표'를 통해 살펴본다. 소비자안심지수(Consumer Comfort Index)는 미국 경제의 2/3를 차지하는 미국인의 소비·지출심리를 측정하는 바로미터(barometer)로 널리 인정받고 있다. 또한, 출구조사의 경제관련 항목을 토대로 경제적 상황이 유권자의 표심에 어떻게 반영되었는지를 논의해본다. IV절은 향후 미국경기회복의 추이가 2012년 오바마의 재선가도에 어떻게 작용할 지를 논의한다. 그리고 글을 맺으며 분점정부하에서의 오바마의 전략에 대해 짧게 생각해 보려 한다.

II. 미국의 경제상황은 얼마나 심각했는가?

2008년의 금융위기는 최악의 실업난을 야기하였고, 계층 간의 빈부격차는 더욱 커지는 결과를 가져왔다.[7] 견고한 듯 보였던 미국의 중산층은 상당수 파괴되었고, 일부는 신(新) 빈곤층으로 전락하였다. 2010년 8월 기준 미국의 상위 1%는 국가자산의 37.1%를 소유하고 있다.[8] 이에 반해 인구의 하위 80%가 소유한 국가자산은 이의 1/3 수준인 12.3%에 불과하다.[9] 연방정부는 경기진작을 위해 이미 8,000억 달러라는 엄청난 돈을 쏟아 부었고, 그 결과 연방재정적자는 1조 4천억 달러에 달한다. 경기침체로 인한 세수감소에다, 오바마의 제2차 경기부양책(약 3,500억 달러 규모)이 받아들여지면 연방적자는 그 기록마저 갱

---

7) 대공황 이래 최악이라는 2008년 금융위기는 어디에서 비롯되었는가? 금번 금융위기에 대한 많은 논란이 있지만 그 시작은 2000년 초 인터넷 버블에 따른 미국 경기의 침체와 연방준비은행(Federal Reserve Bank)의 완화적 통화정책에 따른 주택시장의 거품으로 보는 것이 일반적이다. 인터넷 버블에 따른 경기침체를 극복하기 위하여 연방준비은행은 저금리 정책을 폈고, 고삐 풀리듯 시장으로 흘러간 돈은 주택시장으로 몰려 거품을 키웠다. 주택가격의 상승은 은행주택담보대출(주택모기지)을 활성화했고, 너도나도 주택시장에 뛰어들면서 기존에는 주택담보대출을 받을 수 없었던 낮은 신용등급의 주택구매자에게도 높은 대출이자를 미끼로 소위 '서브프라임모기지(subprime mortgage)'가 남발되었다. 위험성이 높은 서브프라임모기지는 월가 금융권의 손을 거쳐 파생상품(derivatives)의 형태로 전 세계로 살포되었다. 마침내 주택시장의 거품이 꺼지고, 이에 따른 파생상품의 부실화에 따라 리먼브라더스(Lehman Brothers)나 AIG와 같은 거대기업이 파산하거나 벼랑 끝에 몰리면서 금융위기로 이어졌다. 오바마 정부는 취임 직후 사상 초유의 경기부양책을 시행하고, 연방준비은행은 제로금리 통화정책을 통해 시장이 공황으로 치닫는 것은 막았다. 하지만 이러한 조치는 연방정부에 1조 4,190억 달러의 재정적자를 안김으로써, 향후 미국 정부의 추가적 조치에 커다란 부담이 되었다. 공황은 벗어났지만, 아직도 미국 경제는 회생과는 먼 길을 걷고 있다.

8) 상위 0.1%는 미국 총 자산의 12%를 소유하고 있다.

9) 이마저도 2001년과 비교했을 때, 상위 1%는 3.7% 증가, 하위 80%는 3.3%가 감소한 수치다.

신하게 될 것이다. 미국인 특유의 낙천주의는 사람들에게서 사라져가고 있고, 미국인의 '아메리칸 드림(American Dream)'은 정치인의 수사 속에서만 존재할 뿐, 이미 사망선고를 받았다. "미국은 아직 완벽하게 극복하지 못한 부동산 위기와 금융위기, 경제위기, 그리고 마지막으로 닥친 부채위기 이후, 대공황 이래 나타난 적이 없던 '사회적 빙하기'에 들어설 위험에 처해 있다"[10]는 표현은 현재의 미국 경제가 처한 상황을 그대로 드러낸다.

이 절에서는 2010년 중간선거 당시의 미국 거시경제의 흐름을 실물지표와 체감지표를 통해서 진단한다. 미국경제의 현황을 보여주는 실물지표로서는 실업률의 변화, (전체 실업자 중) 장기실업자의 비중 및 연방정부 재정적자를 활용할 것이다. 체감지표로는 소비자안심지수(Consumer Comfort Index) 자료와 여론조사에 포함된 '미국이 올바른 길을 가고 있습니까?'라는 미국의 진로에 대한 유권자의 평가항목을 활용할 것이다. 이를 통해 유권자가 미국 경제와 미국의 현재에 대해 어떻게 느끼고 평가하고 있는지를 살펴볼 것이다.

1. 실물지표를 통해 본 미국 경제 분석: 실업률과 장기실업자 비중, 재정적자

금융위기 초기, 미국의 고학력 구직자는 '일시적인 실업'을 자연스럽게 받아들이는 여유를 부리기도 했다. 자아성찰과 자기계발의 기회를 갖는 등 자신의 실업상태를 즐기며 여유 있게 구직에 임하는, 고학력 구직자의 일시적인 실업을 뜻하는 '펀임플로이먼트(Funemployment=

---

10) Economy Insight, "미 대졸자 실업 · 중산층 몰락: Mr. 톰의 분노" (2010. 10), p. 30 Das Spiegel 기사 인용.

Fun+Employment)'라는 신조어가 유행하기도 했다.[11] 하지만 이후 미국의 실업인구는 급속도로 증가하였고, 실업률은 2010년 11월 기준 9.8%라는 1983년 이래 가장 높은 수준에 이르렀다. 〈그림 1〉은 1976년부터 2010년 11월까지의 미국 노동시장의 실업률을 월별 추세에 따라 표시한 것이다.

지난 35년 간 실업률의 변화는 〈그림 1〉에서 보는 바와 같이 다음과 같은 특징을 보이고 있다. 먼저, 2008년 가을 금융위기를 맞기 전까지 실업률은 크고 작은 등락이 있었어도, 점차 감소하는 추세를 보였다. 1982-1983년의 기간을 제외하곤, 1980년대의 실업률은 평균 7% 내외를 기록하였으며, 1990년대에는 6% 내외, 2000년에서 2008년 초까지는 5% 내외로 지속적으로 줄어들었다.

두 번째, 레이건 대통령하 1982~1983년, 그리고 최근 2009~2010년의 경험을 제외하곤, 지난 35년간 미국 경제의 실업률이 8% 이상을 넘은 적이 없었다는 사실이다. 이는 현재 미국이 경험하고 있는 불황이 얼마나 심각한 것인지, 왜 현재의 경제침체가 대공황 이후 최악의 경제위기로까지 간주되었었는지를 역설적으로 보여준다.

세 번째로, 높은 실업률과 실업률의 상승추세는 중간선거에서 집권당의 참패와 관련이 있는 것으로 보이는 패턴이 나타난다. 〈그림 1〉의 실업률 시계열자료에는 크게 4개의 봉우리가 있으며, 이 네 개의 실업률 봉우리 중 세 개는 중간선거에서 집권당이 의석을 크게 상실했던 시기와 거의 일치한다. 1982년~1983년의 시기 실업률은 9~10%를 넘나들었고, 최고 10.8%까지 상승하였다. 이 시기 레이건 대통령 1기 중간선거가 치러졌고, 높은 실업과 눈덩이 재정적자 등 집권당에 불리한 경제상황에서 공화당은 상 · 하원 의석을 크게 잃었다. 두 번째 봉우리는 클린턴 1기의 중간선거와 겹치며, 클린턴 정부는 선거에 참패해 상 · 하원의 다수당 지위를 한꺼번에 잃었다. 세 번째는 부시 대통령의 1기 중

11) Economy Insight, "톰, 94번째 채용지원서 쓰다" (2010. 10), p 32.

〈그림 1〉 미국 실업률의 변화, 1976~2010

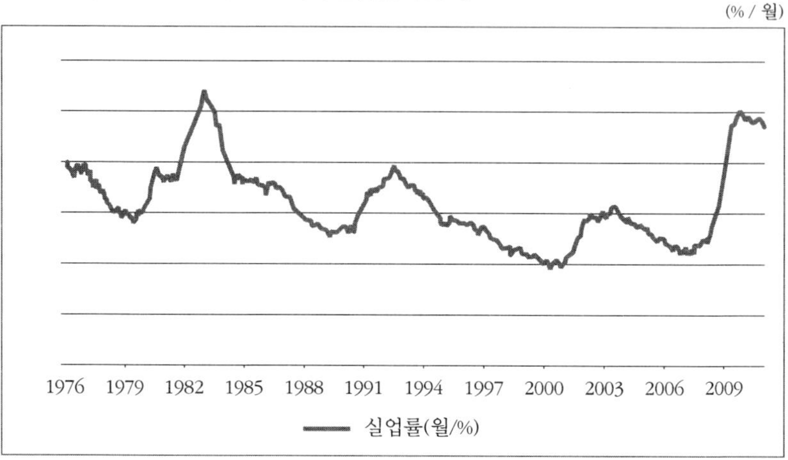

자료: 미국노동통계청(Bureau of Labor Statistics)

간선거로 상대적으로 높은 실업률과 실업률의 상승추세에도 불구하고 집권당이 상하원 모두에서 의석을 추가한 경우이다. 이는 2001년 9.11 테러와 아프가니스탄 전쟁이라는 국가적 위기상황에서 대통령을 중심으로 시민들이 뭉치는 '랠리 어라운드 플래그(rally around the flag)' 효과가 작용한 바가 크다.

이와 맞물려 미국 경제에 암운을 드리우는 것은 장기실업자의 증가이다. 보통 27주 이상 실업상태에 있는 사람을 장기실업자로 간주하는데 2010년 11월 현재 장기실업자의 수는 6,258,000명을 기록하였다. 이는 금융위기가 진행 중이었던 전년(2009) 월별 평균 장기실업자수 4,496,000명에서 1,762,000명이 증가된 것이며, 금융위기 발생 해인 2008년 월별 평균 장기실업자수 1,761,000명과 비교할 때 그 3.6배가 증가한 수치다. 2000년 장기실업자수가 평균 649,000명이었던데 비하면 약 10배 가까이 늘어났다. 고실업에 장기실업자가 많다는 것은 경기회복에 걸림돌이 될 수밖에 없다. 〈그림 2〉는 전체 실업자 대비 장기실

〈그림 2〉 미국실업인구 중 장기실업자 비중 1975~2010

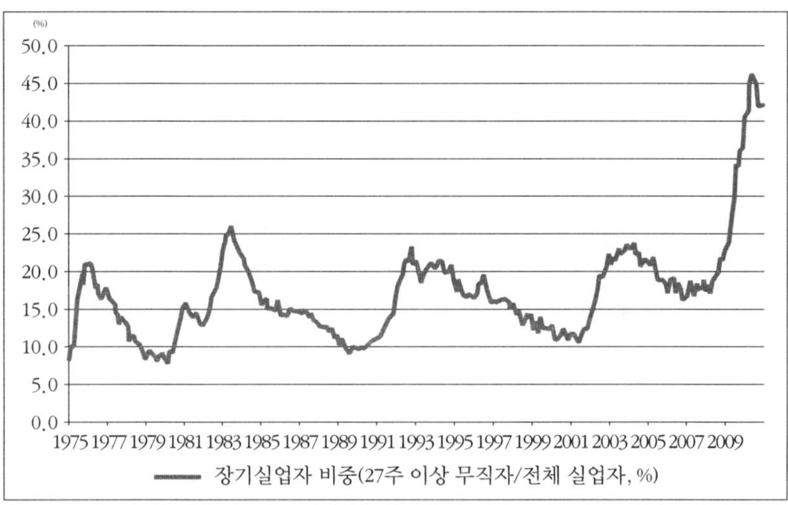

자료: 미국노동통계청(Bureau of Labor Statistics)

업자의 비중을 1975년부터 2010년 11월까지 추세로 나타낸 그래프다. 1975년 전체 실업자의 10% 비중에 불과했던 장기실업자는 1982-1983년의 기간을 제외하고는 10~20% 내외를 오르락내리락 하며 안정적인 비중을 유지하였다. 하지만 2009년 6월 32.5%를 찍은 것을 시작으로 장기실업자의 비중은 급히 상승하였으며, 2010년 11월 현재 전체 실업자 중 43.8%의 비중을 차지하고 있다. 이는 전체 실업의 약 절반 정도는 재취업이 어렵고 장기적으로는 사회적 빈곤층으로 전락하기 쉬운 이들로 해석이 가능하다.

2010년 미국 중간선거에서 가장 관심을 모은 이슈 중의 하나로 연방정부의 재정적자 문제를 언급하지 않을 수 없다. 경제적 보수주의 유권자들의 풀뿌리 운동에서 비롯된 티파티 운동(Tea Party Movement)이 소위 '남의 돈을 펑펑 써대는(free-spending)' 중앙정부에 대한 우려로부터 시작되었음은 잘 알려져 있다. 또한 출구조사에서도 연방정부의 재

〈그림 3〉 미국 연방정부 재정적자 추세변화 1970~2010

(단위: USD 10억 달러)

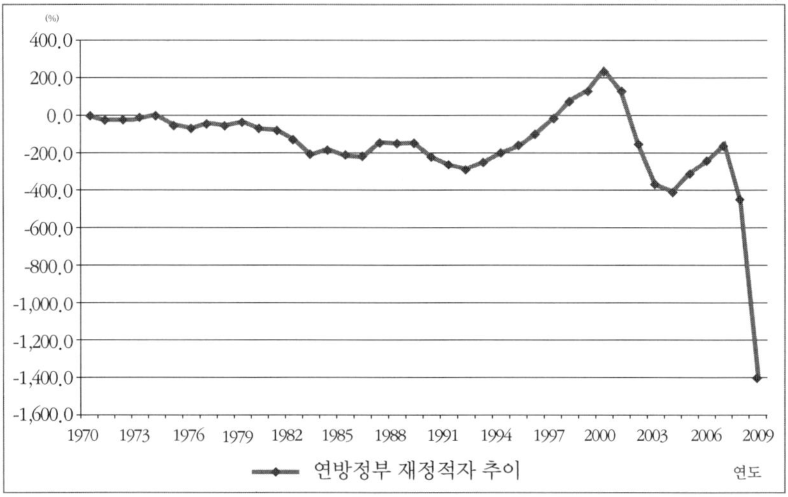

자료: Congressional Budget Office; Office of Management and Budget

정적자에 대한 비판은 두드러져, '늘어가는 재정적자와 그 해결책의 부재'를 정부 · 여당의 문제로 지적하는 목소리가 상당하였다. 〈그림 3〉은 미국연방정부의 재정적자 추세변화를 1970년부터 2009년까지 그래프로 나타낸 것이다. 1970년대에는 정부가 '거둔 만큼 지출하는' 균형예산(balanced budget)이 어느 정도 유지되어 왔다. 1980년대 적자재정이 나타나기 시작하고, 레이건 정부의 감세정책과, 일본 · 유럽 등과의 무역역조에 따른 세수감소와 맞물리면서 연방정부의 재정적자는 2,000억 달러 선으로 확대되었다. 아버지 부시 대통령의 재선실패를 가져온 경제적 위기상황에서도 미국의 재정적자는 3,000억 달러를 기록하였고, 클린턴 정부하에선 IT에 기반한 신경제의 활성화와 함께 재정적자도 큰 폭으로 개선되었다. 심지어 1998년부터 2001년까지 미국의 재정은 흑자 추세를 기록하였고, 2002년부터 2007년까지 2,000억 달러에서 4,000억 달러에 이르는 재정적자를 기록하였으나, 이는 아프가니스탄-

이라크 두 차례 전쟁으로 따른 연방지출의 확대, '부시 감세(Bush Tax Cut)'라고 명명된 적극적 감세정책에 기인한 것이었다.

오바마 정권하의 미국의 재정적자는 얼마나 심각하였는가? 2009년 회계연도 기준 연방정부의 재정적자는 1조 4,160억 달러에 이른다. 1970~2007년의 연별 평균 재정적자 -1,609억 달러의 8.8 배이고, 2009년을 제외한 동 기간의 연별 재정적자 평균 -1,288억 달러의 11배에 이른다. 미 연방정부 재정적자 규모상 최대임은 물론이요, 대공황 이후 연방정부의 재정적자가 이렇게까지 심각한 상태로 내몰린 적은 없었다. 의회예산국(Congressional Budget Office)에 따르면 2010년의 연방재정적자는 1조 660억 달러선에 머물 것으로 보인다. 더욱 심각한 점은 언제쯤 연방정부의 재정적자가 바닥을 찍고, 흑자로 전환될 것인지 그 끝이 잘 보이지 않는다는 것이다. 중간선거가 치러진 2010년 11월 한 달간의 재정적자가 1,500억 달러에 이르는데다, 연방정부의 재정적자는 지난 25개월 연속 이어져 이 부문에서 기록을 경신하였다.

2. 체감지표를 통해 본 미국경제 분석: 소비자안심지수와 현재의 미국에 대한 평가

미국 ABC 뉴스의 소비자안심지수(Consumer Comfort Index: 이하 CCI)는 미국인들의 소비 · 지출의 가늠자 역할을 하는 주간자료이다. 미국의 가계소비는 전체 GDP의 2/3를 구성하고 있다는 점에서 경기활성화에 중요한 기능을 담당한다. CCI 지수는 소비자 1,000명을 대상으로 4주간의 인터뷰 조사로 수집되며, ① 개인가구의 가계형편에 대한 평가, ②구매환경에 대한 평가, ③ 미국경제 전망에 대한 평가를 종합 · 지수화 하여 1985년 이래 매주 발표해 오고 있다. CCI 지수는 0을 기준점으로 최대 +100, 최소 -100의 범위에서 측정되며, CCI 수치가 높을수록 미국인들의 소비심리 및 경제전반에 대한 평가가 긍정적이라고 해석할 수 있다. 〈그림 4〉는 CCI 지수의 변화추이를 1985년부터 2010년까지 그래프로 나타낸 것이다. 조사가 시작된 이래 CCI가 가장 높았던 시기는 2000년 1월로 +38을 기록하였다.

오바마 정권 첫해인 2009년 CCI 수치는 연 평균 -48을 기록함으로써, CCI 조사가 이루어진 25년 중 최저수치를 기록하였다. 중간선거 직전인 2010년 10월 4주차의 CCI 지수는 -47을 기록하였으며, 구체적으론 미국인의 92%가 현재의 경제상황을 부정적으로 평가하고 있으며, 개인적으로 경제적 어려움을 겪고 있다는 응답자도 53%, 구매활동에 적절하지 않은 시기라고 평가하는 응답도 73%에 달한다. 선거를 앞두고 CCI 지수가 이만큼 좋지 않았던 예는 1992년 대선과 2008년 대선이 유일하며, 당시 공화당은 대통령직을 민주당에 넘겨주었음은 물론 연방의회선거에서도 크게 패하였다. 11월 중간선거 전까지 CCI 지수가 131주 연속 -40선을 넘어서지 못하고 있었다는 점은 민주당을 더더욱 암울하게 했다.

소비자안심지수(CCI)를 응답자의 정당일체감(Party ID)에 따라 구분하면, 지난 중간선거에서의 함의를 보다 구체화시켜 볼 수 있다. 〈그림 5〉는 오바마 정부 출범 이후 주간 CCI지수를 응답자의 정당일체감(Party ID)에 따라 시계열로 나타낸 것이다. 일반적으로 응답자가 공화당원일 경우 민주당원에 비해 현재의 경제적 상황을 낙관적으로 평가하는 경향이 있으며, 1990년부터 2009년 초까지 공화당원 CCI가 민주당원에 비해 평균 +31 높은 것으로 나타났다.[12] 오바마가 대통령으로 취임한 2009년 1월 민주당원의 소비자안심지수는 -65, 공화당원은 -40, 무당파는 -50으로 당시의 미국 경제상황을 비관적으로 바라본다는 점은 일치하였으며, 공화당원과 민주당원의 CCI 지수 차이 또한 25포인트였다. 그로부터 2년이 지난 2010년 10월 기준 민주당원의 CCI는 -40, 공화당원은 -45, 무당파는 -51이다. 여기서 두 가지 특징을 읽어낼 수 있다. 먼

---

12) ABC News, "CCI: Halloween Horrow Show for Dems," Oct. 26, 2010.

〈그림 4〉 소비자안심지수(Consumer Comfort Index)의 변화, 1985~2010

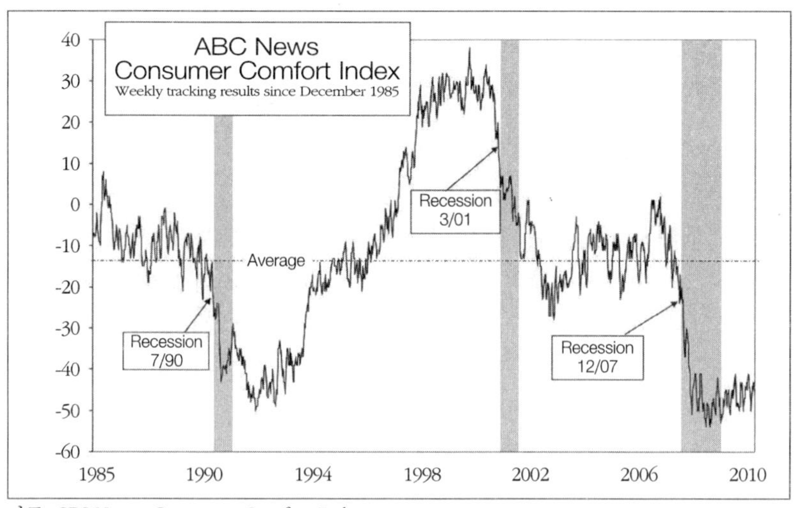

자료: CBS News: Consumer Comfort Index

〈그림 5〉 소비자안심지수(Consumer Comfort Index)와 정당일체감, 2009~2010

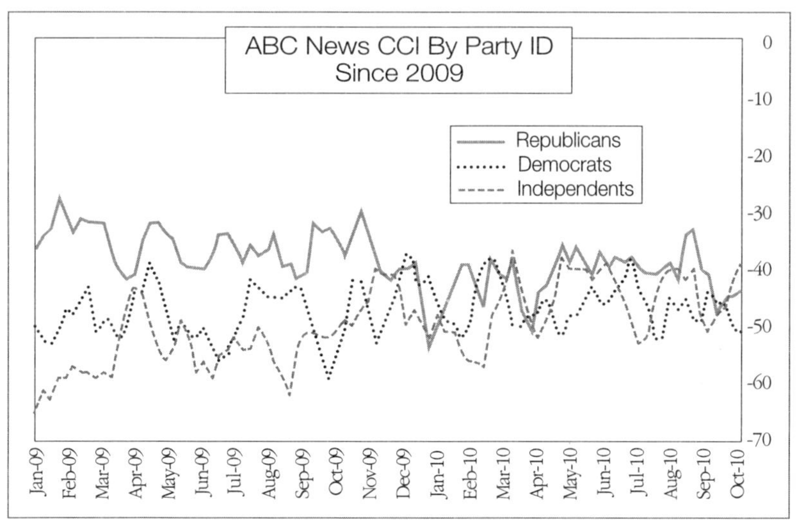

저, 공화당원의 경우 금융위기가 한창 진행 중이던 2009년 초보다 오히려 오바마 정권 2년이 지난 2010년 10월의 미국 경제가 훨씬 나쁘다고 평가한다는 점이다. 앞에서 설명한 바와 같이 2009년 1월 공화당원의 CCI는 -40, 2010년 10월의 CCI는 -45로 약 5포인트가 오히려 감소하였다. 이는 공화당 유권자들이 민주당원보다 '집권당에 대한 처벌'을 매개로 중간선거에 결집할 유인이 훨씬 더 큼을 의미한다.

두 번째이자 가장 주목할 만한 경향은 무당파 층의 CCI 지수 변화추이이다. 2009년 초 무당파의 CCI는 -50이었고, 2010년 10월 -51로 약간 하락하였다. 하지만, 중간 선거를 한 달 앞둔 상황에서 소비자안심지수를 가장 부정적으로 평가하는 층이 무당파라는 점은 기억할 만하다. 에릭슨(Erikson 1988)은 중간선거는 대통령의 성과에 관계없이 집권당을 처벌하는 결과를 가져오게 되며, 이는 행정부와 입법부를 한 당이 동시에 장악하고 있는데 대한 견제심리가 작용하는데 더하여, 대통령과 집권당의 성과에 대해 부정적으로 평가하고 있는 유권자층이 (긍정적 입장의 유권자보다) 중간선거에서 '집권당 심판'을 매개로 결집할 유인이 훨씬 크다고 지적하고 있다. (뒤에 좀 더 자세히 설명하겠지만) III절의 〈표 1〉 중간선거 출구조사 결과에서 보듯이 자신의 정당소속이 없다고 (혹은 독립적이라고) 한 응답자가 전체 유권자의 29%에 이르며, 이들 무당파 중 56%가 금번 중간선거의 지지정당으로 공화당을 선택한 것은, 이번 선거결과를 결정한 것은 어떤 계층이며, 이들의 어떠한 불만(지지)이 선거에서 어떻게 표출되었는지에 대한 중요한 실마리를 제공한다.

〈그림 6〉은 미국의 현재 진행방향에 대한 유권자의 체감정도를 시계열로 나타낸 것이다. 미국의 CBS-New York Times 조사를 비롯한 많은 여론조사는 '현재 미국이 옳은 방향으로 가고 있는가? 궤도에서 벗어나 잘못된 방향을 향하고 있는가?'라는 문항을 포함하고 있다. 〈그림 6〉은 1991년 1월부터 2010년 9월까지 조사된 여론조사 중 해당 항목의 응답결과를 월간 자료로 변환하여 그래프로 정리한 것이다. '미국이

〈그림 6〉 미국의 현재 진행방향에 대한 체감, 1991~2010

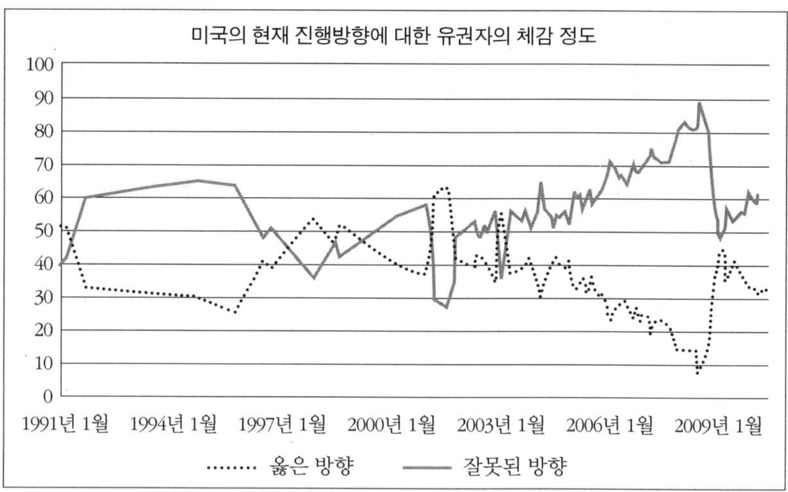

자료: CBS-the New York Times Poll 등 종합 · 정리

올바른 방향으로 가고 있다'는 응답이 가장 높았던 시기는 2001년 10월과 12월로 각 61%, 64%의 미국인이 미국의 현재를 긍정적으로 평가하였다. 부정적인 평가가 가장 높았던 시기는 2008년 10월이었다. 리만 브라더스가 파산하고, AIG, GM 등 미국 굴지의 대기업이 부도위기에 내몰리던 금융위기의 시작점에서 미국인의 89%가 '미국이 잘못된 방향으로 가고 있다'고 걱정하였다 (동 시기에 실시된 다른 두 조사에서도 미국의 현재에 대해 부정적인 평가를 내린 미국인은 85%에 달하였다). 오바마 정권 출범 후 미국의 현재에 대한 미국인의 평가는 약간 상승하기는 하였으되, 긍정적인 방향으로 큰 개선이 이뤄지고 있지는 않다. 2010년 9월 조사에선 미국의 현재에 대해 33%만이 긍정적인 대답을, 60%가 부정적인 평가를 보여주고 있다.

III. 미국의 경제상황은 2010년 중간선거의 표심에 어떻게 반영되었나?

1. 출구조사(Exit Poll) 결과의 해석: 경제관련 문항

앞 절을 통하여 중간선거 직전 미국경제의 위기와 그 심각성을 실물지표와 유권자의 체감지표를 통해서 자세하게 살펴보았다. 그간 대통령 선거이든 연방의회선거이든 관계없이 경제와 선거결과와의 관계에 대해선 정치학의 여러 이론과 실증검증을 통하여 다양하게 연구되어 왔다. 구체적으로 책임정당론(Responsible Party Doctrine) 등의 이론은 유권자는 집권당의 성과에 대하여 선거를 통하여 평가한다고 주장하며, 이러한 집권당의 성과에 대한 주요 지표로 경제적 상황을 제시하였다. 즉, 유권자는 현재 자신의 가계경제(pocketbook voting)나 국가 전반의 경제현황 (socioeconomic voting)이 이전 선거의 상황보다 나아졌다면, 집권당에 대한 보상으로서 선거에서 표를 지원하고, 가계경제나 실물경제가 나빠질 경우 그에 대한 책임으로서 야당을 지지한다는 논리이다. 또한, 선거결과는 물론, 선거예측을 위한 중요 변수로서 경제는 많은 실증문헌을 통하여 활용되어 왔다.

이 절을 다루는 데 있어서 중간 선거를 설명한 기존의 이론이나 통계모형을 배제하고, 2010년 미국 중간선거 이후 실시된 출구조사 자료의 관련 항목을 중심으로 미국 경제의 현재와 금번 중간선거의 결과와의 관계를 유추하고, 함의를 논해보기로 한다. 여기엔 두 가지 이유가 있다. 먼저 각종 경제지표와 금번 중간선거의 결과와의 인과 혹은 상관관계를 설명할 수 있는 구체적인 자료가 현재의 시점에서는 수집이 가능하지 않다는 점이다. 미국 선거에 대한 심층설문자료로는 미국선거연구(American National Election Study)자료가 있으나, 이러한 자료는 중간선거가 끝난 지 넉 달이 좀 넘은 현 시점에서는 접근이 가능하지 않다.

언론사의 출구조사의 경우도 설문문항과 그 결과에 대한 요약문 정도가 제공될 뿐 원 데이터의 해제는 대부분 늦어지게 된다.

두 번째로 본 에세이는 '경제 혹은 경제인식이 유권자의 투표 결정에 영향을 어떻게 주는가?'라는 일반적 가설을 검증하는 데 관심을 두고 있지 않다는 점이다. 기존의 많은 중간선거 연구는 중간선거 결과 및 경제 · 대통령 지지율 등의 시계열 자료를 수집하여 이를 관측치의 하나로 활용하여, 통계분석을 수행하였으며, 이러한 모델은 2010년 특정선거에 대한 경제의 영향을 보여주기 보다는, 그간의 선거결과를 종합하였을 때, 경제 사안은 중간선거에 어떻게 영향을 주는가? 하는 일반적 연구 질문에 보다 적합하다. 본 연구에세이는 분석의 정확성과 신뢰도의 손실은 감수하더라도, 출구조사의 다양한 문항에 대한 집합적 자료에 대한 기술 분석을 통해 접근하는 방법을 택한다. 그편이 해석의 폭이나 함의의 도출에 있어 보다 자유로운 추론을 허용하게 된다.

〈표 1〉과 〈표 2〉는 미국 ABC, CBS, NBC, Fox의 4대 공중파 방송사와 뉴스채널 CNN, AP 통신이 공동으로 수행한 출구 조사 중 2010년 중간선거의 함의와 경제이슈의 영향을 가장 잘 추론할 수 있는 항목을 중심으로 그 결과를 정리한 것이다. 2010년 출구조사는 선거일 당일 26개 주의 투표소에서 실시되었고, 총 17,465명이 응답하였다.

먼저 유효응답자 16,758명 중 자신을 민주당원으로 간주하는 사람의 비중이 35%, 공화당원으로 간주하는 응답자가 35%로 정당일체감에서는 거의 비슷한 비중을 보였다. 일반적인 예측과 다르지 않게 자신을 민주당원으로 간주한 응답자 중 91%가 2010년 중간선거에서 민주당 후보를, 공화당원의 94%가 공화당 후보에 투표하였다. 전체 응답자의 29%의 비중을 차지한 무당파 층의 투표는 보다 관심을 모은다. 무당파 층의 56%가 2010년 선거에서 공화당 후보를, 37%가 민주당 후보를 지지하였으며, 이는 중간선거에서 공화당에 대한 무당파 유권자의 상대적 쏠림현상이 발현된 것이다.

두 번째 질문인 2008년 대통령 지지후보 질문 역시, 대선과 중간선거

〈표 1〉 2010 미국 중간선거 출구조사 결과: General

Q1) 2010 중간선거에 투표가 어떠했든, 응답자는 자신의 소속정당을?	전체응답자 (%)	2010년 중간선거 지지정당 (%)	
		민주당	공화당
민주당원	35	91	7
공화당원	35	5	94
무당파 혹은 기타	29	37	56
Q2) 2008년 대통령 선거에서 어느 후보에 투표했습니까?	**전체응답자 (%)**	**2010년 중간선거 지지정당 (%)**	
		민주당	공화당
오바마	45	84	14
매케인	45	7	91
기타 후보	4	33	58
투표 안 함	4	39	59
Q3) 연방정부의 업무수행에 대해 당신의 평가는?	**전체응답자 (%)**	**2010년 중간선거 지지정당 (%)**	
		민주당	공화당
긍정적	25	81	16
부정적	73	32	65
Q4) 미국이 직면하고 있는 문제 중 가장 중요한 이슈는 (4개 중 선택)	**전체응답자 (%)**	**2010년 중간선거 지지정당 (%)**	
		민주당	공화당
아프가니스탄 전쟁	7	58	40
건강보험 (Health Care)	18	51	47
경 제	63	43	54
불법이민 (Illegal Immigration)	8	26	68
Q5) 오늘날 미국은?	**전체응답자 (%)**	**2010년 중간선거 지지정당 (%)**	
		민주당	공화당
옳은 방향으로 나아가고 있다	34	82	16
심각하게 잘못된 방향으로 가고 있다	61	22	76

자료: ABC, NBC, CBS, FOX, CNN, AP 공동 출구조사: 2010 중간선거

사이의 선호의 변화를 살펴보기 위한 바로미터로서 생각해 볼 수 있다. 전체 응답자 중 오바마에 투표한 응답자의 비중과 매케인을 지지한 응답자의 비중이 거의 동일하게 나타나는 점은 여러 오차를 감안하더라도 금번 중간선거에 대선 오바마 지지자 및 민주당 지지층의 동원의 힘이 약하게 작용하였음을 짐작할 수 있게 한다. 2008년 11월 4일 실시된 미국 대선에서 오바마와 매케인 후보의 격차는 상당히 벌어졌었다. 선거인단 수로는 오바마가 365명, 매케인이 173명으로 약 2.1: 1의 격차가, 후보자별 득표율에서는 오바마가 69,456,897표(52.9%), 매케인이 59,934,814표(45.7%)로 7.3%의 차이를 보였었다.[13] 이 항목에서도 2008년 오바마 지지자 중 81%가 금번 중간선거에서 민주당을, 매케인 지지자의 91%가 공화당을 선택하였다. 매케인 지지자 중 이탈 비중 (9%)이 오바마 지지자의 이탈(19%)보다 훨씬 적었다는 점은 언급될 필요가 있다.

연방정부의 업무수행에 대한 유권자의 평가는 약 25%만이 긍정적인 평가를, 절대다수인 73%가 부정적인 시각을 견지함으로써 연방정부에 대한 뿌리 깊은 불신은 물론, 현 워싱턴 정치에 대한 불만족을 가감 없이 드러내었다. 〈표 1〉에는 포함하지 않았으나, 유권자들은 오바마 대통령의 직무수행에 대해 44%만이 긍정적으로 평가하고, (현 민주당 주도의) 연방의회의 직무수행 전반에 대해서는 23%만이 긍정적으로 보는 등 현 워싱턴 정가에 대한 유권자의 불만이 상당히 큰 것으로 나타났다. Q5) 항목에서 61%의 응답자가 오늘날 미국이 심각하게 잘못된 방향으로 가고 있다(this country today are seriously off on the wrong track)라고 평가한 점까지 종합해 볼 경우, 유권자는 현재의 상황에서 '변화를 바라고 있고' 이러한 변화에 대한 요구가 선거를 통해 표출된 것으로 해석할 수 있다. 따라서 공화당의 금번 중간선거 압승은 마치 '완성된 시나리오'처럼 충분히 예측 가능하였던 것으로 보인다.

---

13) CNN 'America's Choice 2008' (www.cnn.com/politics) 참조.

미국 유권자들은 어떠한 이슈를 가장 중요하게 간주하였는가? 아프가니스탄 전쟁, 건강보험, 경제, 불법이민 중 미국이 직면하고 있는 가장 중요한 이슈로 유권자가 생각하고 있는 것은 역시 경제문제였다. 전체 응답자의 63%가 경제문제를 선택하였고, 건강보험이 18%, 불법이민이 8%, 아프가니스탄 전쟁이 7%로 그 뒤를 이었다. 이 중 아프가니스탄 전쟁과 건강보험을 꼽은 응답자의 절반 이상은 금번 중간선거에서 민주당을 지지한 것으로 나타났으며 (58%, 51%), 경제와 불법이민이 가장 중요한 이슈라 답한 응답자의 절반 이상이 공화당에 표를 던진 것으로 나타났다. 이는 다음의 두 가지 해석을 가능하게 한다. 먼저, 개별 이슈에서의 오바마 대통령과 의회 민주당 지도부에 대한 성과를 보는 정파별 시각이 드러났다고 생각할 수 있다. 민주당 지지층은 아프가니스탄 전쟁과 건강보험의 법제화를 현 정부의 중요한 성취로 보는 반면, 공화당 지지층은 미국이 처한 경제적 어려움과 불법이민 문제를 둘러싼 오바마 정부의 대응에 대해 불만족을 표시하고 있다는 것이다. 또 다른 해석은 오바마 정부의 개별 이슈에 대한 성과야 어쨌든 정파별 지지층 별로 자신의 기준을 통해 오바마 정부를 평가하고 있다는 것이다. 어떠한 해석이 옳든, 아니면 다른 해석이 가능하든 간에, 2010 중간 선거를 지배한 담론은 '경제'임이 여실히 드러난다.

〈표 2〉는 출구 조사 항목들 가운데 유권자의 경제 문제에 대한 태도를 살펴볼 수 있는 내용들을 정리한 것이다. Q1)의 항목은 '오바마 정부가 출범한 2008년에 비해 현재 응답자의 살림살이가 나아졌는지에 대한 인식을 묻는다. 전체 응답자의 41%가 2년 전에 비해 살림살이가 나빠졌다고 인식하고 있으며, 가계가 그다지 달라지지 않았다는 응답도 43%, 오히려 좋아졌다는 응답도 15%나 되었다. 좀 더 자세히 들여다보면, 가구의 살림살이가 나빠졌다는 응답자의 61%가 야당인 공화당을, 가구 살림살이가 오히려 좋아졌다는 응답자의 60%가 여당인 민주당을 지지한 경향이 나타났다. 또한 가계 경제가 2년 전에 비해 그다지 달라지지 않았다고 대답한 유권자 층에선 지지정당의 쏠림이 의미 있게 나

〈표 2〉 2010 미국 중간선거 출구조사 결과: Economic Issues

Q1) 2년 전에 비해 응답자 가구의 현재 경제적 상황은 어떻습니까?	전체응답자 (%)	2010년 중간선거 지지정당 구분(%)	
		민주당	공화당
좋아졌다	15	60	37
나빠졌다	41	35	61
그다지 달라지지 않았다	43	49	48
Q2) 현재의 미국경제의 상태는 어떻다고 생각하십니까?	전체응답자 (%)	2010년 중간선거 지지정당 구분(%)	
		민주당	공화당
매우 좋다 (Excellent)	1	-	-
좋다 (Good)	9	78	20
좋지 않다 (Not so good)	53	50	47
어렵다 (Poor)	37	28	68
Q3) 현재까지, 경제부양책은?	전체응답자 (%)	2010년 중간선거 지지정당 구분(%)	
		민주당	공화당
경제회복에 도움이 되었다	32	86	13
경제를 악화시켰다	34	10	87
별 효과를 거두지 못했다	31	39	57
Q4) 현재 미국경제의 어려움에 대해 비난을 받아야 할 사람은 누구?	전체응답자 (%)	2010년 중간선거 지지정당 구분(%)	
		민주당	공화당
월스트리트 은행 · 투자가들	35	41	57
조지 W. 부시 대통령	29	83	15
버락 오바마 대통령	24	6	91
Q5) 2010 중간선거 후 등장할 연방의회의 직무 중 가장 중요한 것은 (경제관련)?	전체응답자 (%)	2010년 중간선거 지지정당 구분(%)	
		민주당	공화당
세제 감면	18	26	71
재정적자 감소	40	32	65
일자리 창출을 위한 재정지출	37	68	30

Q6) 앞으로의 미국 경제의 방향에 대해 얼마나 걱정하십니까?	전체응답자 (%)	2010년 중간선거 지지정당 구분(%)	
		민주당	공화당
걱정한다	86	39	57
걱정하지 않는다	13	79	19

Q7) 다음 세대의 미국인의 삶은 어떠할까요?	전체응답자 (%)	2010년 중간선거 지지정당 구분(%))	
		민주당	공화당
지금보다 나은 삶을 영위할 것이다	32	60	39
지금보다 어려운 삶을 영위할 것이다	39	33	64
지금과 별 차이 없을 것이다	26	52	45

자료: ABC, NBC, CBS, FOX, CNN, AP 공동 출구조사: 2010 중간선거

타나지 않았다. 비록 단순교차분석(cross-tabulation)의 한계가 있기는 해도, 대통령 · 집권당에 대한 평가와 경제적 상황을 전제한 책임정당론의 주장에 힘이 실리는 결과이기도 하다.

현재의 미국경제의 상태가 좋지 않거나 어렵다고 평가한 응답자가 90%에 달한다. 경제상황이 어렵다고 평가한 유권자 층에서는 공화당의 지지가 확연히 높게 나타났고(68%), 경제가 '좋지 않다'고 한 유권자 층에서는 큰 차이는 아니지만 민주당 지지가 약 3%정도 높게 나타났다(50% 대 47%). 여기서 흥미로운 질문은 경제상황에 대한 인식이 정당지지로 이어졌는지, 아니면 정당에 대한 지지가 경제상황에 대한 인식을 형성했는지에 대한 것이다. 다시 말하면, 현재의 미국경제 전반의 상태가 어렵다고 판단하였기에 공화당에 대한 지지경향으로 이어졌는지, 아니면, 공화당에 대한 지지가 굳은 상황에서 현 상황을 민주당 지지자들에 비해 훨씬 나쁘게 인식하는지의 여부이다. 특히 후자의 경우 중간선거에서 민주당원의 상당수가 현 미국의 경제상황을 '어렵다'기 보다는 그보다는 좀 덜한 '좋지 않다,' 심지어 '좋다'라고까지 평가하고 있다는 점에서 두드러진다.

오바마 정부의 경제부양책의 전반적 효과에 대한 유권자의 평가는

그다지 긍정적이지 못하다. 2008년 금융위기로 심각한 타격을 입은 미국경제를 회생시키기 위해 오바마 정부는 1차로 8,000억 달러에 이르는 경기부양책을 시행하였으며, 2010년 중간 선거를 앞두고 재정지출과 투자 감세의 병행을 내용으로 하는 총 3,500억 달러 규모의 2차 부양책 카드를 꺼내들었다. 오바마의 경기부양책에 대한 미디어와 전문가의 평가는 대체로 호의적이다. 당장 일자리가 늘지 않아서 문제지 공황을 막았다는 면에서 "경기부양책과 구제금융 등 오바마 경제정책은 명백한 성공"으로 평한다.[14] 하지만 출구조사 결과는 경제회복에 도움이 되었다는 응답이 32%, 별 효과를 거두지 못했다는 응답이 31%, 오히려 경제를 악화시켰다는 평가도 34%에 이른다. 오바마의 경기부양책에 대한 부정적 평가는 65%에 달하고, 이렇게 응답한 유권자들 중 중간선거에서 공화당에 투표한 비중이 과반을 훨씬 넘었다. 전문가 · 미디어 집단과 미국 유권자들의 경기부양책의 효과에 대한 인식의 차는 어디에서 기인하는 것인가? 먼저 경기회복의 과실이 어떻게 분배되었는지에 대한 문제를 생각해 보아야 할 것이다. 대공황으로 치닫던 위기는 극복이 되었고, 월가는 활기를 되찾아 보너스 잔치를 벌이고 있는 반면, 실업률은 사상 최고치를 기록하고 있고, 그중 반절은 장기실업상태이다. 즉, 전반적인 경기는 회복기로 접어들었을지 몰라도, 빈부격차의 심화는 더욱더 가속되었고, 궁극적으로 대다수 유권자는 경기회복을 체감하지 못하는 상황을 문제로 제기할 수 있다.

또한 경기부양책이 '효과'에 대한 논의는 접어두고 유권자의 '상식'에 맞지 않았다는 점 또한 크게 작용하였을 것이다. 타임(Time)紙의 조 클라인(Joe Klein)은 2010 중간선거 민주당 패배의 이면에는 좋지 않은 경제상황은 물론, 금융위기를 극복하는 수단이 너무도 복잡해서 유권자의 직관과는 상반되었다고 지적한다. 금융위기를 초래한 주범인 금융기관들에 책임을 묻지 않고, 천문학적인 공적자금을 투입하여 회생

14) The Economist, *Angry America* (Oct. 30th- Nov. 5th, 2010).

시키는, 결국은 금융위기의 피해자인 일반 시민들의 희생을 담보로 하는 경기부양책은 유권자의 입장에서 받아들이기 쉽지 않은 방법이라는 것이다.[15] 이러한 미국인의 분노는 '현재 미국경제의 어려움에 대해 비난을 받아야 할 사람은 누구인지?'를 묻는 항목에서 여실히 드러난다. 월스트리트 은행·투자가들이 35%, 금융위기 당시 대통령이었던 조지 W. 부시가 29%로 지목을 받았지만, 금융위기를 초래한 것과는 아무런 관계가 없는 오바마 대통령을 지목한 응답자도 24%에 달하고, 이들 중 열에 아홉은 중간선거에서 공화당에 표를 던졌다.

출구조사를 통해서 나타난 미국인의 의식 가운데 더 큰 문제는 미국인들에게서 '미래에 대한 긍정적 인식'을 발견하기 어렵다는데 있다. 앞으로의 미국 경제의 방향에 대해 걱정하고 있는 응답자가 86%에 이르고, 다음 세대의 미국인의 삶에 대해서도 '지금보다 어려운 삶을 영위할 것이다(39%)'나 '지금과 별 차이 없을 것이다(26%)'는 대답이 주류를 이룬다. 즉 미국인들은 가까운 미래에 대한 불안은 물론, 먼 미래에 대해서도 회의적인 시각을 견지하고 있다. 오늘보다 나은 내일이 기다리고 있을 것이란 미국 특유의 '낙관주의,' 미국은 무한한 기회의 땅이라는 '아메리칸 드림'의 믿음도 여기서는 발견되지 않는다.

2. 2012년 전망: 경제는 오바마의 재선가도에 긍정적으로 작용할 것인가?

2012년 오바마 대통령의 재선가도에 경제는 어떠한 영향을 미칠 것인가? 중간선거 이후 최근의 경제지표는 미국경제가 다소 회복세에 들어섰음을 보여주고 있다. 먼저, 크리스마스에서 연말까지 이어진 미국 최고의 쇼핑기간동안 소비지출은 전년대비 5.5% 상승한 것으로 집계

---

15) Time, *Time to Start Over*- In the Arena (Nov. 15, 2010).

되었고, 이는 2005년 이후 최고의 상승률이다.[16] 2010년 11월을 기점으로 기존 주택판매와 신규주택 판매가 모두 전월대비 증가세로 돌아서면서 경기회복에 대한 기대가 생겨가고 있다. 소비부분의 회복세에 따라 2010년 GDP 성장률은 2.8%의 수준을 기록하였다.[17] 2011년 GDP 성장세는 4% 정도의 높은 수준을 기록할 것으로 전망된다.

하지만, 미국경제가 회복기로 접어들었음에도, 이러한 성장이 '고용 없는 성장'이란 점은 심각한 문제로 다가온다. 전문가들은 미국의 고용시장이 정상화되기까지는 앞으로도 4~5년이 걸릴 것으로 내다보고 있다.[18] 크루그먼(Krugman 2011)은 앞으로 2년간 미국경제가 GDP 4%의 높은 성장을 유지한다고 해도 실업률은 8~8.5%의 매우 높은 수준이 유지될 것으로 전망한다.[19] 그 셈법은 다음과 같다. 기본적으로 GDP가 매년 2.5%는 상승해야만 현재의 10% 실업률이 추가 상승하는 것을 막을 수 있다. 여기에 GDP의 2% 추가 상승에 따라 실업률은 1% 감소하는 경향이 있다. 미국이 선진국으로서는 매우 높은 수준인 GDP 4%대의 고성장을 2012년까지 지속한다고 가정하더라도, 2012년 실업률은 여전히 8~8.5%에 이른다.

문제는 이런 수준의 실업률도 만족스럽지 못한데, 이를 성취하기 위한 'GDP 4% 성장' 전제도 쉽지 않다는 것이다. 먼저 국내경기의 소비회복은 물가인상을 유발하기 쉽고, 이 경우 연방준비은행도 현재의 제로금리 기조를 유지하기 어렵다. 연방준비은행이 금리를 인상할 경우 갓 살아난 경기를 위축시킬 가능성도 농후하다.

무엇보다 미국의 현 실업률은 단순한 경기의 부침이 아닌 구조적인

---

16) "미국, 소비회복 신호…4%대 성장 예상" (YTN, 2011년 1월 3일).
17) "미국경기 회복되나, 소비심리 회복, 성장률 전망 상향" (헤럴드 경제, 2010년 12월 20일).
18) "[오바마 취임 2주년]②더블딥 피했지만 숙제는 남았다" (이데일리, 2011년 1월 18일).
19) "Deep hole economics" (by Paul Krugman, the International Herald Tribune, Jan. 4, 2011).

요인에 기인하고 있다. 라잔 (Rajan 2011)은 금융위기 이후 실업인구의 상당부분은 주택 · 건설부문 및 관련업종 종사자가 차지하고 있다는 점을 지적하고, 고용시장의 활성화가 간단치 않음을 강조한다.[20] 1997년~2006년의 10년여의 미국 GDP 상승분의 약 50%는 주택경기의 활황에 기대고 있었다. 이는 주택경기가 다시 주택경기버블의 최고점이었던 2006년 수준으로 활성화되거나, 혹은 신성장사업의 발굴을 통해 고용을 창출하지 못하면 현재의 실업률에는 급격한 변동이 없을 것이라는 어두운 전망을 던진다.

오바마의 시그네쳐(Signature) 사업인 건강보험개혁도 경기회복과 고용시장 정상화의 측면에서는 2012년 오바마의 재선에 호의적인 환경을 만들어 주지 못할 공산이 크다. 건강보험개혁안의 내용을 뜯어보면 50인 이상을 고용하고 있는 사업장의 경우 직원에게 건강보험의 제공을 의무화하고 있으며, 이를 어길 경우 직원 1인당 2,000불의 벌금을 지불해야 한다. 이는 사업장으로 하여금 신규인력을 확충하는 데 있어 또 하나의 부담으로 작용한다. 또한 미국 국민 모두에게 2014년까지 건강보험의 가입을 의무화하고, 이를 어길 경우 과세를 부담하게 함으로써, 가계는 건강보험가입을 위한 비용을 위하여 다른 부분의 지출을 줄이게 될 것이며 이는 가계소비의 축소로 나타날 수 있다. 선거공학의 측면에서도 건강보험개혁안이 오바마의 재선에 직접적인 도움이 될지는 미지수다. 오바마의 개혁으로 기존에 의료보험이 없던 3,200만 명의 미국인은 보험혜택을 얻겠지만, 이들 중 상당수는 교육과 임금수준에서 뒤처지는 차상위 계층이 대부분으로 투표에 그다지 적극적으로 참여하지 않는다. 오히려, 건강보험개혁의 정책대상은 이들이 아닌 진보적 유권자 층을 만족시키기 위한 것으로 보는 것이 적절하며, 건강보험개혁은 선거공학적 실리보다는 정치적 명분이 우선한 것이라 생각할 수 있

20) "The U.S. unemployment challenge" (by Raghuram Rajan; the Korea Joongang Daily, Jan. 11, 2011).

다.[21] 이러한 내용을 종합해 볼 때 미국의 빠른 회복세를 보인다고 하더라도 미 국민이 체감할 수 있는 수준의 회복까지는 상당한 시간이 소요될 것이며, 경제 그 자체로는 오바마의 2012년 재선가도에 크게 긍정적으로 작용하기는 어려울 것으로 전망된다.

2011년 1월 20일 제112대 미국하원은 건강보험개혁법 폐지안을 찬성 245, 반대 189로 통과시켰다. 물론 민주당이 상원 다수당을 유지하고 있고, 오바마가 거부권을 쥐고 있는 이상 금번 하원의 건강보험개혁법 폐지안 통과는 상징적인 의미 이상은 없다. 하지만, 공화당 하원은 예산안 편성권을 무기로 건강보험개혁안 관련 사업에 예산을 배정하지 않음으로서 건강보험개혁안의 시행을 무력화 할 것을 천명하고 있다. 따라서 2012년 의회선거 전까지 건강보험사업이 본격적인 시행이 이루어질 가능성을 낮은 편이긴 하다.

Ⅳ. 맺으며

2010 중간 선거는 대통령과 상원은 민주당이, 하원은 공화당이 장악한 전형적인 분점정부의 국면을 만들어 주었다. 이러한 상황에서 '향후 2년의 워싱턴 정치는 어떠한 모습으로 나타나게 될 것인가?' 라는 질문은 어쩌면 당연하다. 상당수의 정치평론가들은 2010년 중간선거를 1982년 레이건 1기 중간선거, 1994년 클린턴 1기 중간선거와 비교하고 있다. 오바마와 공화당 의회는 1982년 레이건-민주당 의회의 사례처

---

21) 이런 측면에서 오바마의 건강보험개혁은 1930년대의 금주법과 비슷하게 작용할 것으로 보인다. 메이휴(1974)는 금주법은 음주자를 갱생시키고자 하는 도덕적 법안이되, 정책에 따른 수혜자(음주자)와 정책대상 (북동부의 금욕적 진보주의자)이 달랐던 사례로 지적한다.

럼 이념적으로 분극화되어 팽팽한 대립의 길을 갈 것인가? 1994년 클린턴처럼 중도적인 입장을 취하며, 공화당 의회와 타협하는 길을 찾을 것인가? 중간선거 이후 지난 두 달간 워싱턴 정가를 살펴보면 앞으로의 워싱턴 정치에 대한 어느 정도의 실마리를 찾을 수 있다. 먼저 새 의회가 출범하기 전 열린 제111대 의회의 마지막 회기에서 2011년 잠정 예산안 중 '이어마크(Earmark),' 즉 선심성 지역예산을 거의 전액 삭감하였다. 이어마크는 의원들이 자신의 지역구에서 실시되는 도로 · 교량 · 공항 신설이나 상 · 하수도 체계개선 등의 특별사업에 정부예산을 배정하는 나눠먹기 행태의 하나로, 내년 예산안에 약 3만 9,294건, 1,310억 달러의 예산이 소요될 예정이었다. 공화당은 중간선거를 앞두고 '미국에의 서약(A Pledge to America)'라는 선거공약집에서 의회 내 이어마크를 없앨 것을 약속한 바 있으며, 하원 다수당 대표가 될 에릭 칸토(Eric Cantor) 또한 당선연설을 통해 가장 시급히 처리해야 할 사안으로 제시한 바가 있다. 레임덕(lame-duck) 회기이긴 하나 민주당 의회하에서 앞으로 등장할 공화당의 공약이 합의에 의해 이루어 졌다는 것은 의미 있다.

좀 더 극적인 변화는 지난 12월 5일 오바마와 공화당이 소위 '부시 감세안'을 전 소득계층에 2년 더 연장하는 데 합의한 것이다. 부시 감세의 철회는 오바마 대통령의 2008년 대선핵심공약의 하나였으며, 중간 선거를 앞두고 오바마와 민주당은 연 소득 $250,000 이하의 중산층 가계(총 인구의 98%)에 한하여 감세 혜택의 연장을, 공화당은 소득에 관계없는 전 가구에 대한 감세연장을 주장하며 격렬히 대립하였다. 의회의 레임덕 회기에서 민주당은 지난 12월 2일 오바마-민주당 안을 하원에서 통과시켰으나, 상원에서는 필리버스터(의사진행방해)에 대한 토론종결 정족수를 채우지 못하여 회기 내 통과가 불투명한 상황이었다. 부시 감세안은 한시적인 것으로 2011년 1월 전에 연장되지 않으면, 바로 전 계층의 세금인상으로 이어질 수 있는 오바마에게도, 공화당에게도 부담이 될 수밖에 없는 사안이었다. 오바마는 진보적 민주당의원의 반발을 무릅쓰고 공화당과 극적인 타협을 이루어 냈다. 부시 감세안을 소득에 관계없이 전 계층에 연장하되, 실업보험 기간을 13개월 연장하는 등 자신의 2009년 경기부양책(stimulus plan)의 조항 상당수를 맞바꾸는 타협안을 도출해냈다. 이후 이러한 오바마-공화당의 타협은 미국-러시아의 START 군축안의 상원 인준, 군대 내 동성애자 커밍아웃 금지법 폐지 등으로 이어졌다. 이는 향후 오바마 대통령이 공화당 의회를 맞아 어떠한 접근을 취할 지를 생각해 볼 수 있는 좋은 사례가 될 것이다.

'오바마의 2012년 대선 전망은 어떠할 것인가?' 2010년 인구통계조사에 따르면 민주당 텃밭인 뉴욕, 뉴저지, 매사추세츠, 펜실베이니아 등의 북동부 주는 물론 일리노이, 아이오와, 미시간, 미주리, 루이지애나 주는 인구감소로 인해 선거인단을 총 12석 상실하였다. 이에 반해 공화당은 텃밭인 텍사스에서 선거인단 4석을 비롯하여, 애리조나, 플로리다, 조지아, 네바다, 사우스캐롤라이나, 유타, 워싱턴 주 등에서 총 12명의 선거인단을 추가하였다. 이는 2008년 대선에서 오바마가 승리하였던 주에서 선거인단 12명을 빼서, 공화당의 매케인 후보가 승리했던 지역에 선거인단 12명을 더해준 것과 같은 격으로, 2012년 대선을 앞두고 오바마의 부담이 더욱 커짐을 의미한다.

하지만, 무엇보다 오바마가 재선 고지에 등정하기 위해 넘어야 할 가장 큰 산은 고용정상화와 경제회복 임에는 큰 이의가 없을 것이다. 남은 2년, 미국의 경제가 완연히 회복될 것인가? 오바마가 정치적으로 더욱 어려워진 상황에서 산적한 문제들을 공화당 의회와 함께 어떻게 해결해 나갈 것인가? 여러 어려움이 많겠지만, 오바마에게 긍정적인 신호도 적지 않다. 먼저, 공화당에 오바마에 대항할 만한 뚜렷한 후보군이 존재하지 않는다는 점이다. 또한, 전임 대통령들이 중간 선거 당시에 처한 상황들을 예로 보면 오바마가 처한 상황이 그렇게 절망적이지만은 않다. 레이건 대통령은 1982년 중간 선거를 앞둔 여론 조사에서 경제 분야에 대한 직무수행 지지율이 35%에 불과했다. 클린턴 또한 1994

년 경제 분야 직무수행 지지율은 39%였다. 두 대통령 모두 재선에 무난히 성공했다. 오바마의 경제 분야 직무수행 만족도는 38% (2010년 10월 기준). 물론, 중간선거 경제 분야 직무수행 지지율이 36%였고, 결국 재선에 실패한 조지 H. 부시 대통령의 경우도 있다.

참고문헌

서현진 외. 2003. 『미국 의회선거의 변화와 지속성: 2002년 중간선거 분석』. 서울: 도서출판 오름.

메이휴, 데이비드. 1974. 『의회: 선거커넥션』. 서울: 동국대학교 출판부.

Abramowitz, Alan I., Albert D. Cover, and Helmut Norpoth. 1986. "The President's Party in Midterm Elections: Going from Bad to Worse." *American Journal of Political Science* 30: 562-76.

Born, Richard. 1986. "Strategic Politicians and Unresponsive Voters." *American Political Science Review* 80: 599-612.

Campbell, Angus. 1966. "Surge and Decline: A Study of Electoral Change." In Angus Campbell, Philip E. Converse, Warren E. Miller, and Donald E. Stokes, eds. *Elections and the Political Order*. New York: Wiley.

Campbell, James E. 1985. "Explaining Presidential Losses in Midterm Congressional Elections." *Journal of Politics* 47: 1140-57.

Erikson, Robert E. 1988. "The Puzzel of Midterm Loss." *The Journal of Politics* 60: 1011-1029.

Hibbs, Douglas A. Jr. 1982. "President Reagan's Mandate from 1980 Elections: A Shift to the Right?" *American Politics Quarterly* 10: 387-420.

Kiewiet, D. Roderick, and Douglas Rivers. 1985. "A Retrospective on Retrospective Voting." In Heinz Eulau and Michael Lewis-Beck, eds. *Economic Conditions and Electoral Outcomes*. New York: Agathon Press.

Kernell, Samuel. 1977. "Presidential Popularity and Negative Voting." *American Political Sciencc Rcview* 71: 44-66.

Lewis-Beck, Michael S., and Tom W. Rice. 1984. "Forecasting U. S. House Elections." *Legislative Studies Quarterly* 9: 475-86.

Tufte, Edward R. 1975. "Determinants of the Outcomes of Midterm

Congressional Elections." *American Political Science Review* 69: 812-26.

______. 1978. *Political Control of the Economy*. Princeton: Princeton University Press.

Bureau of Labor Statistics.

ABC News. Exit Polls.

Economy Insight. 2010. 10.

The Economist. Angry America. Oct. 30th-Nov.5, 2010.

The New York Times & CBS News Poll. Sept. 10-14, 2010.

The Time. Nov. 15, 2010.

| 제7장 |

의료보험개혁, 이민 규제, 그리고 2010 미국 중간선거

이소영 | 대구대학교 국제관계학과
이옥연 | 서울대학교 정치외교학부

I. 들어가는 말

미국의 건국 이래 의료보험과 이민법 개혁처럼 장기간에 걸쳐 정치 무대에 빈번하게 등장한 이슈도 드물다. 특히 사회 및 사회복지, 경제, 또는 문화 정책과 연계해서 정치적 파장이 큰 이슈로서 정부, 구체적으로 연방정부의 역할을 둘러싼 논쟁 중에 의료보험과 이민법 개혁이 핵심에 자리 잡고 있다. 전자의 경우에는 의료보험개혁의 적절한 주체가 연방정부인지 아니면 기업과 소비자를 포함한 사적 경제 분야인지 여부가 주요 논지인데 비해, 후자의 경우에는 이민 문제의 적절한 책임소재지가 연방정부인지 아니면 주 정부인지 여부가 주요 관건이었다. 결과적으로 의료보험과 이민법 개혁은 그 자체로서 2010년 중간선거에 영향을 끼친 동시에 연방정부의 역할에 대한 논의로 재포장되어 유권자에게 다가왔다는 공통점을 지닌다고 볼 수 있다.

2010년 미국 중간선거는 오바마 행정부의 경제정책 수행능력에 대한 중간평가적 성격이 뚜렷하게 나타났지만 이와 더불어 의료보험개혁 이슈 또한 유권자들의 투표 선택에 간과할 수 없는 영향을 미쳤다. 중간선거에서 사회적 이슈는 현직자 효과나 정당일체감, 또는 경제정책 수행능력에 기반한 대통령의 인기도 등에 비해 유권자들의 투표결정에 미치는 영향이 상대적으로 미미한 것이 일반적이지만, 100여 년의 논쟁 끝에 개혁을 이루어낸 의료보험 이슈는 2009년과 2010년 미국 사회를 흔든 가장 큰 이슈 중 하나였던 만큼 그 개혁과정에서 이미 의료보험 이슈가 중간선거에 어떠한 영향을 미칠 것인지에 미디어와 분석가들의 관심이 집중되었다.

연방 선거 의제로 표면에 부상한 의료보험개혁보다 상대적으로 적은 관심을 끌었지만, 이민 문제는 미국의 국경통제 및 국가 정체성 문제와 결부되어 2010년 중간선거에서 연방정부의 집권당인 민주당과 특히 행정부 수장인 오바마 대통령에 대한 중간평가의 한 준거가 되었다. 무엇보다 연방정부의 적절한 지출 수준에 관한 유권자들의 평가가 경제정책 수행능력과 밀접하게 연계되어 집권당인 민주당에게는 커다란 압박으로 다가왔다. 나아가 이러한 압박은 국가 정체성 문제로 불거지면서 커다란 파장을 일으킨 티파티(Tea Party) 운동을 중심으로 주 정부와 그 이하 지방 단계에서 연방정부의 이민규제에 대한 정당성에 회의적으로 도전하는 양상으로 구체화되어 나타났다.

이 장에서는 2009년과 2010년을 관통하여 미국사회에서 핵심적인 이슈였던 의료보험개혁과 그보다는 파급효과가 적었으나 역시 미국사회의 근간을 뒤흔든 이민 규제 문제와 관련하여, 미국의 유권자들을 찬반으로 나눈 가장 핵심적인 문제가 무엇이었으며, 그에 따라 형성된 여론이 이번 중간선거에 어떠한 영향을 미쳤고 또 어떠한 식으로 반영되었는지, 그리고 왜 그러한 반응이 나타났는지 살펴보고자 한다. 이어 2012년 대선에서도 의료보험과 이민법 개혁이 지속적으로 정치적 파급효과를 지닐지 여부에 대해 전망하며 결론을 맺고자 한다.

II. 의료보험개혁과 2010 미국 중간선거

1. 미국 의료보험개혁의 핵심 이슈

의료보험개혁을 둘러싼 논쟁은 건국 당시부터 이어져온 미국의 정치 전통과 관련되어 있다. 주지하듯이 미국의 건국은 연방주의자와 반연방주의자 간의 갈등과 타협의 결과물이다. 연방주의자와 반연방주의자 간 논쟁에서 핵심적 이슈는 중앙 정부에 얼마만큼의 권력을 부여하느냐의 문제였다. 미국은 13개 국가들(states)의 연합체로서 느슨한 회의조직을 구성하고 있던 연맹체제로부터 국가적 문제를 해결할 수 있는 보다 강력한 중앙정부를 가진 연방체제로 변모하였다. 이 과정에서 강력한 중앙정부를 원했던 연방주의자들과 개별 국가들의 자율성이 최대한 인정되는 방식의 정부형태를 원했던 반연방주의자들 간의 격렬한 논쟁이 있었으며, 결국은 국민에 대해 직접적 권한을 행사하는 국민정부적 성격과 동시에 각 주의 권리를 일정부분 인정하는 연맹정부의 성격을 함께 띠고 있는 절충형 정부가 탄생하였다(미국정치연구회 2008, 71).

이 연방체제하에서 가장 중요한 문제는 권력의 집중을 막아 미국민이 예전 영국에서 경험하였던 것과 같은 전횡적 권력을 방지하는 것이었다. 이러한 정부 권력의 제한, 국가 개입의 최소화는 미국 자유주의의 핵심 요소를 형성하였으며, 미국 체제의 지속성과 사회 안정성의 기반이 되어 오늘날까지 이어져 오고 있다. 국가의 시장 규제의 증대와 복지국가 체제를 특징으로 하는 현대 국가의 등장과 함께 미국 정부의 권력 또한 과거에 비해 매우 강화된 것이 사실이지만 여전히 제한정부론을 기반으로 하는 고전적 자유주의는 미국사회의 핵심적 정치 이념을 형성하고 있다. 특히, 이 제한적 정부론, 혹은 국가개입의 최소화는 미국 정치전통의 기반을 이루고 있으면서 동시에 현대 미국 보수주의의의 핵심적 가치로서, 뉴딜 시대 등을 거치면서 국가의 사회적 서비스와 경제 영역에서의 국가 개입에 대한 목소리를 높여온 현대 미국의 자유주의 가치와 대비되고 있다(O'Connor et al. 2004, 22-23). 2004년과 2008년 미국선거연구(National Election Studies) 응답자들의 평균으로 가늠한 미국 유권자들의 이념 수준은 보수주의(35%)-중도(41%)-자유주의(24%)로 스스로를 자유주의자로 응답한 사람들보다 자신을 보수주의로 규정하는 응답자들이 훨씬 많음을 알 수 있다(Campbell 2010). 이러한 이념적 스펙트럼하에서 기존에 사적 영역이 주도하던 의료보험을 국가주도로 바꾸려는 개혁은 1935년 루스벨트 대통령 시기에 본격적으로 논의된 이래 트루먼, 존슨, 케네디, 보다 최근에는 클린턴 대통령에 의해 지속적으로 시도되었지만, 국가의 권한 확대를 두려워하는 미국 국민의 전통적 정서 및 보수주의적 정서에 반하면서 오랜 기간 동안 실현되지 못했다. 사딘(Saldin 2010)은 지금까지 미국에서의 의료보험 개혁의 실패 원인이 정부의 역할을 확대하는 방향으로 개혁이 시도된 데 있다고 보고 오바마식 의료보험개혁을 지지하는 사람들은 이러한 (이념적 혹은 정책적) 유산을 이해하지 못한 이들이었다고 평가하고 있다.

마찬가지로 스톤캐쉬(Stonecash 2010) 또한 오바마와 민주당이 직면한 가장 근본적인 문제는 모든 사람이 보험혜택을 받는 데에 있어 정부가 그 역할을 맡게 된다는 데에 있다고 지적하고 있다. 예를 들어, 보수주의자들은 모든 사람이 보험혜택을 받는 것에는 동의하더라도 정부의 역할이 증대된다는 것에는 결코 동의할 수 없을 것이라는 지적이다.

이와 더불어 사딘(2010)이 지적하듯이, 미국 국민들은 일반적으로 그 함의가 불확실한 새로운 정책의 경우에는 변화 대신 현상유지(status quo)를 더 선호하는 경향이 있음에도 주목할 필요가 있다. 이는 정치, 경제, 사회 모든 부문에서 전횡없이 안정과 지속성을 지향하는 미국적 전통의 일면이기도 하다.

이렇게 미국인의 정치 전통을 관통하는 이념적 이슈와 관련이 되는 의료보험개혁 문제는 2009년과 2010년 미국사회를 뜨겁게 달군 중심적인 이슈였다. 1년여 동안의 격렬한 논쟁 과정에서 보여진 개혁 지지세력과 반대세력 간의 정치적 충돌과 갈등, 그리고 개혁법안 통과 후 공화당과 반대세력들의 법안폐기 운동과 정부의 개혁 실행 과정은 중간선거에서의 미국 유권자들의 선택에 상당한 영향을 끼친 것으로 평가된다.

2. 2009~2010 의료보험개혁 개요[1]

이번 의료보험개혁은 클린턴 행정부 시절과는 달리 의료보험 업계 대표들을 협상테이블로 부르면서 시작되어 개혁의 필요성에 대한 사회적 합의에 어느 정도 도달한 후에 본격적으로 추진되었다. 그러나 개혁이 진행되면서 공화당과 보험업계, 이익단체 및 민주당내 보수세력의 강한 반대에 부딪히며 법안의 세부항목들을 수없이 수정해 나가야 했다. 2009년 11월 7일 미 하원은 개혁법안을 220 대 215로 통과시켰고, 12월 24일에는 상원이 또다른 버전의 법안을 60 대 39로 통과시켰다.

이후 하원과 상원의 통합 법안이 논의되는 과정에서 실시된 매사추세츠 특별선거[2]에서 민주당은 상원의 한 의석을 잃어 공화당의 의사진행방해(filibuster)를 막을 인원(60명)의 확보에 위협을 받게 되었고, 하원에서도 중도-보수 민주당 의원들의 지지를 확보하기 힘들어지자 전략적 고민에 빠지게 되었으며. 결국 오바마는 매우 중도적이고 온건한 법안을 제안하였다. 계속되는 설득과 법안수정을 거쳐 마침내 통합법

1) 이소영 2010, 106-107 참조.

2) 하원과 상원의 통합 법안 논의과정에서 강력한 의료보험개혁 지지자였던 케네디 상원의원이 죽고 그를 대체할 의원을 선출하기 위해 2010년 1월 전통적으로 민주당 텃밭인 매사추세츠 주에서 실시된 특별선거로서, 선거 결과 공화당의 스콧 브라운(Scott Brown)이 당선되었다.

안이 2010년 3월 21일 219 대 212의 투표로 하원을 통과하였고 이어 상원을 56 대 43으로 통과하였다.

이번 법안의 주요 내용은 다음과 같다.

1) 3,200만 명이 추가로 의료보험 혜택을 받게됨으로써 대부분(95%)의 미국인들이 의료보험혜택을 받을 수 있게 되었다.
2) 의료보험 가입을 의무화하고 이를 위반시 벌금을 부과한다. 특히 25일 이상 직원을 둔 기업이 의료보험을 제공하지 않을 시에는 직원 1인당 750달러의 과징금을 부과한다.
3) 빈민의료보험(Medicaid)의 수혜자가 추가로 1,600만 명 더 늘어나게 되었다.
4) 고소득층에 대해 부과세를 징수하고 저소득층 및 중산층의 민간보험 구입에 대해서는 보조금을 지급한다.
5) 기존 병력 때문에 보험회사들이 보험 구입 및 혜택을 거부하지 못하도록 하였다.
6) 부양자녀들은 26세까지 부모보험의 커버를 받을 수 있다.
7) 향후 10년간 약 9,380억 달러의 정부예산이 소요되게 되며, 이는 미국의회예산국(Congressional Budget Office)에 의하면 향후 10년 동안 정부 적자를 약 1,380억 달러 절감하는 효과를 낼 것이다.

3. 미국 의료보험개혁 과정과 여론

1) 초기의 지지여론에서 반대여론으로

오바마 대통령은 대선 캠페인을 통해 의료보험 개혁의 필요성을 이슈화하는 데 성공하였고, 대통령에 취임한 후에 본격적으로 의료보험업계 및 이익단체와의 토론, 연설, 전국 순회 포럼 등을 통해 개혁지지 여론을 형성하였다. 그리고 상원의 건강, 교육, 노동, 연금 위원회

(Health, Education, Labor and Pensions Committee)는 7월 15일에 하나의 개혁 법안을 통과시키는 데 성공하였다.

하지만 2009년 8월 의회의 휴회기간 동안 보수주의자들과 이익집단들, 그리고 보험회사들의 강력한 반대와 항의시위 등으로 인해 백악관과 민주당은 논쟁의 주도권을 놓치게 되었다. 2009년 여름 미국 전역은 의료 전쟁, 또는 타운 홀 전쟁이라고 명명될 수 있을 정도로 많은 시위와 타운홀 미팅이 열렸다. 그 중에서도 개혁 반대 그룹의 타운홀 미팅이 전국적으로 불붙듯이 이어서 전개되었는데, 이러한 미팅을 통해 반대 그룹들은 오바마를 나치에 비유하기도 하고 사회주의자로 비난하기도 하였다. 그 결과 2009년 여름을 지나면서 개혁안에 대한 반대여론이 급격히 증가하였다(이소영 2010, 108-109).

2009년 6월에 실시된 여론조사에서는 64%의 응답자가 미국 정부가 미국민 전체의 의료보험을 보장하는 것이 좋다고 응답했지만, 9월에 실시된 같은 여론조사에서는 그 비율이 51%로 낮아졌다(CBS News/New York Times poll, Brady and Kessler 2009에서 재인용). 비슷한 시기에 실시된 갤럽 조사에서는 "모든 미국인이 의료보험을 가지게 하는데 대한 일차적 책임이 정부에 있다고 생각하는가 아니면 각 개인에게 있다고 생각하는가"라는 질문에 대해 61%나 되는 응답자들이 각 개인에 있다고 대답했으며 37%만이 정부에 책임이 있다고 응답한 것으로 나타났다. 공화당 지지자 중에서는 89%, 무당파 중에서는 64%가 의료보험의 개인적 책임을 주장했고, 특히 민주당 지지자 중에서도 35%나 되는 응답자들이 의료보험을 개인이 책임져야 하는 것으로 믿고 있었다(USA Today/Gallup Poll, September 11-13, 2009).

2) 개혁반대 세력의 여론 조작

이러한 여론은 앞서 논의한 것처럼 정부 권력의 제한과 개인의 자유라는 미국의 정치 전통을 반영하고 있다고 볼 수 있다. 2009년 여름을 지나며 불붙은 개혁반대세력의 강력한 반대 움직임은 이 이념적 기반

위에서 성공적으로 그 목적을 수행해 갔다. 특히 개혁반대세력은 작은 정부에 대한 믿음과 현상유지에 대한 선호라는 미국인의 특성과 미국인들의 가장 민감한 부분에 초점을 맞추면서 여론을 조작하는 데 성공하였다.

2009년 여름, 개혁반대세력이 강조한 중심적 이슈는 다음과 같다(이소영 2010, 109-113 참조).

① 오바마는 사회주의자

오바마와 민주당의 의료보험개혁안에 반대하는 이들은 〈글렌벡쇼〉나 〈러시림보쇼〉 등 보수적인 토크쇼를 통해 오바마를 국가중심주의자로, 사회주의자로, 심지어는 히틀러로 표현하면서 비난하고 엄청난 양의 TV 광고, 타운홀 미팅, 대규모 시위 등을 통해 여론의 주도권을 잡아가기 시작하였다. 이러한 비난은 미국인들이 전통적으로 가장 두려워하는 부분, 즉, 국가권력의 팽창에 대한 두려움을 크게 자극하면서 반대여론을 확장시켰다.

② You Can't Keep Your Health Plan

2009년 9월의 여론조사에 의하면, 의료보험을 가지고 있는 미국인 중 약 80%가 현재 보유하고 있는 의료보험의 질에 만족하고 있는 것으로 조사되었다(USA Today/Gallup poll, September 11-13, 2009, 이소영 2010에서 재인용). 이것은 대다수 미국인이 자신의 것을 잃지 않는 한에서만 의료보험개혁을 지지할 수 있을 것이라는 것을 나타낸다. 개혁반대세력은 다양한 경로를 통해 이번 개혁으로 국민들은 현재의 보험 플랜보다 훨씬 낮은 질의 보험 프로그램에 가입하게 될 것이라고 주장하였다. 그 결과, 8월 중순에 실시된 설문조사(Rasmussen Reports, August 13-14, 2009)에서 응답자의 43%만이 개혁 이후에도 현재의 보험 플랜을 유지할 수 있을 것이라고 믿는 것으로 나타났다.

③ 의료비용의 증대

같은 맥락에서 개혁반대세력은 이번 개혁으로 개인의 보험 비용이 증가할 것이며, 특히 중산층의 경우 세금으로 인한 의료비용의 증대가 가장 클 것이라고 주장하였다. 이는 저소득층과 중산층의 의료보험비용을 낮추게 되는 실제 개혁안과는 전혀 다른 주장이었음에도 불구하고, 이러한 주장은 개혁 추진세력에게는 매우 심각한 손실을 초래하는 것이었다. 개혁으로 인한 세금의 증가는 중앙정부의 힘을 강화하게 되는 결과를 의미하며, 보다 심각하게는 경제 이슈가 가장 핵심적 캠페인 이슈인 상황에서 개인의 비용 증가는 의료보험개혁이 미국인의 경제적 문제와 직접 연결되는 이슈가 된다는 것을 의미하는 것이었다. 2010년 3월에 실시된 조사에 의하면, 약 55%의 미국인들이 개혁으로 인해 개인의 의료보험 비용이 증가할 것이라고 믿고 있는 것으로 나타났다(USA Today/Gallup Poll, March 26-28, 2010, 이소영 2010, 112에서 재인용)

④ 재정적자의 확대

마찬가지로 개혁반대세력은 개혁의 결과 연방 재정 적자가 증대할 것이라고 지속적으로 주장하였다. 의회재정국(Congressional Finance Office)이 이번 개혁의 결과 향후 10년 동안 정부 재정 적자를 약 1380억 달러 절감하는 효과를 낼 것으로 전망했지만, 이를 믿는 미국인보다는 믿지 않는 미국인이 다수였다. 2010년 3월의 조사 결과에 의하면, 57%의 응답자들이 개혁안 통과로 인해 미국의 경제가 악화될 것이라고 믿는 것으로 나타났다(Rasmussen Reports, March 21, 2010, 이소영 2010, 112에서 재인용).

⑤ 죽음의 위원회(Death Panel)

이번 개혁안은 메디케어 혜택을 받고 있는 노인들이 원하는 경우에 5년 마다 노년기 연명 치료 방법에 대해 전문가(위원회)와 상담할 수 있도록 지원하는 내용을 담고 있는데, 반대세력에서는 이 조항이 노인들에게 안락사 하는 법이나 영양을 줄여가는 법 등에 대한 조언을 받을 것을 의무화하고 또 고액중증 환자들의 치료를 이 위원회가 막을 수 있게 하여 노인들의 생명을 줄이게 될 것이라고 주장하였다(Nyhan 2010, 8-10, 이소영 2010 참조). 이 주장은 매우 성공적으로 퍼져 나가 많은 미국인들이 개혁을 부정적으로 평가하게 하는 중요한 요인이 되었다. 2009년 9월의 조사에 의하면, 이러한 주장을 믿는 사람들이 응답자의 40% 이상이나 되는 것으로 나타났다(CNN/ORC Poll, September 11-13, 2009).

3) 개혁법안의 수정과 타협적 법안의 통과, 그리고 여론

개혁안에 대한 반대 여론이 거세지자 백악관은 우선적으로 개혁의 핵심적 조항인 공공보험(Public Option) 조항을 삭제할 의사가 있음을 발표하였다. 이 조항은 법안의 수정과정에서 많은 진통을 겪은 끝에 결국 삭제되었다. 공공보험 조항은 반대세력들이 가장 강력하게 반대해 온 조항이었지만, 2009년 11월 경에도 약 53%의 미국인의 지지를 얻고 있었던, 즉, 여론은 그다지 나쁘지 않은 조항이었다. 더구나 지지세력인 진보집단과 자유주의자들의 비난에 부딪히면서까지 오바마가 개혁의 핵심인 공공보험 조항을 포기한 이유는 무엇이었을까?

그것은 무엇보다도 정부가 운용하는 보험인 공공보험이야말로 의료보험에 국가가 직접 개입해서 운용 주체가 되는 형태로서 중앙정부 개입의 최소화를 주장하는 보수주의자들이 결코 받아들이기 힘든 조항이었기 때문일 것이다. 사실상 2009년 6월에 실시된 조사에 의하면, 72%나 되는 미국인들이 공공보험을 지지하고 있었다(New York Times/CBS Poll, June 12-16, 2009, 이소영 2010, 109에서 재인용). 하지만 개혁 반대세력과 보수주의자들은 이 조항에 대한 강력한 반대를 표명했고, 그 결과 공공보험에 대한 지지율이 현저하게 낮아졌던 것이다. 더구나 주로 보수적 지역이 지역구인 민주당 내 보수주의자들에게도 공공보험은 스스로도 받아들이기 힘들었을 뿐 아니라 현실적으로도 재선을 위협하는 조항이 될 수 있다는 판단 때문에 지지할 수 없는 조항이었다. 매사추세츠 특별선거에서의 패배로 민주당 내 불안감이 상승하면서 오바마는 보다 더 중도적이고 온건한 노선을 선택하지 않을 수 없었다.

개혁법안이 통과하기까지 법안은 수정에 수정이 거듭되었다. 특히, 민주당 상원은 매사추세츠 선거 패배로 공화당의 의사진행방해를 막을 수 있는 60석을 확보하기 위해 무소속의원이나 중도적 의원들 중 단 한 명의 이탈자도 있어서는 안되는 상황이었다. 오바마와 민주당 지도부는 이들 중도 성향의 의원들을 집중적인 협상의 대상으로 삼을 수밖에 없었고 이에 따라 상원의 법안은 이들의 선호가 많이 반영될 수밖에 없었다. 이 과정에서 개혁반대세력의 집중 포화를 받는 항목들은 삭제되거나 변경 · 조정되어 일차적으로 12월 24일 상원을 통과한 법안은 매우 중도적인 법안이 되었다.

하원의 민주당은 상원보다 이념적으로 더 이질적인 집단이었다. 특

〈그림 1〉 의료보험개혁법안 통과에 대한 여론

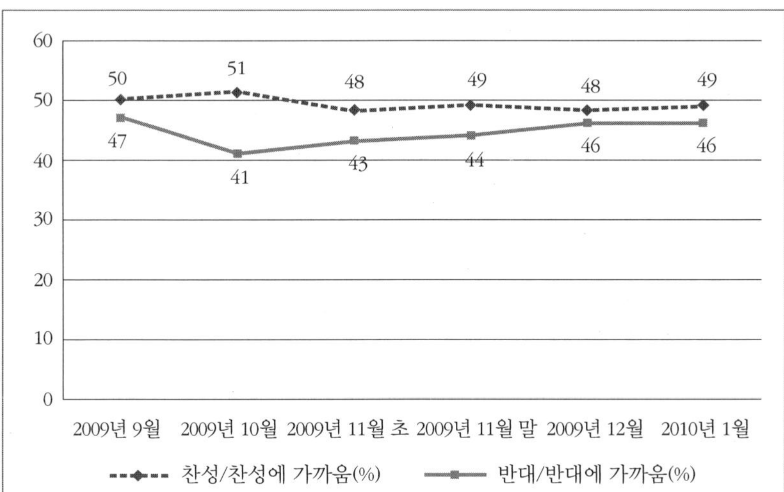

출처: Gallup Poll (January 12, 2010)

히, 중남부의 중도적 또는 보수적 민주당 의원들은 의료보험이 낙태를 커버하는 것을 강력히 반대하는 등 서부 및 동북부의 진보적 의원들과는 전혀 다른 성향을 보였다. 이들은 전통적으로 공화당에 대한 지지를 보여온 보수적인 지역을 지역구로 하고 있었던 만큼 개혁에 대한 여론이 다소 불리하게 전개되는 상황에서 개혁에 대한 지지가 재선에 불리하게 작용할 것을 염려하지 않을 수 없었다. 이 때문에 오바마와 민주당 지도부는 이들 중도-보수 성향의 민주당 의원들을 개별적으로 직접 설득하면서 동시에 개혁법안을 보다 온건하게 다듬어갈 수밖에 없었다. 이러한 개혁법안의 온건성은 역으로 개혁 자체를 지지하는 진보세력의 비판의 대상이 되었다.

개혁법 통과에 대해 많은 비판이 있었지만 한편으로 미국민들은 100여 년 간이나 끌어온 의료보험개혁이 다시 실패를 되풀이하지 않기를 바라는 마음이 컸던 것으로 보인다. 그 결과 과반수의 국민들이 어떤 식으로든 개혁안이 통과되기를 원했던 것으로 여론조사 결과들이 밝히고 있다. 〈그림 1〉에서 보여지듯이 갤럽조사 결과에 따르면, 개혁안이 통과하기 두 달 여 전 개혁안 통과에 대한 찬반을 묻는 질문에 대해 50% 정도의 응답자들이 찬성이나 찬성에 가깝다는 의견을 보였고 약 45%의 응답자들이 반대 또는 반대에 가깝다는 의견을 보였다. 또한 개혁안 통과 후 3월 26일 실시한 USA Today/Gallup Poll 또한 49%의 응답자들이 이번 개혁안 통과가 좋은 일(good thing)이라고 평가하고 있고 반면에 40%의 응답자들이 부정적인 답을 하고 있는 것을 보여주고 있다.

4. 의료보험개혁과 중간선거

중간선거를 앞두고 공화당과 반대세력은 개혁의 부당함과 부정적인 면을 부각시키는 데 많은 힘을 쏟았다. 오바마가 개혁법안에 사인을 한 직후 20개가 넘는 주들이 법안에 대한 소송을 제기하였다. 개혁법안에

〈표 1〉 의료보험개혁법안에 대한 찬반

(%)

2010년	매우 찬성	찬성	반대	매우 반대	모름/답변거절
4월 10일	23	23	10	30	14
5월 10일	14	27	12	32	14
6월 10일	20	28	16	25	10
7월 10일	21	29	10	25	14
8월 10일	19	24	13	32	12
9월 10일	19	30	15	25	11
10월 10일	18	24	15	29	15
11월 10일	19	23	12	28	18

출처: Kaiser Family Foundation Tracking Poll (November 2010)

대한 여론을 환기하기 위해 백악관이 다각도로 노력을 했지만 몇몇 정책의 실행과 책임자 임명이 현실화되면서 공화당의 반대 목소리는 더욱 높아졌다.

그러나 이러한 격렬한 반대에도 불구하고 법안 통과 후 각종 여론조사들은 의료보험개혁에 대해 그다지 부정적이지는 않은 것으로 나타났으며(〈표 1〉 참조), 그 결과 오바마 대통령은 중간선거를 앞두고도 다소 공격적으로 보일 정도로 개혁정책 수행을 위한 준비를 진행할 수 있었던 것으로 보인다(Iglehart 2010).

이러한 가운데 오바마는 개혁법안인 Affordable Care Act(ACA)의 보험조항을 9월부터 실행하기 위한 규정 및 규칙들을 발표하였고 이어 보건복지부(HSS) 장관인 세벨리우스(Sebelius)가 과거 병력에 의한 보험거부 불가 조항을 7월 1일부터 전국적으로 실행할 것을 공포하자 많은 주들이 반발하고 소송에 참여하는 주들이 늘어나는 사태가 발생하였다. 이러한 상황에서 중간선거를 앞두고 있는 민주당 소속 주지사들과 일부 민주당 의원들에게는 정치적 계산이 매우 어려운 과제였을 것이다(Iglehart 2010).

1) 중요한 것은 경제 이슈, 의료보험개혁은 미미한 영향?

〈표 1〉에서 보이듯이, 중간선거 전후에 실시된 여론조사에서는 의료보험개혁 찬반 유권자들이 거의 비슷한 비율로 양분되어 있음을 지속적으로 보여주었다. 이렇게 양분된 여론은 의료보험 개혁 이슈의 선거에의 영향력을 예측하거나 계산하기 어렵게 하는 요소였다. 공화당이 크게 부상한 이번 선거 결과를 놓고 볼 때 50-50으로 양분된 의보개혁 여론의 영향력은 크게 유의미하지 않았다는 분석이 나오기도 한다. 더구나 각종 여론조사 결과 의료보험 이슈가 경제 이슈에 비해 유권자들에게 그다지 중요한 요인이 아니었다는 것이 알려지면서 이러한 분석에 힘이 실리고 있다. 중간선거 후에 실시한 여론조사에 의하면, 의료보험개혁 문제는 경제나 일자리 등의 이슈들에 비해 투표 결정에 상대적으로 큰 영향력을 발휘하지 못한 것으로 집계되었다(〈표 2〉).

더불어, 약 52%의 유권자들이 의료보험 개혁에 대한 느낌을 잘 모르겠다(confused)고 답한 Kaiser Family Foundation의 11월 조사 결과 역시 의료보험개혁 문제가 실제 투표에서는 큰 영향을 미치지 못했음을 예상하게 한다. 이에 더하여, 미디어가 경제 불황에 그 초점을 맞추면

〈표 2〉 투표결정에 가장 중요하게 영향을 미친 요인

요인	퍼센트
경제 / 일자리 문제	29
정당	25
후보자 자질 / 수행능력	21
의료보험개혁 문제	17
재정 적자 / 연방정부 지출	9
정부와 워싱턴에 대한 불만족	8
세금	5
기타	16

출처: Kaiser Family Foundation Tracking Poll (November 2010)

서 의료보험개혁 이슈가 자취를 감추어 간 점 또한 이러한 결론에 힘을 실어 주고 있다. 공화당과 티 파티 회원들의 경제 문제에 대한 공세, 그리고 미디어의 부정적 보도 등의 난황 속에서 민주당 정치인들은 매우 방어적인 태도를 취할 수밖에 없었고 의료보험개혁의 정당성을 설득시키는 캠페인은 점차 줄어들 수밖에 없었다. 이러한 태도는 이번 중간선거에서 공화당이 부상할 것이라는 인식을 확산시키는 요인이 되었던 것으로 평가된다(Robert Erikson의 선거 예측: Dubner 2010).

2) 의료보험개혁이 실질적 영향?

그러나 한편에서는 이번 선거에서 경제가 가장 중요한 투표 결정 요인이었기는 하지만 의료보험개혁 또한 상당한 역할을 하였다고 주장한다. 사딘(2010)은 개혁법안이 하원 총회에서 논의되기 시작했던 시기부터 공화당 지지여론이 늘어났으며, 오바마 대통령이 개혁법안에 서명을 한 시기에 공화당에 대한 지지율이 가장 높았다는 점을 상기한다. 특히, 사딘은 의료보험개혁 문제가 사회적으로 가장 부각되었을 때, 경제 상황이 개선되고 있음에도 불구하고, 공화당의 인기가 더 올라가고 동시에 오바마 대통령의 인기가 하락했음을 지적하고 있다(Saldin 2010, 10-11).

또한 선거 결과에 결정적 역할을 할 수 있는 무당파 유권자 중 다수가 개혁안에 반대하였다는 사실에도 주목할 만하다. 무당파 유권자의 51%가 개혁안에 반대한 반면 단지 39%만이 찬성하는 것으로 조사되었는데(Democracy Corps/Resurgent Republic Poll, 2010; Saldin 2010, 9에서 재인용), 실제 투표 결과에서는 무당파의 38%만이 민주당 후보자에게 투표한 것으로 나타났다. 더불어, 공화당 일체자 중 약 87%가 개혁법안을 강하게 반대하고 있었던 반면, 민주당 일체자 중에는 49%만이 개혁법안을 강하게 지지한 것으로 나타난 사실 또한 민주당이 개혁법안과 관련하여 지지기반의 지지조차 강하게 받지 못하였음을 보여주며, 이는 실제로 투표에 반영되어 나타난 것으로 추정된다(Saldin 2010, 9).

하버드대 블랜든(Robert Blendon) 교수팀의 조사도 이번 선거에서 의료보험개혁의 영향력이 상당했다는 주장에 힘을 실어주고 있는데, 이 조사 응답자 중 72%의 공화당 지지자들이 의료보험개혁 때문에 민주당 후보자에게 투표하고 싶어하지 않으며, 민주당 지지자의 67%가 역시 의료보험개혁 때문에 민주당 후보를 지지한다고 답하였다(Scuderi 2010).

블랜든 교수팀의 조사에서 나타난 또 다른 주목할 결과는 의료보험개혁을 반대하는 유권자들의 반대 이유가 이번 개혁이 미국경제에 해를 끼치는 요인이 된다고 믿고 있기 때문이라는 사실이다. 즉, 의료보험개혁의 내용 그 자체에 대한 반대라기보다는 개혁이 결과할 경제 악화를 우려해서 개혁을 반대하고 이것이 공화당 투표로 이어진다는 것이다. 이러한 조사결과는 개혁의 내용에 대해 여전히 확실한 지식을 가지고 있지 못하는 일반 유권자들을 설득하는 데에 공화당의 여론 조작 프레임이 매우 성공적이었다는 것을 보여준다. 더불어, 의료보험개혁 문제가 투표에 영향을 미치는 단계에 있어서는 경제문제로 변형되어 영향을 미침으로써, 이번 선거에서 가장 큰 영향을 미친 요인으로 평가되는 경제 이슈의 일부로서 작용하면서 투표에 실질적인 영향을 미친 중요한 요인이었다고 말할 수 있을 것이다.

이와 함께, 65세 이상 노인들의 투표 정향을 보면 공화당의 개혁 반대 프레임이 중간선거에 미친 영향이 컸음을 또 다른 측면에서 알 수 있다. 2006년 중간선거에서 50 대 50으로 나뉘었던 65세 이상 노인들의 표가 이번 중간선거에서는 공화당으로 약 20% 더 많이 몰리는 현상이 나타났다. 뉴요커(*The New Yorker*)의 슈로위키(Surowiecki)는 이번 선거가 일반적으로 "중산층의 반란(revolt of the middle class)"이라고 불리우고 있지만 사실상 "은퇴자들의 반란(revolt of the retired)"으로 표현될 만하다고 말하고 있다. 대다수의 노인들이 현재 자신들이 보유하고 있는 보험에 만족을 표하고 있고 더구나 죽음의 위원회 이야기는 이들 노인 유권자들에게 매우 위협적이었던 것으로 조사되었다(Surowiecki

2010).

이번 중간선거의 직접적인 결과를 보면, 의료보험 개혁을 지지했던 후보자들이 대거 패배한 것을 알 수 있다. 지속적으로 의보개혁 지지를 캠페인의 주요 이슈로 삼았으며 오바마 대통령이 마지막으로 지원 유세를 했던 버지니아의 페릴로(Periello) 의원이나, 하원에서의 개혁 법안 처리 직전 오바마가 경쟁이 치열한 지역의 의원이면서도 개혁을 지지해 주어서 자랑스럽다고 직접 언급한 콜로라도의 마키(Markey) 의원, 그리고 선거 캠페인 기간 동안 개혁지지 광고를 내보냈던 위스콘신의 파인골드(Feingold) 상원의원 등은 이번 선거에서 낙선한 대표적인 개혁지지자들이다(Pickert 2010). 최근의 한 시뮬레이션에 의하면, 개혁법안에 찬성표를 던진 민주당 하원의원들이 반대표를 던졌을 경우에 비해 약 5.2% 낮은 지지율을 보였다고 평가되고 있다(Masket and Greene 2010).

의료보험개혁이 중간선거에 얼마만큼의 또는 어떠한 영향을 미쳤는가 하는 문제에 대해 아직은 일치된 대답이 나오지 않고 있다. 이번 미국 중간선거에서 의료보험개혁 이슈가 미친 영향을 통계적으로 정확히 수치화하여 단언하기에는 아직은 데이터 문제 등으로 인해 이른 감이 있는 것이 사실이다. 하지만 개혁 이슈가 투표자들의 후보자 선택에 미친 영향이 미미했다고 말하기에는 위에서 보았듯이 2009년과 2010년을 통틀어 미국 사회와 정치권이 의료보험 개혁 이슈에 너무 많은 에너지를 쏟았던 것이 사실이다.

공화당과 개혁반대 그룹의 개혁안에 대한 잘못된 정보의 유포와 격렬한 반대 캠페인은 개혁안에 대한 정교한 지식이 없는 국민들에게 매우 강하게 어필하였고, 미국민의 전통적 믿음과 가장 민감한 부분을 효과적으로 프레이밍한 반대세력들의 주장은 국민들에게 그대로 받아들여졌다. 오바마와 민주당 의원들, 그리고 개혁지지그룹의 다양한 차원의 캠페인 노력에도 불구하고 개혁안의 주요 조항들에 대해 국민들에게 정보를 제공하고 이해시키는 데 한계가 있었고 이러한 한계는 중간선거에서 표의 상실로 이어졌다고 볼 수 있을 것이다. 이러한 무드가 2012년 선거에로 다시 이어질지에 많은 학자들의 관심이 쏠리고 있다.

Ⅲ. 이민 규제와 2010 미국 중간선거

1. 이민의 정치

국경통제에 연계된 국가주권 개념은 이미 오래전에 구대륙에서부터 형성되었으나 군사적 또는 행정적 기제에 의존해 실질적으로 국경을 통제할 수 있는 능력을 갖추게 된 지는 불과 백여 년 전의 일이다. 그럼에도 불구하고 이민의 문제는 사회경제적 문제뿐 아니라 국가정체성 문제로 확대되어 끊임없는 정치적 의제로 활용되고 있다. 이민국가로 명명되는 미국도 예외 없이 건국 이래로 국경통제와 국가의 정체성 정립을 둘러싼 논쟁을 계속하고 있다. 이런 맥락에서 이민은 국가 간의 문제에 그치지 않고 오히려 국경 내부의 국내 문제로서 그 정치적 의미를 가진다. 즉, 누가 언제 어떻게 미국 시민으로서 자격을 소지하고 그에 따른 권리를 향유할 수 있느냐 여부를 결정하는 문제가 바로 이민의 정치에 근저에 깔린 핵심 논제이다.

이민을 접하는 여론을 설명하는 이론은 크게 세 갈래로 분류된다(Fetzer 2000). 첫째, 문화적 유사성이 적을수록 이민에 적대적이라는 가설에 기반을 두는 문화적 주변인성(cultural marginality) 이론, 둘째, 경제지위, 교육수준, 또는 기술숙련도가 낮을수록 이민에 적대적이라는 가설에 근거하는 경제적 사리추구(economic self-interest) 이론, 마지막으로 직접 접촉 자체보다 무심결에 또는 스치는 접촉이 많을수록 이민에 적대적이라는 가설에 기초한 상호교류(contact) 이론이다.

이 중에서 가장 빈번하게 학자나 정책결정자 및 정치인에게 인용되는 이론이 경제적 사리추구 가설이다. 왜냐하면 문화적 주변인성 가설의 경우 실제 여론조사 결과가 증빙하지 않는 사례가 많으며, 오히려 인종 또는 민족 간 이질성에 근거한 편견 자체보다 경제적 박탈감이나 재정적 상실에 대한 공포로 인해 합법성 여부와 무관하게 이민을 반대하는 사례가 보편적이기 때문이다. 문화적 주변인성 가설이 주변 집단에 대한 주류 집단의 우호감 또는 적대감 간 시공간적 추세를 체계적으로 설명하지 못하는 단점을 지닌다면, 상호교류 가설은 편견의 실재보다 편견의 인지 자체에 초점을 맞추기 때문에 주류 집단과 주변 집단 간 우호감이나 적대감의 변이 자체를 부인하는 단점을 지닌다. 이러한

〈그림 2〉 미국 인구 구성의 변화와 실업률 추세, 1999~2009

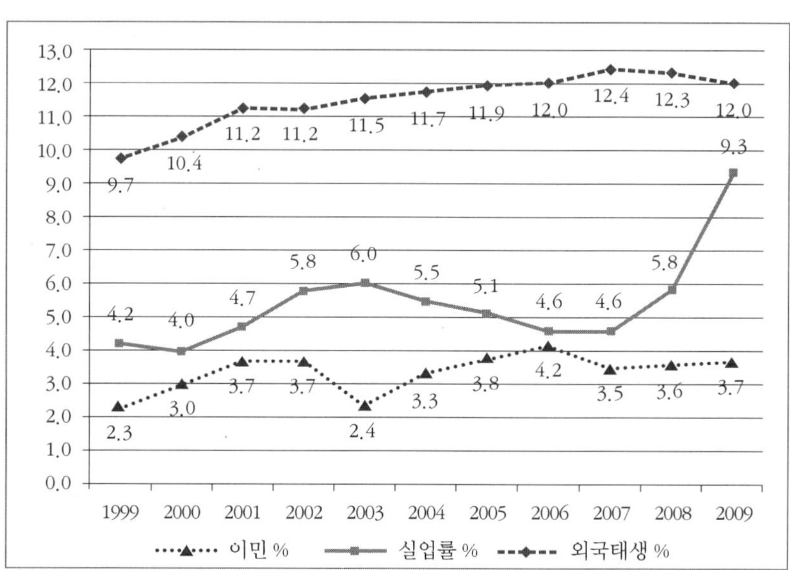

출처: http://www.census.gov/compendia/statab/hist_stats.html (검색일: 2010. 12. 31)

1) 이민%: 1,000명당 합법적 이민자 비율

2) 실업률%: 민간경제 분야 가용노동자 중 실업자 비율

3) 외국태생%: 전체인구 중 외국태생인구 비율

〈그림 3〉 이민에 대한 여론 추세, 1999~2009

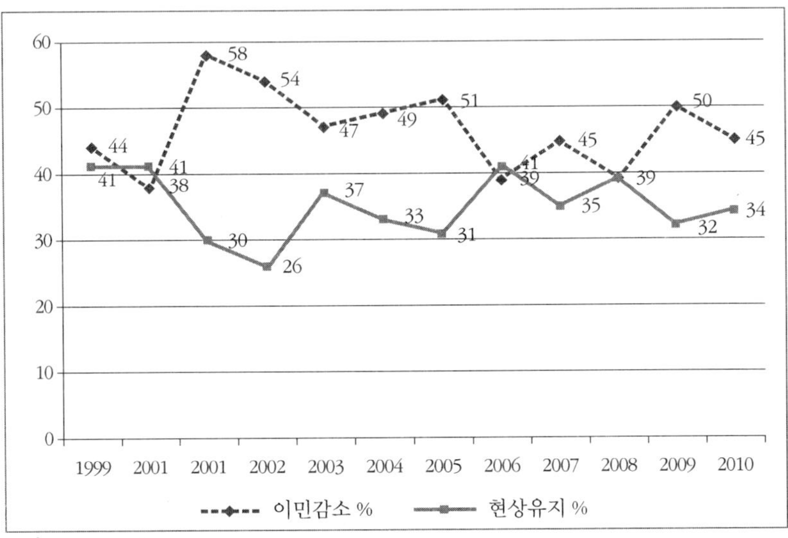

출처: Gallup Poll, 1999-2010
"In your view, should immigration be kept at its present level, increased, or decreased?"

단점들을 보완하고 있음에도 불구하고 경제적 사리추구 가설 또한 모든 시점에서 이민에 대한 여론을 완벽하게 설명하지는 못한다는 미비점을 지닌다. 왜냐하면 결국 경제적 타격과 이민에 대한 적대감 간 상관관계는 정치적 동원을 통해 표면으로 부상할 때 그 파급효과가 직간접적으로 비로소 드러나기 때문이다.

〈그림 2〉는 1999년부터 2009년까지 미국 인구 구성의 변화와 실업률 추세를 보여주고 있다. 1,000명당 합법적 이민자 비율과 전체 인구 중 외국태생인구 비율이 상호교류 가설의 주요 지표라면, 민간경제 분야 가용노동자 중 실업자 비율은 경제적 사리추구 가설의 주요 지표이다. 1,000명당 합법적 이민자 비율이 꾸준하게 증가하는 반면에 전체 인구 중 외국태생인구 비율은 4년마다 주기적으로 대선 직전에 4년 전 수준으로 돌아간다. 이는 이민의 정치 기제가 선거와 맞물려 작동하고 있

다는 증거이나, 그 근거인 민간경제 분야 가용노동자 중 실업자 비율과 반드시 부합하지는 않다는 현실과의 괴리를 보여준다. 2004년 대선은 예외적으로 경제보다 9 · 11사태의 여파로 경제적 타격을 입으면서 실업률이 상승했고 동시에 테러 문제의 대응책으로서 전체 인구 중 외국태생인구 비율을 격감하는 방향으로 정책이 선회했다. 2008년 대선은 대공황 이후 최악의 금융위기로 인한 경제 불황 직후에 치러진 결과 미국 건국 이래 최초의 흑인대통령을 배출했다. 이후 민주당이 집권한 연방정부의 주도로 경제회생방안이 실행되었음에도 불구하고, 실업률이 10년 전의 2배에 달하면서 결국 2010년 중간선거에서 민주당은 연방하원과 주지사 및 주 하원 대다수도 공화당에게 정권을 넘겨주었다(Pew Research Center, October 31, 2010). 〈그림 3〉은 지난 10년간 이민에 대한 여론추세를 보여주는데, 오히려 대선 직전보다 중간선거 직전에 이민을 감소해야한다는 여론이 증가하고 있다. 이는 국내정책의 선거 의제로서 실업률 증감 여부 자체보다 그에 대한 공포를 조장하는 정치적 동원의 결과라고 볼 수 있다. 2010년도 그 중 한 사례였으며, 다만 이민문제가 직접적으로 선거의제로 논의되지 않고 연방정부의 적절한 역할에 대한 논의로 재포장되었다는 차이점이 있을 뿐이다.

2. 이민자 국가, 미국

이민 문제는 엄밀하게 분류하자면, 국가 간 이주인구에 대한 출입국관리에 연계해 국경을 통제하기 위한 이민 규제와 국경 내로 입국절차를 밟은 이주민을 사회의 구성원으로서 통합하기 위한 이민자 통합으로 나눌 수 있다. 전자의 경우 국가주권에 근거한 국가 간 관계에 준하는 반면에, 후자의 경우 국가 내부의 사회, 경제, 정치, 사법, 문화 정책과 맞물려 선거 기제를 활용한 대중 영합적(populist) 압력에 노출되는 양상을 띤다. 따라서 기존의 문헌들은 이민에 대한 여론이 투표행태에 미치는 영향에 초점을 맞추고 있다. 그러나 연방주의를 건국과정에 제도화시킨 미국의 경우는 이민 규제와 이민자 통합이 건국과 동시에 진행되었거나 이후에 정책으로 제도화되었다. 따라서 건국이 이민 문제를 선행한 유럽의 경우와 대조적으로 이민자 국가인 미국에서는 이민 문제의 책임 소재지를 둘러싼 논의가 세분화되어 발전하였다(Joppke 1999/2008, 18).

구체적으로 건국당시부터 19세기 말까지 두 갈래로 이민 문제에 대응책이 나왔다. 하나는 국가적 필요에 근거해 수용한 이민자를 통합하는 데 선거에 기반을 두는 민주주의 체제에서 나타나기 쉬운 대중 영합적 압력을 우회적으로 회피하기 위해 실질적 집행권한을 주 정부에게 부여하는 대신에 연방정부는 기본 정책지침을 입법화하고, 동시에 연방사법부가 보편적 사법 논리, 예컨대 인권 존중에 근거해 집행방향을 판결문에 명시했다.[3] 그러나 남북전쟁의 종료와 산업혁명의 파급효과, 그리고 양대 세계대전을 겪으면서 미국이 세계의 주요 강대국으로 부상할 뿐 아니라 국내에서도 주 정부를 통합하는 우위의 국민정부로서 위상을 강화할 필요가 제기되면서 연방정부가 주 정부에게 부여한 권한을 가져가기 시작했다(Rodriguez et al. 2010, 6). 결국 이민 문제의 책임소재지가 종종 주 정부의 의사와 관계없이 또는 심지어 주 정부의 반발에도 불구하고 점차 연방정부에게로 이관되었다. 그 과정에서 연방제의 다층적 분권 거버넌스를 공세적으로 활용하여 이민 문제를 정치적 동원의 기제로 재생산하는 움직임이 점차 그 생명력을 더해갔다(Perlmutter 1996). 그리고 1960년대 민권운동을 기점으로 이민 문제는 앞서 기존문헌들이 제시한 가설에 더해 연방정부와 주 정부 간 적정 책임소재지에 대한 논란에도 초점을 맞춘다면, 미국 이민의 정치에 대한

3) 상세한 논의는 미국의 이민과 건국과정을 역사적으로 고찰하는 후속연구에서 다루고자 한다. 간략하게 정리하면, 1790년에 최초로 연방 귀화법이 제정된 이후 1943년에 마침내 인권존중에 위배되는 중국인 추방법이 철폐되기까지 150년간 연방정부가 제정한 이민법은 행정명령을 합해 10여 개 내외에 그친다.

〈표 3〉 2차 대전 이후 제정-공표된 연방 이민법령과 연방정부 구조

연도	법령	대통령 (정당)	의회다수당 상원/하원
1952	Immigration and Nationality (McCarran-Walter) Act	**트루먼 (민주)**	**공화**/민주
1965	Immigration and Nationality (Hart-Celler) Act	존슨 (민주)	민주
1978	Immigration and Nationality Act 개정	카터 (민주)	민주
1986	Immigration Reform and Control Act	**레이건 (공화)**	공화/**민주**
1990	Immigration Act(IMMACT)	**부시 (공화)**	**민주**
1996	Illegal Immigration Reform and Immigrant Responsibility Act(IIRIRA); Antiterrorism and Effective Death Penalty Act (AEDPA)	**클린턴 (민주)**	**공화**
1997	숙련기술자 대상 잠정사증 확대		
2000	Legal Immigration Family Equity Act		
2005	Real ID Act	W. 부시(공화)	공화
2009	Uniting American Families Act	**오바마(민주)**	민주/**공화**
2010	Development, Relief, and Education for Alien		
2011	Minors Act(American Dream Act)—상원보류		

출처: Martin Schain, *The Politics of Immigration in France, Britain, and the United States: A Comparative Study* (New York: Palgrave-Macmillan, 2008), 184-185; 미국정치연구회 편, 『2008년 미국 대선을 말한다: 변화와 희망』(서울: 도서출판 오름, 2009), 281-283; http://www.nilc.org/ (검색일: 2010. 12. 31)

보다 체계적 설명이 가능하다.

〈표 3〉은 2차 대전 이후 제정-공표된 연방 이민법령과 연방정부 구조를 보여주고 있다. 이민 문제를 본격적으로 개혁하고자 하는 연방정부의 입법 시도는 한편으로 정치화된 이민 문제를 단일화하려는 의도에서 출범하였지만, 다방면의 국내 정책과 밀접한 파급효과를 내포하기 때문에 정당 간 대결뿐 아니라 "정당 내부의 이합집산"과 각종 이익단체의 정치의 부산물로 그치는 경우가 빈번했다(유성진 외 2007, 159). 나아가 대통령제를 통치레짐으로 헌법에 명시한 미국에는 대통령과 입법부 집권당이 다른 분점정부가 발생하며 이는 정책상 대립각으로 종

종 나타나곤 했다. 게다가 대통령과 입법부 집권당이 동일하더라도 균형과 견제를 가능하게 하는 권력분산의 원칙에 따라 반드시 동일한 정책내용을 지지하지는 않는 통치 구도가 구현되었다. 이러한 복잡한 "권력분산을 통한 권력공유의 묘(妙)"는 횡적으로 입법부-집행부-사법부 간 요구될 뿐 아니라 종적으로 연방과 주 정부 간에도 필요하였다(이옥연 2007). 이민 문제를 본격적으로 통합한 1952년 연방법인 이민국적법(Immigration and Nationality Act)이 제정된 이래 매 10년마다 이민법개혁 논의가 입법화되었다. 그러다가 1990년대 이후 격론으로 이어지며 여러 차례의 개혁안이 입법화되었고, 이후 두어 차례의 부분개혁안이 입법화되었음에도 불구하고 2006년에 일련의 격렬한 개혁논의까지 있었으나 결국 입법화에 성공하지 못했다. 바로 그 실패의 배경에 연방과 주 정부 간 책임소재지 공방이 근저에 깔려 있다는 사실에 유의해야 한다. 다음 절에서는 기존 문헌이 간과한 대통령제에 통치원칙을 천명한 연방국가 미국의 이민 정치를 재조명하고자 한다.

3. 이민의 정치와 연방-주 정부 관계

기존의 문헌들은 이민 또는 이민자 문제에 대한 여론의 추이를 설명하는 데 있어서 지엽적으로 한편으로 출입국 관리와 국경통제의 필요성에 따라, 다른 한편으로 문화적 주변인성, 경제적 사리 추구, 상호교류 등과 연계한 국가정체성과 나아가 시민권부여의 자격 요건을 정치적으로 동원하는 여부에 따라 설명변수를 규명하고 있다. 그러나 이 모든 설명은 연방정부에 제한되어 있기 때문에, 연방주의를 통치체제의 기본 질서로 채택한 미국의 이민 문제 접근법을 보다 체계적으로 설명하기 위해서는 위의 모든 요소들의 근저에 이민 문제의 책임소재지가 연방정부인지 아니면 주 정부인지에 대한 논의를 보완해야 한다. 이민자 연방국가에 제한해서 비교해도 〈표 4〉에서 보듯이 국가를 정의하는

〈표 4〉 연방국가의 횡적 권력분립 비교: 미국, 캐나다, 호주

이민자 연방국가		미국	캐나다	호주
기본틀	잔여 권한	S	F	S
	주 권한 열거	아니오	예	아니오
	입법권위 위임	아니오	아니오	예
국제관계	국방	FS	F	FS
	조약 이행	F	F1	F
	시민권	F	F	F
	이민(국가 간)	C	C	C
교육	초-중등(또는 고등)	S	S	S
	대학	FS	S	FS
의료	병원	*SF*	*SF*	FS
	공공의료 & 보건	S	S	S
사회복지	실업보험	FS	F	C
	임금보장	해당 없음	FS	C
	공공서비스	*SF*	*SF*	C
	연금	C	C^S	C
사법	민사/형사	S/S	S/F	FS/S
	경찰	C	S	S
기타	언어, 문화	해당 없음	S	해당 없음

출처: Ronald Watts, *Comparing Federal Systems*, 2nd ed. (Kingston: McGill-Queen's UP, 1999), 126-129

1. F(연방), S(주), C(연방 우위 공유), C^S(주 우위 공유), 1(법 이행 시 주 동의), *이탤릭체*(실질적)

시민권 문제는 연방정부의 관할이나, 국가 간 출입국 관리와 국경 통제로서 이민 문제는 연방과 주 정부 간 공유권한영역이다.

물론 미국의 경우 최고성 구절에 의거해 이민 문제에서 연방정부가 우위를 점하지만, 집행권한에 있어서 권한 분산(division of power)이 반드시 분업(division of labor)을 의미하지는 않는다. 결과적으로 원론

적으로 연방정부가 우위를 선점하지만 실질적으로 주 정부가 권한공유를 정치적으로 활용할 여지가 발생하며, 다름 아닌 미국의 연방헌법이 그 근거를 제공하고 있다(Mitnik and Halperin-Finnerty 2010, 53).

1980년대부터 간헐적으로, 지엽적으로 시작해 1990년을 기점으로 전국적으로 불붙은 이민법 개혁 논의는 부시 행정부가 겪은 9 · 11사태와 그에 대한 대응책을 입안화하면서 바로 미국의 사회, 경제, 정치, 문화 및 규범 전반에 걸쳐 누가 또는 어느 정부 단계가 보다 적절한 정책구상과 집행의 주체인지에 대한 극약처방으로 구체화된 결과이다.[4] 〈표 5〉는 2006년 중간선거를 전후해서 이민 문제에 연계해 국가 정체성 논의가 본격화되었음에도 불구하고 결국 원내와 원외 정치과정 속에서 연방정부가 이민법 개혁에 실패하자 이를 빌미로 주 정부가 이민과 이민자에 관한 입법 활동을 공세적으로 개시한 사실을 보여준다. 이민법의 단순한 이행을 위한 주 정부의 입법 활동에 더해 이민자를 대상으로 하는 입법 활동, 즉 이민자 통합의 핵심 주체가 주 정부인 점을 확인할 수 있다. 특히 유의할 점은 최근에 증가추세를 보이는 법안 발안 총숫자를 보거나 이에 참여하는 주의 총숫자를 보면 주 정부가 연방이민법의 단순한 이행을 넘어서 연방이민법을 보완하는 데 그치지 않고 심지어 대체하려는 의도를 드러내는 현상이다(Provine 2010, 217). 나아가 대중영합적 성향의 정치인은 미국의 국가 정체성을 주 정부에서 재편성해야 한다는 주장까지 내뱉고 있다. 다음 절에서는 이민 문제는 과연 2010년 중간선거에 영향을 미쳤는지, 또한 어떠한 형태로 포장되어 유권자에게 전달되었는지 살펴보고자 한다.

---

4) 2001년 10월 26일에 공표된 애국법(Patriot Act)의 핵심 내용 중에 바로 테러집단과 연계되었다고 의심되는 이민자들을 구속하거나 추방할 수 있는 사법부나 이민국의 권한을 대폭 확대했다. 2005년 이후 폐지하기로 잠정 합의했음에도 불구하고 결국 조지 W. 부시는 2006년에 애국법 연장을 승인했다.

〈표 5〉 이민 또는 이민자에 관한 주의 입법 활동 현황, 2008~2010

주요 의제	2008	2009	2009[1]	2010[1]	주요 의제	2009[2]	2010[2]
법 이행	12	16	13	33	**법 이행**	8	17
예산	0	0	0	41	예산	0	26
교육	12	27	15	13	교육	8	10
고용	19	21	10	27	고용	7	20
의료	11	28	23	15	의료	12	12
인신매매	5	16	7	7	인신매매	6	7
자격증 교부	32	46	34	23	자격증 교부	24	16
법적 서비스	0	2	1	0	법적 서비스	1	0
기타	16	36	26	22	기타	19	16
복수 의제	3	3	2	2	복수 의제	2	1
공공 수혜	9	15	12	13	공공 수혜	11	3
투표	1	4	3	5	투표	3	2
총 법안 수	142	222	144	191	총 법안 수	46	43
총 결의안 수	64	131	115	126	총 결의안 수	27	26
총 통과 수	206	353	265	319	총 통과 수	46	44
총 거부 수	3	20	3	5	총 거부 수	5	4
총 제정 수	203	333	259	314	총 제정 수		

출처: http://www.ncsl.org/default.aspx?tabid=19232; http://www.ncsl.org/default.aspx?TabId=20881 (검색일: 2010. 12. 31)

1. 2009년 전반기와 2010년 전반기에 제한해 주 의회 입법과정을 거친 법안 중에서 통과, 거부, 제정 또는 결의된 수
2. 2009년 전반기와 2010년 전반기에 이민 또는 이민자 정책에 연관된 입법화에 참여한 주의 수

4. 이민의 정치와 2010년 중간선거

이민 문제는 그 자체로서 선거의제로 등장하는 경우보다 우회적으로 국가 정체성(national identity)이나 국가성(nationhood)으로 재포장되어 활용되는 경우가 빈번하다(Zolberg 2006; Rubio-Marin 2010). 즉,

테러집단의 폭력행사나 글로벌 금융위기의 증가 등 국제정세의 변화에 기인하든지 아니면 미국 사회의 인구구성 변화 등 국내적 요인에 의하든 그 파급효과가 미국 사회, 경제, 정치, 문화 및 규범 등에 걸쳐 역기능을 초래하거나 또는 그렇다는 주장의 근거로 이민 문제가 거론될 수 있다. 앞서 〈표 2〉에서 보듯이 2010년 중간선거의 주요 선거의제는 특히 20세기 초 대공황 이래 최악의 경제위기가 아직 해소되지 않은 여파로 경제와 일자리 창출이었으나, 재정 적자 및 연방정부 지출이나 정부와 워싱턴에 대한 불만족 등 이슈가 유권자의 투표 향방을 결정하는 요인으로 작용했다.[5] 이민법 개혁은 바로 그 연방정부에 대한 불신을 상징하는 대표적 이슈로서 특히 공세적으로 주 입법 활동을 강화하려는 일부 주에 한정되어 두드러지게 나타났지만, 그 호응도는 앞서 〈표 5〉

〈그림 4〉 이민 또는 이민자에 관한 주 입법 성공률, 2005~2010 전반기

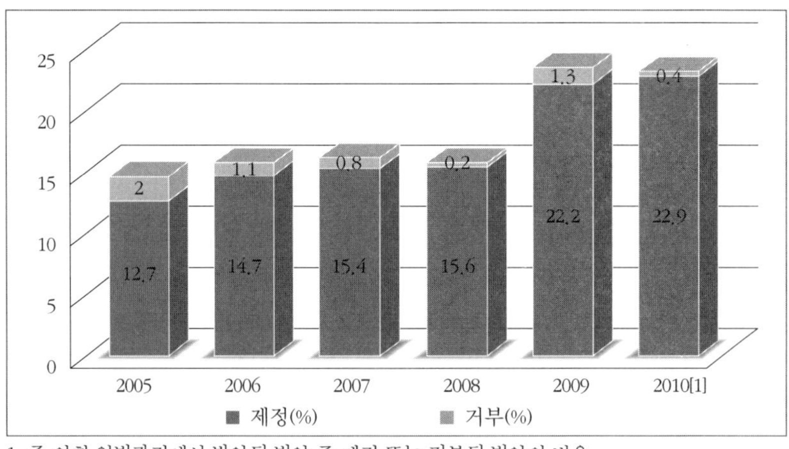

1. 주 의회 입법과정에서 발안된 법안 중 제정 또는 거부된 법안의 비율
출처: http://www.ncsl.org/default.aspx?tabid=19232;
http://www.ncsl.org/default.aspx?TabId=20881 (검색일: 2010. 12. 31)

5) 보다 상세한 논의는 이 책의 "경제이슈를 중심으로 본 2012년 미국 중간선거" (김준석)을 참조하기 바란다.

에서 살폈듯이 전국적으로 확산되었다. 더불어 〈그림 4〉는 2010년 중간선거가 치러진 전반부에 주 의회의 이민과 이민자를 대상으로 하는 입법 활동의 성공률이 폭증한 사실을 보여준다.

이는 비록 2008년 역사적 대선에서 민주당에게 백악관과 연방의회를 내주긴 했으나 미국 정치의 보수화는 아직 현재진행형임을 예고하는 징후라고 볼 수 있다. "미국정치의 보수화는 인종과 전통적, 종교적 가치, 계급문제 등에서 연방정부 역할에 대한 논란을 통해서" 구현되었다(이혜정 2009, 217). 따라서 이민 문제가 선거에서 직접적으로 주요 의제로 부상하지 않더라도 선거열기를 더해주는 윤활유가 될 위력을 지닌다. 실제로 이민 문제 자체를 두고 공화당 지지자와 민주당 지지자 간 격차는 심해서 이민 감소에 대한 찬성률이 전국 평균 45%이고 민주당 지지자는 이보다 조금 낮은 39%인데 비해 공화당 지지자는 훨씬 높은 54%였다(USA Today/Gallup poll. July 8-11, 2010). 더불어 2010년 중간선거에 드러났듯이 이민 문제가 더 이상 연방정부의 전유물이 아니라는 인식이 팽배해지면서 이를 정치적으로 활용하는 주 정부의 행보가 빨라지면 연방정부의 역할과 범위에 대한 논의로 재탄생한다는 점에 유의해야 한다.

구체적으로 중간선거 직전에 투표 결정요인으로 경제나 의료보험개혁 다음으로 연방정부 적자가 설문 응답 순위에 올랐는데, 전국평균이 19%이고 민주당 지지자는 평균의 절반에 그치는 9%인 반면에 공화당 지지자는 평균의 1.5배에 달하는 27%였다(Pew Research Center, Oct. 31, 2010). 무엇보다 연방정부 지출 또는 재정적자나 이민 문제 모두 민주당이 집권한 의회보다 공화당이 집권한 의회가 보다 효율적으로 업무를 처리하리라고 판단한 응답조사결과 (공화당 의회 50% 대 민주당 의회 35%)는 2010년 중간선거의 판세가 공화당으로 기울었음을 단적으로 보여주었다(USA Today/Gallup poll. August 27-30, 2010)

다만, 2010년 중간선거를 통해 주시해야할 점은 공화당이 연방정부 단계에서든 주 정부 단계에서 작은 정부를 미덕으로 내세우는 상위 정치(high politics) 논의 안에서 이민과 국가 정체성 또는 시민권을 정치적 동원의 도구로 활용하는 한계에 도달했다는 사실이다. 그 결과 작은 정부 논의와 연계하지만 동시에 독립적으로 이민과 국가 정체성 또는 시민권의 주체로서 주 정부가 주도하는 이민법 개혁이 하위 정치(low politics)로 변모했다. 그러나 이민법 개혁이 하위 정치의 탈을 쓰는 순간 더 이상 고귀한 개념 논의가 아니라 일상생활에 구체적으로 변화를 강요하는 저급한 논쟁으로 변질될 수 있다(Waslin 2010, 97). 최근에 애리조나 주 의회가 제정한 이민법은 경찰에게 이민자로 추정되는 시민에게 증빙서류를 제출하도록 요구하고 만약 이 요구에 응하지 못하면 체포 및 구금할 수 있는 재량권을 부여함으로써 인종에 근거한 검문(racial profiling)을 허용하는 결과를 초래할 수 있다. 이는 인권존중을 정면으로 위배하는 사법행위로서 대의민주주의의 표본을 제시한다는 미국의 통치이념에도 어긋난다. 바로 이러한 이유에서 2012년 대선

〈그림 5〉 불법 이민과 히스패닉 인구의 인종차별로 인한 피해의식 조사 결과

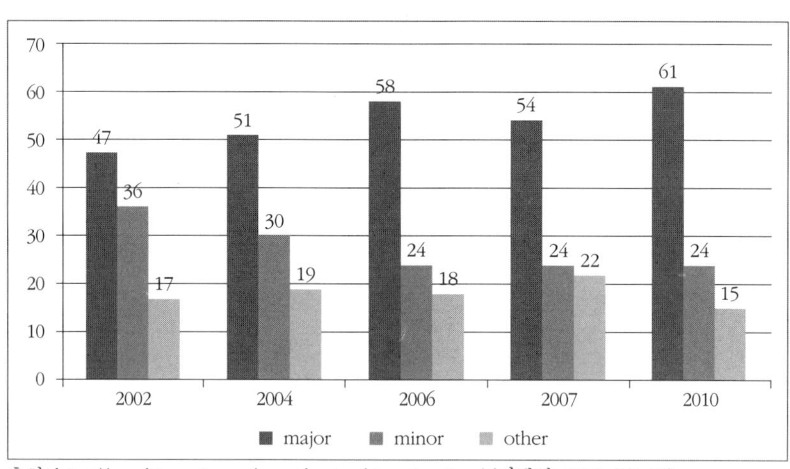

출처: http://pewhispanic.org/unauthorized-immigration/ (검색일: 2010. 12. 31)
"In general, do you think discrimination against Latinos is a major problem, minor problem, or not a problem in preventing Latinos from succeeding in America?"

을 내다보면서 다양한 각도에서 정의할 수 있는 보수주의를 정치 이념으로 내세우며 그에 충실하게 정책으로 반영해야 하는 공화당의 또 다른 고민이 시작되었다.

구체적으로 〈그림 5〉는 이민의 정치가 라티노 집단 유권자와 공화당 양자 모두에게 양날의 칼이라는 사실을 되새겨준다(Furuseth and Smith 2010, 187). 즉, 합법적 지위를 획득한 라티노에게도 불법 이민자로 인한 인종차별의 피해가 커지니 무조건 공화당의 정치적 동원에 반대하기 어렵다. 따라서 라티노 집단에 대한 인종 차별로 인해 미국에서 라티노 배경의 개인이 출세하는 데 지장이 있다는 의견에 점차 공감대가 커지고 있지만, 불법 이민자 처리 문제에 관한 공화당 주도의 주 의회 입법 활동에 대해 유보적 입장을 취하고 있다. 반면에, 2012년 대선에서 집권당으로서 치세를 존속시키고 나아가 백악관도 장악하려는 공화당에게 가장 큰 소수집단인 라티노 집단을 미국의 주류사회로부터 소외시킨다면 정권재창출의 가능성이 낮아진다.[6] 가장 심각한 도전 요인은 라티노 집단의 투표행태를 정확하게 예측하는 설문조사가 아직도 미비하다는 정치적 현실에 있다(Latino Decisions, 2010). 더불어 1952년 연방 이민국적법에는 주 정부나 지방정부의 역할에 대한 언급이 없었다. 바로 그 부재가 최근의 이민법 개혁을 구실로 연방-주 정부 간 관계를 재설정하는 정치논리에 빌미를 제공했다. 그 승부가 연방정부와 주 정부 간 전후반전 본 게임인 헌법 개정으로 이어져서 가려질지 또는 연장전으로 들어가 선거를 통해 판가름 날지, 아니면 승부차기로 결정될지 여부는 다가오는 2012년 대선에서 단서를 얻을 수 있을 것이다.

6) 라티노 집단은 백인보다 낮지만 흑인보다 높은 정치참여율을 보여주므로 공화당과 민주당 모두에게 매력적 정치적 동원대상이다.

IV. 맺는말: 2012년 선거에의 영향

의료보험개혁과 이민 규제는 미국 사회의 근간을 흔드는 이슈로서 오랜 세월동안 논쟁에 논쟁을 거듭해 온 문제이다. 한편에서는 개혁에 대한 강한 요구가 존재하고 다른 한편에서는 미국 사회와 정치의 보수화가 증대되는 상황에서 두 이슈는 직접적으로 또는 간접적으로 2010년 중간선거에서 중요한 역할을 담당하였다. 이들 이슈는 중간선거 이후에도 미국 사회의 균열을 반영하며 여전히 해소되지 않은 갈등의 축을 담당할 것으로 예상된다.

공화당 의원들과 후보들은 캠페인 기간 중에 의료보험개혁으로 인한 재정 손실을 강조하면서 의회에 입성하면 반드시 개혁법안을 폐기하겠다는 공약을 하였고, 중간선거로 공화당이 하원의 다수당으로 부상한 직후에 당선자들은 하나 같이 의료보험개혁법을 폐기하겠다고 말하고 있다. 물론 상원의 다수당은 아직 민주당이고, 대통령의 법안거부권 등을 고려할 때 이러한 법안 폐기가 현실화되기는 힘들어 보인다. 하지만 법안의 시행에 필요한 예산이나 기금의 배정 문제 때문에 공화당이 다수당으로 부상한 112대 의회하에서 법안의 순조로운 시행이 당연히 어려워지리라는 것은 예상되는 일이다.

이민 규제와 관련해서도, 애리조나 주가 2010년 봄에 논쟁이 되는 이민법(SB 1070)을 공표한 후 연방항소법원이 그 핵심조항의 이행을 제어하는 판결을 내렸음에도 불구하고, 네브래스카, 미시시피, 사우스캐롤라이나, 오클라호마, 조지아, 펜실베이니아 주는 애리조나 주의 이민법과 유사한 법안을 상정하려는 움직임을 보였다. 이 중 애리조나를 포함해 네브래스카, 미시시피와 오클라호마 주에는 주민발의가 있는 반면에, 사우스캐롤라이나와 조지아 주에는 주민발의는 물론 주민투표도 부재한다(이옥연 2008, 136). 이민을 둘러싼 연방과 주 정부 간 권역 논쟁에 불을 지필 수 있는 근원이 주 정부 단계에 허용된 직접민주주의의 요소인 주민발의라고 할 수도 있다. 그러나 앞서 보듯이 주민발의가 제도화되지 않은 주에서도 이민 규제를 주 정부의 소관이라고 주장하는 정치인들과 그에 동감하는 유권자들이 늘어나고 있다. 더불어 주민발의가 가능한 유타 주에서는 기업과 경찰, 종교계와 라티노 집단이 공조해서 이민 문제를 둘러싼 냉정을 회복하자는 협약을 만들어 지키고 있다(Preston 2010).

이러한 상황에서 분석가들은 벌써부터 이번 선거의 결과가 2012년 대통령 선거에 미칠 영향에 대해 논의하고 있다. 이들 중 대다수는 이번 선거의 무드가 2012년으로 연결되지는 않을 것이라는 것에 동의하는 듯하다. 이러한 주장은 첫째, 이번 중간선거에서 공화당의 부상은 중간선거의 전형적인 반여당 투표경향의 결과라는 것(Robert Erikson: Dubner 2010), 둘째, 이번 공화당 주도 의회에서 예상되는 양극화와 갈등 상황은 이념적 극단성을 싫어하는 미국민들로 하여금 오바마와 민주당 지지로 돌아서게 할 가능성이 있다는 것(Alan Abramowitz: Dubner 2010), 셋째, 의료보험개혁을 지지하고 이민에 대해 보다 유연한 편이지만 이번 선거에는 참여율이 낮았던 젊은 층의 투표 참여가 대선이 있는 2012년에는 훨씬 늘어날 것이라는 점 등에 의해 뒷받침되고 있다.

의료보험개혁 문제는 112대 의회의 가장 큰 갈등적 이슈가 될 것으로 보인다. 정부의 경제침체 해결 능력과 더불어 의료보험개혁 문제를 어떻게 풀어나가느냐가 향후 양당과 정부에 대한 국민들의 평가에 큰 영향을 미치는 요소가 될 것으로 예상되는 가운데 최근의 여론조사들에서 오바마 행정부의 개혁에 대한 전망을 밝게 하는 결과가 나타나고 있다. 미국 유권자들에게 개혁법안의 주요 개별 항목들에 대해 질문한 결과 대부분의 항목에서 70~80%에 달하는 응답자들이 그 항목을 유지하기를 원하는 것으로 조사된 것이다. 심지어 법안폐기를 원한다고 대답했던 응답자들조차 약 55~70%의 사람들이 몇 가지 주요 항목들에 대해서는 유지했으면 좋겠다고 대답하였다(Kaiser Family Foundation 11

월 조사).

이러한 조사 결과는 향후 개혁이 성공적으로 전개되고 더불어 민주당과 오바마 대통령이 2012년 선거에서 성공적 결과를 얻기 위해서는 무엇보다도 국민들에게 개혁의 내용에 대한 구체적인 정보가 정확히 전달될 수 있는 소통의 통로를 확보하고 이를 적극적으로 프레이밍 하는 작업이 필요할 것이라는 것을 시사한다. 의료보험개혁 캠페인이 시작되고 중간선거에 이르기까지 매우 성공적이었던 개혁반대 세력의 여론 프레임 때문에 방어적 형태를 취할 수밖에 없었던 이번 선거가 오바마와 민주당에게 향후 전략을 위한 좋은 밑거름이 될 것인지 관심을 가지고 지켜볼 만한 부분이다.

의료보험개혁과 대조적으로 이민 규제 문제는 지속적으로 주 정부에게 연방정부에 도전하려는 빌미를 제공할 가능성이 높다. 원칙적으로 이민이란 문제는 국가정체성의 근간을 뒤바꿀 만한 도전을 제기할 수 있기 때문에, 정치인들은 끊임없이 유권자를 동원하는 데 활용하려 한다(Schain 2008, 10). 일례로 오바마 행정부가 발안한 소위 Dream Act는 수혜대상이 이민자의 자녀들에 국한되는 데에도 불구하고 그에 대한 찬반은 공화당지지자와 민주당지지자 간 격차가 크다. 이는 정당일체성에 따라 특정정책에 대한 찬반 격차가 나타나는 의료보험개혁과 크게 다르지 않은 양상이다. 특이한 점은 이민자 규제의 권한소재지가 연방정부가 아닌 주 정부인가 라는 설문조사에서 전국적 응답자의 69%, 민주당지지자의 66%, 공화당지지자의 75%가 찬성하였다는 사실에 있다(First Focus 2010). 이는 헌법에 명시된 최고성 구절에도 불구하고, 이민 규제의 핵심이 출입국을 다루는 국가 간 관계, 즉 연방정부에 소재하기보다 이민자를 주류 사회로 포용하는 주체로서 연방정부가 아닌 주 정부의 적절성에 대한 공감대가 형성되어 있다는 연방국가 미국사회의 일면을 보여준다.

현재 이민 규제의 권한소재지를 주 정부로 명시하려는 입법절차에

착수하는 많은 주의 집권당 또는 주지사 소속정당이 공화당이다.[7] 새로운 국가정체성을 구상하는 공화당은 이민 규제의 연장선에서 주 정부가 시민권을 규정할 권한이 가진다고 주장하면서 그에 따른 입법절차를 제안한다(Lacey 2011).

그러나 이러한 정치적 동원이 이민 규제의 주 대상이 되는 라티노 집단을 공화당으로부터 소원하게 만들 가능성이 크다면, 이는 2010년 중간선거에서 연방하원의 정권을 탈환한 공화당에게 2012년 대선에서 정치적으로 치명적 대가를 치러야만 하는 부담을 강요한다. 더구나 가장 빠른 속도로 증가하는 유권자 계층이 라티노 집단이라는 사실을 감안한다면, 정치적 규모를 기반으로 주류사회에서 영향력을 다지려는 라티노 집단이나 백악관 재탈환을 노리는 공화당으로서는 진퇴양난의 현실에 직면하게 한다. 게다가 2010년 중간선거에서와 같이 라티노 집단 유권자의 정치적 성향조차 설문조사에서 정확하게 측정하지 못하는 사례가 되풀이된다면, 공화당은 라티노 집단에 대한 효율적 선거 전략을 구상할 수 없다.

결국 이민 문제는 공화당 후보와 그 파생 부류인 티파티(Tea Party) 후보에게 정치공방을 함부로 돌린 대가를 톡톡히 치르게 했다.[8] 이 경우 민주당과 오바마 대통령이 2012년 대선에서 이를 역으로 재활용할 수 있을지 여부를 흥미진진하게 기대해볼 만하다.

---

7) 2010년 중간선거 결과 민주당 소속후보 6명이 주지사 선거 또는 재선거에 실패하여 29개의 주지사 선거에서 승리한 공화당에 비해 민주당은 20개의 주지사 자리를 확보하는 데 그쳤다.

8) 특히 티파티가 서부에서 지지한 후보의 당선율은 저조했다. 상세한 내용은 이 책의 "티파티 운동과 미국 정당정치의 변화" (유성진·정진민)를 참조하기 바란다.

참고문헌

미국정치연구회 편. 2008. 『미국정부와 정치』. 서울: 명인문화사.

______. 2009. 『2008년 미국 대선을 말한다: 변화와 희망』. 서울: 도서출판 오름.

유성진 · 김희강 · 손병권. 2007. "2007년 미국 이민법 개정 논쟁: 과정과 함의 그리고 미국의 다원주의." 『미국학논집』 39집 3호, 139-172.

이소영. 2010. "대의민주주의와 소통: 미국 오바마 행정부 하의 의료보험개혁 사례를 중심으로." 『21세기 정치학회보』 제20집 3호, 101-123.

이옥연. 2007. "권력분산을 통한 권력공유의 묘(妙)." 『미국학』 30권, 89-122.

______. 2008. "캘리포니아 주를 통해 본 미국의 민주주의." 『국제 · 지역연구』 17권 4호, 119-148.

이혜정. 2009. "미국 공화당의 위기: 보수의 역사적 정체성과 정치적 과제." 『의정연구』 제15권 1호, 209-235.

Brady, David W., and Daniel P. Kessler. 2009. "Public Opinion and Health Reform." *The Wall Street Journal*, November 7.

Campbell, James E. "The Midterm Landslide of 2010: A Triple Wave Election." *The Forum*, Vol. 8, Issue 4.

Dubner, Stephen J. 2010. "Predicting the Midterm Elections: A Freaknomics Quorum." *New York Times*, October 27.

Fetzer, Joel. 2000. *Public Attitudes toward Immigration in the United States, France, and Germany*. Cambridge: Cambridge UP.

Furuseth, Owen, and Heather Smith. 2010. "Localized Immigration Policy: The View from Charlotte, North Carolina, A New Immigrant Gateway." Monica Varsanyi, ed. *Taking Local Control: Immigration Policy Activism in U.S. Cities and States*, 173-192. Stanford: Stanford UP.

Iglehart, John K. 2010. "Health Reform Looms As Major Factor In Midterm Election Battles." *Health Affairs* 29: 8 (August).

Joppke, Christian. 1999/2008. *Immigration and the Nation-State: The United*

States, Germany, and Great Britain. Oxford/New York: Oxford UP.

Lacey, Marc. 2011. "Birthright Citizenship Looms as Next Immigration Battle." *New York Times*, January 4, 2011.

Mitnik, Pablo, and Jessica Halperin-Finnerty. 2010. "Immigration and Local Governments: Inclusionary Local Policies in the Era of State Rescaling." Monica Varsanyi, ed. *Taking Local Control: Immigration Policy Activism in U.S. Cities and States*, 51-72. Stanford: Stanford UP.

Nortman, Kimberly. 2010. "Legal Limits on Immigration Federalism." Monica Varsanyi, ed. *Taking Local Control: Immigration Policy Activism in U.S. Cities and States*, 31-50. Stanford: Stanford UP.

O'Connor, Karen, Larry J. Sabato, Stefan D. Haag, and Gary A. Keith. 2004. *American Government: Continuity and Change*. Pearson Longman.

Perlmutter, Ted. 1996. "Bringing Parties Back In." *International Migration Review*, Vol. 30, No. 1, 375-88.

Preston, Julia. 2010. "Political Battle on Illegal Immigration Shifts to States." *The New York Times*, December 31.

Provine, Doris Marie. 2010. "Local Immigration Policy and Global Ambitions." Monica Varsanyi, ed. *Taking Local Control: Immigration Policy Activism in U.S. Cities and States*, 217-235. Stanford: Stanford UP.

Rubio-Marín, Ruth. 2000. *Immigration as a Democratic Challenge: Citizenship and Inclusion in Germany and the United States*. Kindle edition: Cambridge UP.

Saldin, Robert P. "Healthcare Reform: A Prescription for the 2010 Republican Landslide?" *The Forum*, Vol. 8, Issue 4.

Schain, Martin. 2008. *The Politics of Immigration in France, Britain, and the United States: A Comparative Study*. New York: Palgrave Macmillan.

Scuderi, Benjamin M. 2010. "HSPH Researchers Track Healthcare Reform in Midterm Voting." *The Harvard Crimson*, November 3.

Stonecash, Jeffrey M. "The 2010 Elections: Party Pursuits, Voter Perceptions, and the Chancy Game of Politics." *The Forum*, Vol. 8, Issue 4.

Surowiecki. James. 2010. "Greedy Greesers?" *The New Yorker*, Novermber 22.

Waslin, Michele. 2010. "Immigration Enforcement by State and Local Police: The Impact on the Enforcers and Their Communities." Monica Varsanyi, ed. *Taking Local Control: Immigration Policy Activism in U.S. Cities and States*, 97-114. Stanford: Stanford UP.

Watts, Ronald. 1999. *Comparing Federal Systems, 2nd ed*. Kingston: McGill-Queen's UP.

Zolberg, Aristide. 2006. *A Nation by Design: Immigration Policy in the Fashioning of America*. Kindle edition: Harvard UP.

〈여론조사 소스〉

Kaiser Family Foundation. November 2010. http://www.kff.org/kaiserpolls/8120.cfm(검색일: 2010. 12. 6).

CNN/ORC. September 11-13, 2009. http://i2.cdn.turner.com/cnn/2010/images/03/09/top14.pdf(검색일: 2010. 6. 7).

First Focus. June 2010. "Public Support for the Dream Act." http://www.firstfocus.net/sites/default/files/dreampollbreakdown_0.pdf(검색일: 2010. 12. 31).

Gallup Poll, 1999-2010, 해당 연도(검색일: 2010. 12. 31).

Gallup Poll. January 12, 2010. "Healthcare Bill Support Ticks Up; Public Still Divided." gallup.com(검색일: 2010. 6. 3).

Gallup Poll. July 27, 2010. "Amid Immigration Debate, Americans' Views Ease Slightly." gallup. com(검색일: 2010. 12. 31).

Latino Decisions. December 7, 2010. "Latino Decisions tracking poll post-election panel discredits National Exit Poll." http://latinodecisions.wordpress.com/2010/12/07/latino-decisions-tracking-poll-post-election-panel-discredits-national-exit-poll/(검색일: 2010. 12. 31).

Pew Research Center. October 31, 2010. "GOP Likely to Recapture Control of House." http:/people-press.org/report/671/(검색일: 2010. 12. 31).

Rasmussen Reports. August 13-14, 2009. http://www.rasmussenreports.com/public_content/politics/questions/pt_survey_questions/august_2009/toplines_healthcare_bill_august_13_14_2009(검색일: 2010. 6. 3).

USA Today/Gallup poll. September 11-13, 2009. http://www.gallup.com/

poll/123149/cost-is-foremost-healthcare-issue-for-americans.aspx(검색일: 2010. 6. 3).

USA Today/Gallup poll. March 26-28, 2010. http://www.usatoday.com/news/washington/2010-03-29-health-poll_N.htm(검색일: 2010. 6. 3).

USA Today/Gallup poll. July 8-11, 2010. http://www.gallup.com/poll/141275/Economy-Dominates-Nation-Important-Problem.aspx(검색일: 2010. 12.31).

USA Today/Gallup poll. August 27-30, 2010. http://www.gallup.com/poll/142730/americans-give-gop-edge-election-issues.aspx(검색일: 2010. 12.31).

〈웹사이트 자료〉

http://www.census.gov/compendia/statab/hist_stats.html(검색일: 2010. 12. 31).

http://www.nilc.org/(검색일: 2010. 12. 31).

http://www.ncsl.org/default.aspx?tabid=19232(검색일: 2010. 12. 31).

http://www.ncsl.org/default.aspx?TabId=20881(검색일: 2010. 12. 31).

http://pewhispanic.org/unauthorized-immigration/(검색일: 2010. 12. 31).

http://www.tradingeconomics.com/Economics/Unemployment-Rate.aspx?Symbol=USD(검색일: 2010. 12. 31).

| 제8장 |

2010 중간선거와 미국의 한반도 정책*

김재천 | 서강대학교

I. 서론: 2010년 미국 중간선거의 의미

2010년 11월 2일 실시된 미국 중간선거는 대다수 국내외 언론의 예측대로 공화당의 승리로 막을 내렸다. 공화당은 하원(下院)에서 63석을 늘리며 총 242석을 획득해 4년 만에 다수당의 위치로 복귀했으며(민주당 193석), 상원(上院)에서도 비록 다수당은 되지 못했으나 6석을 추가해 모두 47석을 차지하게 되었다(민주당 53석). 공화당 소속 주지사 수도 6명이 늘어나 총 29명의 주지사를 전국적으로 확보하게 되었다(민주당 20명). 이 같은 선거결과는 2008년 '변화와 희망'을 슬로건으로 제창하고 경제위기 극복을 최우선 정책순위로 앞세워 64퍼센트의 높

---

* 본 원고는 『신아세아』 2011년 봄호(제18권 1호)에 출간된 논문을 수정, 보완한 것임을 밝힌다.

은 득표율로 당선된 오바마 대통령뿐 아니라, 2006년 중간선거 승리로 상 · 하원을 모두 장악했던 민주당에게도 뼈아픈 참패로 기록될 것이다.

공화당이 압승을 거둔 가장 큰 이유는 역시 국민들의 기대수준에 미치지 못한 지지부진한 경기회복세와 여전히 9.5퍼센트에 육박하는 높은 실업률 등 경제적 상황에 대한 유권자들의 실망감이 투표에 반영된 사실을 가장 먼저 꼽을 수 있다.[1] 또한 티파티(Tea Party)를 중심으로 연방정부의 비대화에 반대하는 친(親)공화당 성향의 시민운동조직의 활동과 지난 대선에서 오바마에게 표를 몰아준 젊은 유권자 그리고 흑인과 히스패닉을 포함한 소수인종들의 저조한 투표율 역시 2010년 미국의 중간선거 결과에 큰 영향을 주었다고 할 수 있다.[2]

오바마는 취임 이후 대규모 경기부양책(economic stimulus package)을 도입했고, 논란이 되었던 의료보험개혁과 금융개혁을 밀어붙이는 등 국내정책에 집중하는 모습을 보여주었다. 하지만 외교정책에서도 '스마트 파워(smart power)'에 입각한 외교적 노력을 경주하여 부시의 일방주의로 추락한 미국의 국제적 위신과 지도력을 회복하려 하였고, '핵 없는 세계(nuclear free world)'를 주창하는 등 비핵화와 비확산(nonproliferation)에 각별한 공을 기울여 왔다. 하지만 중간선거의 패배로 인해 오바마가 추진해 온 일련의 국내외 정책에 일정 부분 제동이 걸리고 있다.[3] 특히 공화당의 반대 속에서 추진해 온 건보개혁안과 같은 오바마의 국내 개혁과제들은 상당부분 난관에 부딪힐 것이고, 경제정책을 중심으로 한 일부 정책들은 중도노선에 근거하여 지난 12월 16일 하원을 통과한 '부자감세법안'의 연장조치와 같이 공화당과 초당적

---

1) 박기덕, "미국 중간 선거의 의미와 한국에 미칠 영향," 『정세와 정책』 12월호(세종연구소, 2010), pp. 1-2.

2) 김현욱, "미국 중간선거 분석과 향후 대외 정책 전망," 『주요국제문제분석』 No. 2010-31(외교안보연구원, 2010), pp. 1-2.

3) 손병권, "결혼서약을 잊은 오바마에게 별거를 선언한 미국 유권자," 『EAI 논평』 제13호(동아시아연구원, 2010), p. 2.

합의를 이루어 시행될 것이다. 오바마는 2011년 1월 27일 연두교서(年頭敎書: State of the Union)에서 이러한 중도노선을 취해 초당적 합의로 남은 임기에 임할 것임을 확인해 주었다.[4)]

중간선거 결과로 발생한 미국 정치지형의 변화는 미국의 국내정책뿐 아니라 대외정책에도 일정 부분 영향을 끼칠 것이다. 오바마는 대통령 선거 기간 중 외교정책 공약의 하나로 부시 행정부가 아프가니스탄과 이라크에서 전쟁을 수행하느라 소홀히 했던 미국의 대(對) 아시아 정책의 강화를 제시했다.

오바마의 공약집, '변화를 위한 청사진(Blueprint For Change)'에는 한국과의 동맹관계 강화와 북한문제의 중요성이 부각되어 있다.[5)] 하지만 취임 후 오바마 행정부가 취해온 대 한반도 정책 행태는 2기 부시 행정부의 정책기조에서 크게 벗어나지 않았다는 것이 중평이다. 천안함 침몰, 우라늄 농축시설 공개와 연평도 포격도발로 남북 간의 긴장이 고조되어 있는 시점에서 미국의 중간선거 결과가 향후 오바마 행정부의 대 한반도 정책에 어떠한 영향을 끼칠지를 가늠하는 것은 매우 중요한 과제라고 할 수 있다.

본 장은 우선 미국의 (중간)선거와 외교정책 간의 상관관계를 이론적 시각에서 고찰한 후, 2010년 중간선거 이후 미국의 한반도 정책의 변화 가능성을 논의해 본다. 이러한 논의는 향후 한국정부의 대 한반도 정책 도출에도 적지 않은 함의를 가질 것이다.

---

4) 오바마는 2011년 연두교서를 통해 정치적 중도노선의 표방, 경제회복과 새로운 일자리 창출, 재정적자의 감축, 한미 FTA의 조기비준, 그리고 북한 핵문제 해결 등에 주력할 것임을 강조했다. 전문은 아래 사이트 참조. http://www.whitehouse.gov/the-press-office/remarks-president-state-union-address/ (검색일: 2011. 1.25).

5) Barack Obama, "Blueprint for Change," http://www.barackobama.com/pdf/ObamaBlueprintForChange.pdf (검색일: 2010. 12.25).

Ⅱ. 미국 선거와 외교정책: 이론적 고찰

일국(一國)의 외교정책은 정책결정자, 국내(정치)적, 국제(체제)적 수준에서의 다양한 변인들에 의해 결정된다. 미국과 같은 민주주의 국가에서 '선거'는 유권자의 정치적 또는 정책적 선호(preference)를 정책결정권자의 정책결정에 반영할 수 있게 하는 제도이고, '투표행위'는 유권자가 정책결정권자의 정책에 영향력을 행사할 수 있는 수단이다. 따라서 민주주의 국가에서는 정부의 외교정책에 대한 유권자의 평가가 독립변수가 되어 선거결과에 영향을 끼치고, 마찬가지로 선거결과 역시 독립변수로 작용하여 외교정책의 변화로 이어질 수 있을 것이다. 정책행위와 선거결과가 상호인과(相互因果: mutual causality) 관계를 형성하고 있는 것이다.

하지만 외교정책과 선거의 인과관계가 미미하다는 학문적 시각도 존재한다. 흔히 전통주의자(traditionalist)라고 불리는 일군(一群)의 학자들은 정부의 외교정책 공과가 유권자들의 투표행태에 그다지 큰 영향을 주지 않는다고 주장한다. 이러한 해석은 1950년대부터 학문적 공감대를 형성해 왔으며, 이러한 시각을 공유하는 학자들은 자신들의 주장에 대한 주요 근거로 유권자들의 최종선택은 구체적인 정책 이슈들보다 후보자들의 개인적 매력과 리더십 유형에 더 큰 영향을 받는다는 논거를 제시한다. 알몬드(Almond 1950), 스토크스(Stokes 1960), 카마인스와 스팀슨(Carmines and Stimson 1980), 제이콥슨과 페이지(Jacobson and Page 2005)로 대표되는 이들 전통주의자들의 연구결과에 의하면, 이해하기 "어려운 이슈(hard issue)"인 외교정책보다는 "쉬운 이슈(easy issue)"인 국내정책에 대한 유권자들의 평가가 선거결과에 더 큰 영향을 준다고 한다.[6] 유권자들이 참정권(參政權)을 행사할 때 자신의

---

6) Edward G. Carmines, and James A. Stimson, "The Two Faces of Issue Voting,"

일상생활과 보다 밀접한 연관이 있는 경제와 사회복지 및 의료보험과 같은 국내 정책이슈를 외교정책 이슈보다 더 중요시하는 성향을 보여주고 있기 때문이다. 이러한 전통주의적 시각은 1950년대부터 1970년대 중반까지 미국 학계에 주류(mainstream)를 형성했다.[7) '알몬드-리프만 합의(Almond-Lippmann Consensus)'는 이러한 전통주의적 시각을 대표하는 학문적 견해라고 할 수 있다.[8)

그러나 1970년대 후반부터는 전통주의적 시각과는 상반된 입장을 취하고 있는 '수정주의 이론들(revisionist theories)'이 등장하기 시작했다. 수정주의는 외교정책이 투표에 실질적으로 영향을 준다고 주장하는 입장인데 페이지와 샤피로(Page and Shapiro 1983), 알드리치 외(Aldrich et al. 1989, 2006), 니닉(1990), 바텔스(Bartels 1991), 하틀리와 러셋(Hartley and Russet 1992)등의 연구가 이 같은 견해를 뒷받침하고 있다. 수정주의 학자들은 외교정책과 선거의 상호 인과관계를 실증 연구를 통해 설득력 있게 제시하고 있고, 1980년대부터는 전통주의를 대체하여 주류 학설로 자리매김했다는 평가를 받고 있다. 이들 주장의 핵심은 일반 대중(public)들이 외교정책이슈에 관해 비교적 잘 알고 있을 뿐 아니라, 외교정책에 관한 이들의 여론은 안정적(stable)이고 일관적(consistent)이라는 것이다. 이러한 논지로 인해 수정주의 이론은 '합리적 대중이론(rational public thesis)'으로 호칭되기 시작했다.[9)

합리적 대중이론에 의하면, 미국 대통령 선거에서 외교정책이슈는

American Political Science Review, Vol. 74, No. 1 (1980), pp. 88-89.

7) Ole R. Holsti, "Public Opinion and Foreign Policy: Challenges to the Almond-Lippmann Consensus Mershon Series: Research Programs and Debates," *International Studies Quarterly*, Vol. 36 (1992), pp. 442-445.

8) Ole R. Holsti, "Public Opinion and Foreign Policy: Challenges to the Almond-Lippmann Consensus Mershon Series: Research Programs and Debates," pp. 441-442.

9) Robert Y. Shapiro and Benjamin I. Page, "Foreign Policy and the Rational Public," *Journal of Conflict Resolution*, Vol. 32, No 2 (1988), pp. 243-244.

선거의 향배를 결정짓는 주요 변인(變因)이었으며, 이는 유권자들이 후보자들의 국내정책뿐 아니라 외교정책 공약과 업적을 심사숙고해 투표권을 행사하기 때문이라는 것이다. 일례로 1980년과 1984년 대통령 선거를 분석한 두 편의 실증연구에 따르면, 유권자들은 대통령 후보자들의 외교정책 공약의 차이점을 구분하여 투표에 반영했으며, 외교 및 국가안보와 관련된 이슈가 국내 경제정책이슈 못지않게 유권자들의 표심에 중요한 영향을 주었던 변인임을 알 수 있다.[10)]

실제로 대통령 선거에서 외교정책은 당락을 결정할 수 있는 주요 변수 중의 하나라는 연구들이 무수히 발표되어 왔다. 윌다브스키(Wildavsky)의 1975년 연구는 "(대통령 선거에서) 외교정책 이슈가 국내정책 이슈들을 우선순위에서 밀어내고 있다"라고 지적하고 있다.[11)] 전쟁의 개시와 종전에 대한 공약 등에 관한 외교정책결정은 대통령 선거 결과에 지대한 영향을 끼친다는 연구결과도 있다.[12)] 1952년 아이젠하워 대통령의 한국전쟁 종전 공약, 1960년대 존슨의 베트남 전쟁의 미국화(Americanization) 결정, 1968년 닉슨의 베트남 철군 공약, 1980년 카터의 이란 주재 미국 대사관 인질사건, 그리고 2004년, 2006년, 그리고 2008년 선거에서도 부시의 이라크 전쟁은 유권자들의 표심에 결정적 영향을 끼쳤다.[13)]

---

10) 대통령 선거에 외교정책 현안이 경제정책에 못지않은 중요한 변수임을 지적한 연구는 John H. Aldrich, John L. Sullivan and Eugene Borgida, "Foreign Affairs and Issue Voting: Do Presidential Candidates Waltz Before a Blind Audience?" *American Political Science Review*, Vol. 83, No. 1 (1989), pp. 123-141와 Miroslav Nincic and Barbara Hinckley, "Foreign Policy and the Evaluation of Presidential Candidates," *Journal of Conflict Resolution*, Vol. 35, No. 2 (1991), pp. 333-355를 참고.

11) Aaron Wildavsky, "The Two Presidencies," in Aaron Wildavsky ed., in *Perspectives on the Presidency* (Boston: Little Brown, 1975), p. 450.

12) Stephen Hess and Michael Nelson, "Foreign Policy: Dominance and Decisiveness in Presidential Elections," in Michael Nelson, ed., *The Elections of 1984* (Washington: Congressional Quarterly, 1985).

13) 강주현, "외교정책이슈가 미국 대통령 선거에 미치는 영향분석," 『한국정당학

이렇듯 다수의 정치학자들은 일반적으로 외교정책이 선거의 결과에 일정한 영향을 끼친다는 합리적 대중이론의 가설에 동의하고 있다. 하지만, '외교정책이 어떠한 인과경로를 통해 어느 정도의 영향을 선거에 끼치는가?'라는 질문에는 실로 다양한 학설이 존재한다. 전통적으로 외교정책은 대통령을 수반으로 하는 행정부 고유의 정책영역으로 간주되어왔다. 미국의 통치(governance) 구조는 루스벨트(Franklin Roosevelt) 대통령의 임기를 거치면서 의회중심 정부(Congressional Government)에서 대통령중심 정부(Presidential Government)로 전이되었다고 할 수 있는데, 이 과정에 대통령의 우월적 지위가 가장 현저하게 나타난 정책영역은 외교정책 부문이다. 특히 2차 세계대전 이후 형성된 '냉전의 국민적 합의(Cold War Consensus)'와 소련과의 핵무기경쟁 등 국가안보위기적 상황은 대통령이 외교정책을 주도할 수 있는 사회적 분위기를 조성해 주었다. 하지만 의회 역시 행정부의 정책을 비판, 견제하는 기능을 수행하고 있고 외교정책에 소요되는 예산을 편성하는 권한을 가지고 있어 외교정책에 일정한 영향을 행사하는 것도 사실이다. 그러나 대통령은 외교정책, 특히 군사 · 안보정책은 행정부의 고유권한이라는 인식을 가지고 있고, 성공적인 외교정책을 통해 '재선(re-election)'과 같은 정치적 보상을 기대하는 성향이 있다. 따라서 대통령은 대국민 연설이나 정상회담 개최, 그리고 전쟁선포와 같은 극적인 '정치 드라마(political drama)'를 연출해 다가오는 선거에서 유리한 고지를 점하려고 한다.[14)]

마라(Marra)와 그의 동료들의 연구는 대통령의 지지율 상승에는 외

회보』 제8권 2호(2009), pp. 196-197.

14) 스미스의 연구는 대통령들이 외교정책십행의 활용을 통해 어떻게 재선고지에 도달하게 되는가를 전략적으로 분석하고 있다. 저자는 유권자들의 정부의 외교정책에 대한 평가가 선거결과에 영향을 주게 될 경우 편견이 들어간 정책결정이 이루어질 수 있음을 지적한다. Alastair Smith, "Diversionary Foreign Policy in Democratic Systems," *International Studies Quarterly*, Vol. 40 (1996), p 150.

교정책이, 지지율 하락에는 국내정책이 각각 보다 많은 영향을 끼치고 있고, 따라서 대통령이 지지율을 끌어올리기 위해서는 외교정책 업적을 챙기는 것이 더 적절하다는 흥미로운 가설을 제시하고 있다.[15] 이러한 분석에 의하면 성공적인 외교정책은 대통령의 지지율 관리 전략(approval management strategy)과 선거 전략에 핵심적인 역할을 수행할 수 있다.[16] 합리적 대중이론은 외교정책이 투표행태에 미치는 영향을 설득력 있게 제시하기 위해 두 가지의 이론적 모형을 체계화하려 했다.[17]

첫 번째는 '결집효과(rally-around-the-flag)' 모형으로 이는 전쟁이나 위급한 국가안보위기 상황이 유권자의 투표행태에 끼치는 영향을 가설화한 것이다.[18] 한국 전쟁과 베트남 전쟁에 적용된 '결집효과' 모형에 따르면 대통령의 지지율은 전쟁 발발 시기에는 상승하지만 전쟁사상자(casualties of war)의 수가 증가하면 점차 하락하는데, 이로 인해 대통령과 집권당은 정책의제를 수행하는 데 어려움을 겪게 되고 선거에서도 패할 가능성이 높아진다는 것이다. 뮐러(Muller)는 이라크 전쟁 초기에 높은 지지율을 유지했던 부시 대통령이 2004년 재선에 성공했으

---

15) Robin F. Marra, Charles W. Ostrom and Dennis M. Simon, "Foreign Policy and Presidential Popularity," *Journal of Conflict Resolution*, Vol. 34, No. 4 (1990) pp. 618-620.

16) 외교정책과 대통령 후보 평가의 인과관계를 분석한 니닉과 힌클리의 연구에 따르면 유권자들은 2단계의 인지과정(cognitive process)을 통해 대선 후보들의 외교정책 평가를 실제 투표에 연결시키는데, 1단계에서 유권자들은 후보들의 외교문제에 대한 입장을 우선 평가하고, 이는 후보자의 전반적인 인상(overall impression)과 연결된다. 이어지는 2단계에서 후보자의 전반적 인상이 유권자의 실질적 투표에 영향을 주게 됨으로써 선거에 대한 외교정책의 영향은 직접적이라기보다는 간접적이라는 점을 시사하고 있다. Nincic and Hinckley, "Foreign Policy and the Evaluation of Presidential Candidates," pp. 335-336.

17) Clem Brooks, Kyle Dodson and Nikole Hotchkiss, "National Security Issues and US Presidential Elections, 1992-2008," *Social Science Research*, Vol. 39 (2010) pp. 519-520.

18) John E. Mueller, "Presidential Popularity from Truman to Johnson," *American Political Science Review*, Vol. 64, No. 1 (1970), pp. 21-22.

나, 전쟁이 장기화되면서 사상자가 많이 발생하자 2008년 중간선거에서 패배하는 과정을 '결집효과' 모형을 동원해 설명하고 있다.[19)]

두 번째는 '연계논제(linkage thesis)' 모형으로 이 모형은 정당과 유권자, 이익단체들이 지속적인 연계노력을 통해 전쟁이나 특별한 안보위기가 부재한 상황에서도 외교안보정책에 일관적인 영향력을 행사하려하고, 선거에도 영향을 끼친다는 가설을 제기한다.[20)] 연계논제가 성립하기 위해서는 몇 가지 전제조건이 선행되어야 하는데 유권자들이 (1) 외교안보정책에 진지한 관심을 가지고 있어야 하며, (2) 이러한 정책에 대한 양당의 차이를 지각하고 있어야 하며, (3) 선거기간 동안 정당과 이익집단과의 긴밀한 교류와 연계를 통해 실질적인 영향력을 투표로 행사해야 한다. 연계논제는 유권자들을 주어진 외교정책현안에 수동적으로 반응하지 않고 외교정책형성 과정에 적극적으로 참여하는 행위자로 설정하고 있다. 이러한 '연계논제' 모형은 세계화의 확산과 9/11 테러사건으로 인해 외교안보정책 이슈에 대한 미국 국민들의 관심이 높아진 사실, 그리고 미국 정당들의 당파성이 강화되어 온 추세 등을 감안했을 때, 미국의 향후 외교정책과 선거의 인과관계를 관찰하는 데 중요한 분석틀이 될 수 있을 것으로 판단된다.

미국의 외교정책과 선거에 관한 일부 가설들은 전통주의적 해석과 합리적 대중이론의 합의점을 찾으려는 노력을 기울이고 있다. 예를 들어, 강주현의 실증연구는 1988년부터 2004년까지 미국 대통령 선거행태에 외교정책이슈가 끼친 영향을 프로빗(probit) 모델을 사용해 분석하였는데, 분석결과 외교정책이슈가 (1) 강력한 영향력을 행사한 선거(1988년과 2004년), (2) 사안에 따라 부분적인 영향력을 행사한 선거

---

19) John E. Mueller, "The Iraq Syndrome," *Foreign Affairs*, Vol. 84 (2005), pp. 44-45.

20) John H. Aldrich, Christopher Gelpi, Peter Feaver, Jason Reifler and Kristin Thompson Sharp, "Foreign Policy and the Electoral Connection," *Annual Review of Political Science*, Vol. 9 (2006), p. 478.

(1996년), 그리고 (3) 영향력을 행사하지 못한 선거(1992년과 2000년)가 있었던 것으로 나타났다.[21] 이러한 결과는 전통주의적 해석에 기초한 가설과 합리적 대중이론에 의거한 가설의 적실성이 일반적이라기보다는 선거가 치러졌던 시대상황과 밀접한 연관이 있다는 점을 시사해 준다. 외교정책과 선거의 관계는 일방적이 아닌 쌍방적 인과관계(mutual causality)라 할 수 있다. 선거결과는 다시 독립변수가 되어 외교정책의 수립과 집행에 일정한 영향을 행사하기 때문이다. 위의 논의에서는 '외교정책→선거'의 인과관계를 가설화한 이론적 노력을 검토해 보았다. 하지만 '선거→외교정책'의 인과경로를 가설화하는 이론적 작업은 그다지 많이 찾아볼 수 없다.[22] 지금까지의 논의를 종합해 보면, 세계화(globalization)의 심화로 외교정책이 국내화되고 있는 경향, 정당의 이념화와 강화된 당파성, 9·11 테러사건 이후 증폭된 외교정책에 대한 관심 등으로 인해 향후 미국의 외교정책과 선거결과는 보다 밀접한 상호 인과관계를 형성하게 될 것으로 사료된다.[23]

---

21) 강주현, "외교정책이슈가 미국 대통령 선거에 미치는 영향분석," p. 199.

22) 유권자들이 정당 및 이익단체들과 연합하여 선거를 통해 외교정책의 향방에 영향을 행사한다는 '연계 논제 (linkage thesis)' 등이 '선거→외교정책'의 인과경로를 가설화하는 모형 중의 하나라고 할 수 있다.

23) 김장수(2006)는 2004년 미국 대통령 선거를 분석하며 향후 미국의 외교정책이 정당의 부활과 유권자의 양극화로 초래된 정치지형의 변화로 인해 초당파적 애국주의가 약화되고 당파색이 짙은 정책들로 대체되면서 정부와 의회의 대립과 견제가 강화될 가능성을 지적하고 있다. 김장수, "미국 대외 정책과 유권자의 영향력: 전망과 연구방법을 중심으로," 『국제관계연구』 제11권 2호 (2006), p. 166.

Ⅲ. 미국 중간선거와 외교정책: 역사적 사례

앞 절에서는 미국 외교정책과 선거와의 인과관계에 대한 학계의 논의를 간략히 검토해 보았다. 그렇다면 미국 외교정책과 '중간' 선거에는 어떠한 인과관계가 존재할까? 중간선거 결과는 외교정책의 향방에 어떠한 영향을 주는 것일까? 2010년 중간선거는 오바마 정부의 외교정책, 특히 대 한반도 정책에 어떤 영향으로 작용하게 될 것인가? 이와 같은 질문에 답을 구하기 위해서는 우선 미국 중간선거의 특징을 파악하는 작업이 선행되어야 할 것이다. 중간선거는 일반적으로 민주 · 공화 양당의 차별적 정책에 대한 유권자의 선택이 아니라, 임기 2년 동안 대통령의 정치행태와 정책업적에 대한 국민투표(referendum) 또는 신임투표 성격을 띠고 있다. 중간선거는 대통령직(Presidency)과 행정부를 장악한 정당에 대한 견제심리가 작용하기 때문에, 대통령이 속한 정당이 약진하는 경우가 많지 않다. 특히 대통령의 소속 정당이 의회 역시 장악하고 있을 경우, 즉 단점정부(單占政府: unified government)일 경우, 유권자의 견제심리가 더 강하게 작용할 수 있기 때문에, 중간선거에서 여당이 의석수를 늘리기는 쉽지 않다.[24]

미국의 정치사를 살펴보았을 때, 대통령의 소속정당, 즉 여당이 중간선거에서 거의 예외 없이 패배를 기록해 왔음을 알 수 있다. 1930년 이후 집권여당이 중간선거에서 하원의 의석수를 늘린 경우는 단 세 차례(1934년 민주당 루스벨트 행정부, 1998년 민주당 클린턴 행정부, 2002년 공화당 부시 행정부)에 불과하다는 사실이 이를 방증하고 있다.[25]

---

24) 미국 중간선거의 특징에 대한 보다 자세한 논의는 아산정책연구원 보고서 참조. The Asan Institutes for Policy Studies, "U.S. Midterm Elections and the Obama Administration," *AIPS Roundtable No.5* (May 2010), pp. 2-3.

25) 캠벨(Campbell 2003)의 연구에 따르면 (1) 루스벨트(1934)는 첫 임기 시 추진한 뉴딜 정책의 긍정적 영향으로, (2) 클린턴(1998)은 재임 시절 이룩한 경제호황

이러한 중간선거의 특성으로 인해 중간선거의 결과로 정책의 변화를 예측하기는 용이하지 않고, 특히 향후 외교정책의 향배를 예측하기에는 더 큰 어려움이 따른다.

1930년대 루스벨트 대통령 시절 당세를 크게 확장한 민주당은 그 유산을 성공적으로 관리하여 아이젠하워 대통령 집권시기였던 1955년부터 클린턴 대통령 재임시기였던 1994년까지 무려 40년 동안 하원 다수당의 위치를 지켜왔고 상원에서도 34년간의 수성을 이루어냈다. 미국의 정치사를 살펴보면 외교정책에 관한 초당적 합의(Cold War consensus)가 형성되어있던 냉전 초기나, 베트남 전쟁으로 국론이 극심하게 분열되었던 1966년 중간선거에서도 민주당이 상 · 하원 다수당의 위치를 수성했음을 알 수 있다. 이 같은 사실은 적어도 중간선거에서는 경제, 사회복지, 의료보험, 교육과 같은 국내정책 이슈들과 지역 현안 및 후보자 개개인의 자질이 외교정책 현안보다 표심의 향배에 보다 큰 영향을 끼쳐왔음을 방증해주고 있다. 1994년 클린턴 대통령 집권 시기에 실시된 중간선거에서 깅그리치(Newt Gingrich)가 주도한 '미국과의 계약(contract with America)' 슬로건이 효험을 발휘하면서 공화당이 하원과 상원을 동시에 장악하는 승리를 거두었다. 40년 동안 지켜온 민주당의 아성이 하원에서 무너지는 순간이었다. 그러나 1994년 중간선거의 쟁점이슈는 외교문제가 아닌 보수의 재결집과 제도개혁 등이 중심이 된 국내문제가 그 주류를 이루고 있었다.

2차 대전 이후 치러진 대부분의 중간선거에서는 국내정책에 관련된 현안들이 이슈를 선점해 선거의 향배에 결정적 영향을 끼쳐왔다. 하지만 2001년 9 · 11 테러사건과 그로 인해 발발한 아프가니스탄 전쟁 및

과 탄핵위기에 대한 민주당원들의 반작용으로, (3) 부시(2002)는 9/11 사건의 여파로 얻은 높은 지지율로 인해 역사적으로 반복된 유형을 깨고 중간선거에서 승리할 수 있었다. James E. Campbell, "The 2002 Midterm Election: A Typical or an Atypical Midterm," *Political Science and Politics*, Vol. 36, No. 2 (2003), p. 203.

이라크 전쟁은 미국유권자의 선거행태에 적지 않은 영향을 끼쳤다. 외교정책 현안이 국내정책 이슈에 못지않게 중간선거의 결과에 영향을 끼치게 된 것이다. '테러와의 전쟁'의 국가적 안보위기와 보수 대결집 전략의 성공으로 부시는 2002년 중간선거와 2004년 대통령선거에서 손쉬운 승리를 거둘 수 있었다. 하지만 전쟁의 끝은 보이지 않고 미군의 희생이 급속히 증가하면서 이라크 전쟁과 부시의 외교정책 행태는 2006년 중간선거에서 공화당에게 엄청난 악재로 작용했다. 선거결과 공화당은 민주당에게 12년 만에 다시 상 · 하 양원에서 모두 다수당의 지위를 내주는 뼈아픈 패배를 기록하게 되었다. 2006년 중간선거는 외교정책 현안이 중간선거의 결과에 큰 영향을 끼칠 수 있는 변인으로 작용할 수 있다는 점에서 중요한 의미를 갖는다.

2차 대전 이후 치러진 미국의 중간선거를 살펴보면, 중간선거의 결과로 인해 대통령과 의회를 각각 다른 정당이 장악하는 '분점정부(分占政府: divided government)'가 빈번하게 출현했음을 알 수 있다.[26] 분점정부의 출현에는 전술한 바와 같이 유권자의 견제심리(split-ticketing)가 작용했다고 할 수 있다. 그러나 메이휴(Mayhew)의 연구에 의하면 분점정부하에서도 대통령의 외교정책 주도권에는 특별히 큰 변화가 없었고, 따라서 분점정부의 출현이 외교정책의 변화에 주는 영향은 미미하다고 할 수 있다.[27] 이러한 역사적 경험과 선행연구 결과를 고려해 보았을 때 2010년 중간선거로 공화당이 하원을 장악하는 분점정부가 출현했음에도 불구하고 오바마 행정부의 외교정책에는 괄목할 만한 변화가 발생

---

26) 일례로 공화당이 상, 하원을 모두 장악했던 트루먼 대통령(민주당) 집권 1기(1947~49년), 민주당이 상, 하원을 통제했던 아이젠하워 대통령(공화당) 집권 시기(1955~61년), 민주당이 양원 모두를 석권하고 닉슨과 포드라는 공화당 출신 대통령들이 통치했던 1970년대(1969~77년), 레이건 2기와 부시 대통령(공화당, 1987~93) 집권기와 1기 중간 선거 이후 공화당에 의회 권력을 넘겨준 클린턴 행정부(1995~2001년) 등을 대표적 분점정부의 시기로 볼 수 있다.

27) David Mayhew, *Divided We Govern: Party Control, Lawmaking, and Investigations*(New Haven: Yale University Press, 1991).

하지 않을 것으로 전망이 가능하다. 하지만 본 연구는 2010년 중간선거 결과가 향후 오바마 행정부의 외교정책에 가져올 수 있는 변화를 두 갈래의 인과경로에 관한 시나리오를 상정해 고찰해 보고자 한다.

첫 번째 시나리오는 중간선거의 패배로 인해 오바마 행정부가 국내문제보다는 오히려 외교문제로 국민적 관심을 전환해 당면한 정치적 시련을 돌파해 나가려는 전략을 채택할 가능성이 있다는 것이다(시나리오 1). "오바마가 중간선거 이후에 국내의 현안들보다 외교문제에 더 집중하고 있다"는 2010년 11월 28일자 AP 통신의 보도는 이 같은 가능성을 뒷받침해주고 있다.[28] 정치평론가 쿡(Charles Cook)의 분석에 의하면 중간선거 패배 이후 대통령들이 임기 전반기보다 더 나은 외교적 성과를 거두는 경우가 있다고 하는데, 클린턴 대통령이 1994년 중간선거 패배 이후 외교문제 해결에 전념한 결과 북아일랜드 평화협정 등을 이끌어낸 사실을 증거로 제시하고 있다.[29] 오바마 대통령 역시 국내정치적 곤경을 헤쳐 나가며 재선고지를 선점할 수단으로 외교정책을 사용할 수 있고, 따라서 중간선거 이후 미국의 외교정책에 새로운 변화가 발생할 가능성을 배제해서는 안 될 것이다.[30]

두 번째 시나리오는 2010 중간선거로 변화한 미국 정치지형의 변화에 관한 것이다. 민주당과 공화당은 미국외교정책의 수립과 집행에 있어서 일정한 차이를 노정(露呈)해 왔다. 따라서 중간선거 결과 공화당

28) 오바마가 외교문제로 인해 내치에 전념하기 어려울 것으로 전망한 AP 통신의 보도에 관해서는 다음의 사이트 참조, Julie Pace, "Koreas Crisis Overshadows Obama's Message," *AP News* (2010. 11. 28), http://www.postandcourier.com/news/2010/nov/28/koreas-crisis-overshadows-obamas-message/(검색일: 2010. 12. 29).

29) The Asan Institutes for Policy Studies, p. 11.

30) 뉴욕타임즈는 이번 미중 정상회담의 가장 큰 성과로 양국의 국내정치에 미치는 영향을 들었다. 시나리오 1을 뒷받침하는 시각으로 이해될 수 있다. 곽재훈, "미중 정상회담 약발, 길어야 2년," 『프레시안』(2011. 01. 20), http://www.pressian.com/article/article.asp?article_num=40110120170728§ion=05(검색일: 2011. 01. 21).

의 약진으로 발생한 미국 의회의 권력지형은 오바마 행정부의 외교정책 행태에 일정한 변화를 초래할 가능성이 있다(시나리오 2). 중간선거의 승리로 인해 공화당은 상원의 다수당이 되었고, 상원에서는 민주당이 공화당의 필리버스터(filibuster) 없이 안건을 통과시킬 수 있는 압도적 다수(super majority), 즉, 60석의 지위(地位)를 상실했다. 공화당은 하원의 외교정책 관련 요직(要職)을 전리품으로 획득하였고, 요직을 차지하게 된 공화당 의원들의 정치성향과 정책선호도에 따라 오바마 행정부의 외교정책은 상당한 변화를 초래할 가능성이 있는 것이다. 물론 미국의 외교정책은 대통령과 행정부가 주도하고 있다. 하지만 외교정책 사안에 따라 의회가 행사하는 역할 또한 무시할 수 없다. 따라서 중간선거 이후 변화한 의회의 권력지형이 미국의 대한반도 정책에 끼치는 영향을 가늠하는 작업은 매우 중요하다고 할 수 있다. 다음 절에서는 전술한 두 가지의 시나리오를 염두에 두고 2010년 중간선거 이후 오바마 행정부의 대 한반도 정책을 조망해 보도록 하자.

IV. 2010 미국 중간선거와 미국의 한반도 정책 예측

2010년 중간선거는 경기회복, 실업률, 고용창출과 같은 경제이슈, 그리고 연방정부의 비대화와 재정적자 등 국내문제에 유권자들의 관심이 집중되면서 외교문제는 주요 이슈로 부각되지 않았다. 따라서 2010년 중간선거는 이라크 전쟁이라는 외교정책 이슈가 쟁점화 되면서 부시 행정부에게 패배를 안겨주었던 2006년 중간선거와는 매우 대조적 사례라고 할 수 있다. 2010년 중간선거가 국내 상황에 대한 유권자들의 불만표출의 분출구로 작용했다면, 선거의 결과는 주로 오바마 행정부의 국내정책 수정으로 이어질 것이라는 관측이 가능하다.

하지만 오바마 행정부가 외교정책 부문의 변화로 국내정치의 국면 전환을 도모할 가능성도 배제할 수 없다. 오바마는 '변화를 위한 청사진'에서 부시 행정부가 이라크 전쟁으로 소홀히 했던 아시아 정책의 중요성을 강조했다. 실제로 오바마는 취임 후 세계 최대의 경제권으로 성장한 아시아 시장에 지속적인 관심을 보여 왔다. 이 지역에서의 수출 증대를 통해 미국 경제의 회생과 성장을 도모하고, 전진배치외교(forward-deployed diplomacy)의 동맹 강화 정책으로 중국의 부상을 견제하며 미국의 역내 안보이익을 수호하는 정책을 추진해 왔다. 이러한 정책기조는 중간선거 이후에도 지속될 것이 분명하며, 국내정치적 이유로 오히려 강화될 가능성도 있다. 미국의 대한반도 정책은 '아프가니스탄 전쟁'이나 '중국과의 관계설정'과 같은 미국 외교가 당면한 현안에 비해 오바마 행정부의 외교정책 우선순위에서 상위를 차지하고 있다고 할 수 없다. 중국과의 '환율전쟁(currency war)'이나 아프가니스탄 정책에서 가시적인 성과를 내지 못한 상황에서 오바마 행정부가 한반도 문제를 해결하는데 외교역량과 국방자원을 집중하지는 못할 것이다.

오바마 행정부의 최우선 정책 순위는 대내적으로 경기부양책을 통한 경제위기 극복이며, 대외적으로 아프가니스탄 전쟁 및 중국과의 관계설정, 그리고 중동의 정세이다. 천안한 폭침과 연평도 포격 도발로 북한 문제가 주목을 받긴 했으나 최근 튀니지, 이집트, 리비아를 비롯한 북아프리카와 중동 국가들에서 발생한 전환기적 사건들에 미국의 외교적 역량을 집중해야 할 형편이라 대 한반도 정책에는 큰 관심을 쏟기 어려운 상황이다. 이러한 여러 정황을 감안했을 때, 중간선거 이후 오바마 행정부의 후반기 한반도 정책의 전반적 기조에는 큰 변화가 없을 것으로 전망된다. 하지만 오바마 행정부가 국내정치의 국면전환용으로 한반도정책(특히 대북정책)에 일정 변화를 도모할 수 있고, 공화당이 약진한 정치지형의 변화로 인해 미국의 한반도 정책에 일정 변화가 발생할 수 있다는 점을 유념할 필요가 있다.

1. 대북정책

부시 행정부는 재임에 성공한 후 북한정책을 전면적으로 수정하여 제재중심의 기존 강경책에서 대화와 협상의 정책으로 선회(旋回)했다. 2006년 중간선거 이후 부시 행정부의 대북 유화정책은 더욱 구체화되고 가속적으로 추진되었다. 하지만 부시 행정부의 대북 정책변화는 선거의 결과에 의해서 발생했다기보다는, 이라크 전쟁 수습에 전념하기 위한 부시의 전략적 선택이었다고 할 수 있고, 이렇다 할 외교정책 업적이 없어 긍정적 외교정책 유산이 절실했던 부시의 궁여지책이었다고 할 수 있겠다. 그러나 집권 1기의 반환점을 막 돈 시점에서 오바마 행정부가 부시 행정부처럼 대북 정책의 전면 전환을 도모하지는 않을 것이라는 것이 전반적인 견해이다.

내각과 백악관에서 미국의 대 아시아 정책을 담당하고 있는 제임스 스타인버그(James Steinberg) 국무부 부장관, 제프리 베이더(Jeffrey Bader) 국가안보회의(NSC) 아시아 담당 보좌관, 오바마의 대북특사로 활약하고 있는 스티븐 보즈워스(Steven Bosworth) 등 대북정책을 전담하고 있는 주요 인사들의 교체도 당장은 없을 것으로 예상된다. 하지만 오바마가 현재 미국외교정책의 최우선 과제 중 하나인 중국과의 관계 정립을 새롭게 시도할 경우 아시아 정책 팀에 새로운 인물을 발탁할 가능성도 배제할 수는 없으며, 이러한 가능성이 현실화될 경우 인물의 교체가 대 한반도 정책에 끼칠 영향을 고려해야 한다.[31)]

오바마 정부의 대북정책기조는 2기 부시 행정부의 대북정책기조와

---

31) 외교정책 전문지인 *Foreign Policy*는 오바마 행정부가 대 중국정책의 재설정과 관련해 베이더 보좌관의 교체 가능성이 있다고 언급했다. 하지만 스타인버그 부장관의 교체 가능성은 여전히 소문에 머물고 있다. Josh Rogin, "Big Changes coming to Obama's Asia Team," The Cable, *Foreign Policy* (2011. 01. 04), http://thecable.foreignpolicy.com/posts/2011/01/04/big_changes_coming_to_obama_s_asia_team (검색일: 2011. 01. 06).

큰 차이를 보이지 않고 있다. 오바마 행정부의 공식적 대북정책은 대화와 제재를 병행하는 '투-트랙(two-track)'의 성격을 띠고 있다. 비핵화에 대한 북한의 의지가 구체화된다면 6자회담 또는 양자회담의 대화채널을 가동해 북한의 단계별 비핵화와 안보 · 경제적 보상을 상호 교환하는 프로세스를 가동하고, 대화채널이 가동되지 않을 경우 지속적인 제재를 통해 북한을 압박하겠다는 입장을 취해왔다. 북한은 오바마 취임 후 미국으로부터 매우 전향적인 대북정책을 내심 기대했을 수 있다. 하지만 대부분의 전문가들이 예상했던 대로 북한은 오바마 행정부의 정책 우선순위에서 밀려나 있었고, 미국의 대북정책기조에는 큰 변화가 발생하지 않았다. 오바마 행정부는 북한 문제를 조속히 해결하려 하기보다는 '전략적 인내(strategic patience)'를 가지고 우선은 문제를 관리하려는 태도를 보여주고 있다. 이러한 대북정책기조는 2009년 5월 북한의 2차 핵실험 이후 오히려 더 공고화된 느낌이다. 북미관계의 개선에 우선해 남북관계가 정상화 되어야 하고 6자회담의 재개를 위해서는 남북대화가 선행되어야 한다는 입장도 꾸준히 보이고 있다. 이러한 기조 아래 오바마가 먼저 조급하게 나서서 북한에게 큰 보상을 전제로 한 협상을 재촉하지는 않을 것이다. 하지만 오바마 행정부의 '전략적 인내'가 북핵의 비확산(nonproliferation)에는 효력을 발휘할 수 있으나 북의 비핵화(denuclearization)를 유도하지 못하고 상황을 방치하는 경우, 한국에게는 큰 부담이 될 수 있다.

이러한 상황을 고려한다면 한국정부도 적극적으로 국면전환을 도모할 수 있어야 한다. 한국정부는 '선핵폐기' 정책에서 벗어나 남북관계 개선과 비핵화 실현을 동시에 추구하는 정책도 하나의 대안으로 조심스럽게 고려해야 할 것이다. 북한의 군사적 도발에 군사적 대응은 자제하고 인도적 차원에서의 식량지원 카드를 활용해 보는 것은 그 출발점이 될 수 있을 것이다. 오바마 행정부도 6자회담의 재개를 위해 남북대화의 필요성을 강조하고 있다.

부시 대통령의 국가안보회의(NSC) 아시아 담당 보좌관을 역임한 빅터 차는 워싱턴포스트 기고문에서 북한은 구사할 수 있는 "정책이 거의 없는 나라—North Korea is a land of lousy policy options"라는 표현을 썼다.[32] 실제로 한국과 미국이 북한의 비핵화를 위해 북에게 구사할 수 있는 유효한 정책수단은 많지 않은 상황이다. 국제사회의 제재는 중국의 협조 없이 크게 실효를 보기 어려운 상황이고, 군사적 수단 역시 한반도에서 전면전으로 확전될 가능성이 우려되기 때문에 유효한 정책이라고 할 수 없다. 현재 '오바마의 전쟁(Obama's War)'이라고 일컬어지는 아프가니스탄 전쟁을 수행하고 있는 오바마 행정부에게 북한에 대한 군사행동은 설령 한국과 중국의 동의를 구해낼 수 있다고 하여도 큰 부담이 아닐 수 없다. 중간선거 이후에도 북한 핵 문제의 해결보다는 문제의 관리에 치중을 하는 정책기조가 유지될 것이고, 북한문제의 '전면검토(bottom-up review)'를 통한 대북정책의 대폭조정은 당분간 이루어지기 어려울 전망이다.

천안함 침몰, 고농축 우라늄 시설 공개, 연평도 공격 등 2010년 북한이 저지른 일련의 도발행위는 북한의 정권승계계획과 밀접한 관계가 있다는 것이 다수 전문가들의 의견이다. 하지만 이러한 도발행위는 판돈을 키워서 미국을 협상테이블로 불러내고 북한에 대한 국제사회의 제재를 무력화하고 안보 · 경제적 보상을 받아내려는 북한의 전형적 전술의 일환으로도 이해할 수 있을 것이다. 현재 미국은 한국과 일본과의 정책조율을 공고히 하고 중국의 협조를 구해가면서 '나쁜 행동에는 보상이 없다'는 원칙을 고수하고 있다. 도발에 대한 북한의 유감표명 그리고 북한의 비핵화에 대한 진정성이 결여된 상황에서 6자회담 재개는 그 자체가 보상이 되어버릴 수 있기 때문에 상당기간 동안 재개 되

32) 빅터 차는 북핵문제 해결을 위한 거의 유일한 정책 옵션으로 북한과의 지속적인 협상을 강조하고 있다. 자세한 내용은 아래 링크 참조. Victor D. Cha, "Five Myths about North Korea," *Washington Post* (2010.12. 10), http://www.washingtonpost.com/wp-dyn/content/article/2010/12/10/AR2010121002488.html (검색일: 2010. 12. 30).

지 않을 가능성이 있다. 2011년 1월 개최된 미중(美中) 정상회담 후 미중은 선(先) 남북대화 후(後) 6자회담 개최의 기본 틀에 동의(agree)한다는 성명을 내놓았다. 따라서 남북 국방장관회담 등 고위급 군사회담을 포함한 남북대화의 가능성이 매우 높아졌다.[33] 그동안 한국과 미국이 제시한 6자회담의 전제조건—도발에 대한 유감과 비핵화에 대한 진정성 표명—에 남북이 일정한 타협을 이루어 내지 못하면, 6자회담 개최를 위한 첫 번째 관문을 통과하기가 쉽지 않을 것이다.

하지만 중국과 마찬가지로 미국 역시 한반도의 위기상황을 상당히 큰 부담으로 느끼고 있다. 현 상황에서 한반도에서의 전면전은 오바마 행정부가 감당할 수 없는 국내 정치적 비용을 요구할 것이기 때문이다. 따라서 오바마 행정부는 원칙을 고수하면서도 위기관리의 중요성을 강조하고 있다. 재선을 위해 북한 핵위기의 타결과 같은 외교정책 업적이 필요할 수도 있을 것이다. 따라서 북한이 국제원자력기구 사찰단의 복귀, 핵시설 모라토리엄 선언, 그리고 고농축 우라늄프로그램(HEU)의 중단 등에 어느 정도 성의를 보여준다면 비확산(nonproliferation)에 더 큰 정책의미를 부여하고 있는 오바마가 대화에 나서지 않을 이유가 없을 것이다. 남북대화가 일정 성과를 도출하지 못할 경우, 북한을 제외한 5자 회담을 통해 도발에 대한 북한의 유감과 비핵화 성의 표명을 유도하고, 그 후 6자 회담을 개최할 수도 있을 것이다.[34] 게이츠 미 국방장관이 남북대화에서 남한에게는 유연성을, 북한에게는 성의를 강조한

33) 한국 정부가 지난 1월 20일 북한이 제안한 남북 고위급 군사회담을 수용하기로 결정함으로써 경색되었던 남북 관계에 어떤 영향을 줄 것인지 국내외의 관심이 집중되고 있다. 고위급 군사회담에 관한 자세한 내용은 다음의 링크 참조. "정부, 남북 고위급 군사회담 수용… 3차 국방장관 회담 열릴듯," 『조선일보』(2011. 01. 20), http://news.chosun.com/site/data/html_dir/2011/01/20/2011012002134.html?Dep1=news&Dep2=top&Dep3=top(검색일: 2011.01.23).

34) 김성환 외교통상부 장관의 인터뷰는 다음의 링크 참조. "6자회담 재개조건, 5자간 합의 있어야," 『연합뉴스』(2010. 12. 14), http://article.joinsmsn.com/news/article/article.asp?total_id=4791323&ctg=1004(검색일: 2010.12.20).

사실은 오바마 행정부가 기존의 입장을 고수하면서도 6자회담을 통해 한반도의 위기관리를 희망하고 있다는 점을 시사한다.[35)]

한국정부는 중국과의 외교를 통해 대북정책의 개선을 도모할 필요가 있다. 북한은 중국과의 전략적 협력을 통해 미국과 한국의 대북정책 변화를 유도하려는 움직임을 보여 왔다. 현실적으로 북한경제가 중국에 많이 의존하고 있는 점을 감안한다면 중국의 적극적 참여가 없는 대북정책은 큰 효과를 거두기가 어려운 실정이다. 따라서 한국정부는 한반도에서 미국-한국과 중국-북한이 지속적으로 대립하는 신 냉전구도에서 한반도 변수로 인해 미중 관계가 악화되지 않도록 조정자 역할을 수행할 필요가 있다. 존 케리 상원 외교위원장의 지적처럼 '전략적 인내'가 '전략적 무관심(strategic indifference)'으로 변질되지 않도록 북핵 문제 해결을 위한 한국정부의 관심과 의지를 지속적으로 보여줌과 동시에 중국과의 대화채널을 적극적으로 활용해 북한과의 관계개선에 나서는 정책대안도 검토해 볼 가치가 있다.

중간선거로 공화당이 하원의 다수당을 차지하게 되었고, 상원에서도 여섯 석을 추가하는 등 의회지형에 큰 변화가 발생했다. 공화당이 오바마 행정부의 대북정책 기조에 큰 반대를 하지 않고 있기 때문에, 공화당이 득세한 의회가 행정부의 대북정책에 전면 수정을 요구하지는 않을 것이다. 또한 현재 정부의 예산지원이 필요한 대북지원 정책도 부재한 만큼 의회의 대북정책 간섭은 상당히 제한적일 수밖에 없을 것이다. 하지만 대북강경론자로 알려진 인사들이 의회의 요직을 차지한다는 사실은 눈여겨보아야 할 대목이다. 2011년 1월 5일 개원한 112대 국회에서 하원 외교위원장으로 선출된 공화당의 로스 레티넌(Ileana Ros Lehtinen, 플로리다) 의원은 북한에 대한 테러지원국 재지정을 요구할

35) 남북 직접대화를 강조한 게이츠 장관의 메시지는 아래 기사 참조. 이하원. "게이츠 美국방 "남북 직접대화" 메시지는 한국엔 '대화의 융통성을 가져라'… 北엔 '한국 거쳐 6자회담 나와라'," 『조선일보』(2011.01.15), http://news.chosun.com/site/data/html_dir/2011/01/15/2011011500157.html(검색일: 2010.01.15).

정도로 의회 내 대표적 대북 강경론자로 알려져 있다. 그는 핵 문제를 포함한 북한의 제반문제의 해결을 위해서는 북한의 '정권변화(regime transformation)'를 유도하기보다는 '정권교체(regime change)'를 선호하고 있는 만큼 하원 외교위원회 차원에서 강경책을 제시할 가능성에도 주목해야 할 것이다. 로스 레티넌 의원은 6자회담의 재개에 반대하고 있고, 남북대화 재개 움직임에도 "북한의 덫에 빠져서는 안 된다"며 우려를 표명했다.

남북한 문제를 직접적으로 다룰 하원 아시아-태평양 지구환경 소위원회 위원장으로 선출된 만줄로(Donald Manzullo, 일리노이) 의원 역시 북한을 테러지원국으로 재지정해야 한다는 목소리를 꾸준히 내고 있고, 연평도 포격사건 직후 하원에서 대북규탄 결의안이 채택되는데 주도적 역할을 했을 만큼 대북 강경파로 알려져 있다. 2008년 공화당 대통령 후보였던 상원의 매케인(John McCain, 애리조나) 의원 역시 TV 시사토론 프로그램에서 이제는 북한의 정권교체를 공론화해야 할 시점이라고 언급했는데, 이러한 중량급 공화당 의원의 북한 정권교체론이 오바마 행정부의 대북정책에 어떻게 반영될지는 눈 여겨 봐야 할 대목이다. 현재까지는 오바마 행정부가 북한을 테러지원국으로 재지정해야 한다는 만줄로 의원의 주장에 분명한 반대의 의사를 표명해 왔고, 6자회담 재개를 반대하는 로스 레티넌 의원의 우려도 일축해 왔다. 하지만 보수성향이 강한 공화당 의원들이 북한 인권문제 개선을 의회 차원에서 제기할 경우 현재의 북미관계를 더욱 경직시킬 가능성도 있으므로 한국정부는 공화당 주도의 대북 강경책이 실제 정책으로 옮겨질 가능성을 염두에 둔 대비책을 마련해야 할 것이다.

2. 한미동맹

한미 외교사를 살펴보면 한미동맹의 성격이 양국 지도자들의 친소관계나 정치철학, 또는 국제관계에 대한 인식에 의해 많은 부분 규정지어져 왔음을 알 수 있다. 1953년 한국전쟁이 종료된 후 한미 양국은 '한미상호방위조약'을 체결함으로써 전쟁 후 한국의 공산화 방지를 목적으로 하는 안보동맹을 구축했다. 한미상호방위조약 체결에는 이승만 대통령의 안보관과 이를 관철시키려는 이대통령의 노력이 크게 작용했다. 한미동맹은 1960년대 박정희—존슨 대통령의 정상회담 후 한국군의 베트남전 참전을 결정했고, 이를 계기로 미국의 대 한국 군사 · 경제 지원이 증가하는 등 밀월관계를 거치며 더욱 강화되었다. 하지만 1976년 카터 대통령이 인권상황과 미국의 지원을 연계시키며 주한미군 철수를 시사했고, 한미동맹은 잠시 냉각기를 경험하기도 했다. 1980년대 한국의 군사정권과 미국의 공화당 행정부는 유사한 안보관을 공유했다고 할 수 있고, 따라서 1980년대는 한미동맹이 다시 복원, 강화되었던 시기라고 할 수 있다.

이러한 기조는 1990년대 초반 보수적 김영삼 정부와 진보적 클린턴 행정부 시기에도 이어졌다고 할 수 있으나, 진보성향의 김대중 정부, 특히 노무현 정부와 공화당 부시 행정부는 대북 정책과 아시아 정책의 수행에 있어서 부분적으로 충돌하는 모습을 보여주면서, 한미동맹의 정서적 손상을 초래했다. 하지만 기존의 안보동맹을 '민주주의와 인권' 그리고 '시장경제의 가치 증진'에 초점을 맞춘 가치동맹, 또한 한반도의 안보 및 동북아의 지속적인 평화와 번영 그리고 반테러를 위한 '포괄적이고 역동적인 동맹관계'를 구축하려는 양국의 노력은 노무현 정부 당시에도 이미 진지하게 진행되었다.

'전략동맹 2015'를 채택한 현재 한미관계는 '더 이상 좋을 수 없다'는 평가를 받을 정도로 굳건한 상황이다. 한미양국은 '가치 · 평화 · 신뢰'가 미래 한미동맹의 핵심 고리라는 합의하에 동맹을 발전시키고 있고, 한미양국은 더욱 굳건해진 동맹을 바탕으로 대북정책에서도 흔들리지 않는 공조체제를 유지하고 있다. 남궁곤의 연구에 의하면 대다수의 한국인들이 한미동맹에 대한 강한 신뢰감을 보이고 있으며, 이러한 신뢰감은 양국의 정권교체와는 무관하게 연속성을 가지고 있다고 한다.[36] 2010년 중간선거에서 승리한 공화당은 전통적으로 한미동맹의 중요성을 강조해 왔고, 오바마 행정부가 추진해 온 한미동맹 발전의 방안이 부시 행정부에서 시작되었다는 점을 감안하면, 한미동맹의 내용적 측면에서는 큰 변화가 발생하지 않을 것이다.

하지만 연방정부의 비대화를 비판하며 작은 정부와 재정건전성 확보를 요구하는 공화당이 상당규모의 예산삭감을 추진한다면 오바마 행정부의 재정정책수행에 상당한 부담으로 작용할 것이다. 하원 군사위원장으로 내정된 매키언(Howard McKeon, 캘리포니아) 의원은 예산감축에는 찬성해도 국방예산 삭감에는 반대하는 입장을 취해왔지만, 프랭크(Barney Frank, 매사추세츠) 하원 금융위원장을 비롯한 상당수 공화당 의원들은 예산삭감을 위해서는 국방비 지출을 감소하는 것이 우선되어야 한다는 입장을 견지하고 있다. 보수주의 유권자 단체인 티파티의 지지로 당선된 폴(Rand Paul, 켄터키) 상원의원 역시 당선 직후 출연한 ABC 방송국과의 회견에서 재정적자를 줄이기 위해 한국, 일본, 유럽에 주둔하고 있는 미군의 수를 줄이거나 주둔국의 방위비 분담액을 늘리도록 해야 한다는 주장을 개진한 바 있다. 이러한 의견이 의회 차원에서 동맹국의 분담비용 증액 요구로 이어진다면 한미 간 방위비 분담협상과 주한미군 기지 이전 부담비용 협상에 큰 변수로 작용할 수 있다. 따라서 한국정부는 이와 같은 협상에서 미국의 분담비용 증액요구 가능성에 대비해야 할 것이다. 한국정부에 더 많은 미국산 무기구입을 요청할 가능성도 있고, 아직은 양국 간 협력수준에 머물러 있는 탄도 미사일 방어체제(Ballistic Missile Defense System)에 한국의 정식 참여여부가 한미동맹 차원에서 추가적으로 논의될 수 있을 것이다.

---

36) Gon Namkung, "Transformation of Korea-U.S. Alliance and North Korean Threat: A South Korean Public Perspective," 『국제관계연구』 제15권 1호 (2010), p. 237.

미국은 중국의 부상(rise of China)에 포용(engagement)과 견제(balancing) 정책을 동시에 구사하는 헤징(hedging) 전략을 취해왔다. 하지만 2010년 중간선거로 약진한 공화당은 전통적으로 일본에게는 우호적인 반면 중국은 견제하는 정책을 선호해 온 경향이 있고, 민주당은 상대적으로 견제보다는 포용 쪽에 무게를 두고 중국정책을 구사해 온 측면이 있다. 오바마 행정부의 대중 포용정책은 일본의 우려를 자아냈고, 중국을 대함에 있어 오바마 대통령이 보여준 겸양(謙讓)적 자세는 미국 내에서도 구설수에 오르곤 했다. 물론 미일관계가 퇴보한데는 오바마 행정부의 중국 우선시 정책 외에도 후텐마 기지이전 문제와 하토야마 전수상의 외교정책성향과 같은 외생적 변수가 크게 작용하기도 했다. 하지만 환율과 무역불균형, 그리고 중국의 인권상황에 대한 국내여론의 악화로 인해 오바마 행정부의 대중정책은 상당부분 강경노선으로 선회했다. 간 나오토 수상은 미국과의 관계복원을 일본 외교정책의 최우선 과제임을 천명했고, 미국의 일부 보수언론과 공화당 의원들은 중국을 압박하고 일본을 중시하는 대 아시아 정책을 요구하고 있다. 2011년 1월 미중회담에서 양국은 긴밀한 협조를 다짐했지만, 공화당으로 권력의 중심이 이동한 미국 의회의 권력지형은 미중의 경쟁(競爭)을 심화하고 미일관계의 복원을 촉진할 수 있다.

오바마 행정부가 공화당의 공격적 대중정책 요구에 보조를 맞춰 환율·무역불균형문제, 남중국해(South-China Sea)문제, 인권문제를 적극적으로 거론하며 중국에 대한 압력을 가중시킬 경우 양국 간 갈등은 심화될 수 있다. 중국은 한국의 안보와 경제에 미국 못지않게 중요한 국가이다. 하지만 한중관계는 미중관계에서 결코 자유스러울 수 없고, 한미동맹을 포함한 한미관계는 미국의 세계전략에서는 미중관계의 하위구도에서 운용될 수밖에 없다. 또한 미일동맹의 강화는 한미동맹의 성격에도 어느 정도의 영향을 끼칠 수 있다. 동북아의 미중경쟁구도는 한중관계뿐 아니라 남북관계에도 부정적 영향을 끼칠 것이다. 미중 간의 경쟁구도가 형성될 경우 한국은 미국과의 안보협력을 지속적으로 강화함과 동시에 중국에도 전 방위적 외교노력을 펼쳐 동북아 다자안보협력의 조정자 역할을 수행할 수 있는 세심한 정책적 관심과 주의를 기울여야 할 것이다.

3. 한미 FTA

중간선거 결과로 인해 향후 가장 많은 영향을 받게 될 수 있는 미국의 외교정책은 아마 무역정책일 것이다. 오바마 행정부는 미국의 경기침체를 타개하기 위해 세계 최대 규모인 아시아 시장의 개방을 지속적으로 유도하고, 대 아시아 시장 미국 수출을 증진시킴으로써 일자리 창출과 경기 회복을 도모하는 대외경제 전략을 구사해 왔다. 아시아 시장의 무역자유화를 위해 역내 자유무역지대를 구상하고 있고, 이 지역의 국가와 선별적 자유무역협정(Free Trade Agreement: FTA)을 통해 이러한 정책목적을 달성하려 하고 있다. 그동안 자유무역에 소극적인 입장을 보여 왔던 민주당이 하원 다수당의 위치를 상실하고, 정부규제에 반대하고 시장의 자발적 기능 및 자유무역을 선호하는 공화당이 하원의 다수당이 되고 상원에서 약진한 만큼, 한미 FTA 등 그동안 비준이 보류되어왔던 FTA의 비준가능성은 그만큼 더 높아졌다.

클린턴 행정부가 추진했던 북미자유무역협정(NAFTA)도 1994년 중간선거로 인해 공화당이 하원을 장악한 시기에 비준되었다는 선례를 고려한다면, 새로운 의회가 구성되고 새로운 회기가 시작되는 2011년 내에 한미 FTA가 비준될 것으로 예측된다. FTA를 전담하는 하원 세입위원회의 위원장이 그동안 한미 FTA를 반대해 온 민주당의 레빈(Sander Levin, 미시간) 의원에서 한미 FTA를 지지하고 있는 공화당의 캠프(David Camp, 미시간) 의원으로 교체된 사실도 한미 FTA의 조기 비준에 유리하게 작용할 것이다. 하지만 상원 재무위원장으로 그동안 미국 쇠고기 전면수입 입장을 고수하며 한미 FTA 비준 반대논리를 전개해온 민주당 보커스(Max Baucus, 몬태나)의 태도가 변수로 작용할 수 있다. 오바마 행정부의 미국무역대표부(USTR) 대표 커크(Ron Kirk)는 반대의 입장을 표명하고 있지만, 효율적 정책집행을 위해 의회가 한국, 콜롬비아, 파나마와의 FTA를 한데 묶어서 처리할 가능성 또한 관측되고 있다. 공화당은 2011년 1월 개최된 FTA 청문회에서 한미 FTA와 파나마 그리고 콜롬비아와 체결한 FTA의 조기 비준을 촉구했다. 미 하원 세입위원장 캠프 공화당 의원은 이들 3개 FTA 협정을 향후 6개월 내에 모두 검토해야 하고 오바마 대통령이 이들 협정의 비준 시간표를 제시해야 한다고 강조했다. 오바마 대통령 역시 1월 25일 연두교서(State of the Union Address)에서 한미 FTA 법안을 가능한 한 조속히 처리해 줄 것을 의회에 요청했다. 한미 FTA 비준에 한국의 인내심을 요구한 1년 전의 입장과는 분명한 입장변화이다.

그렇지만 한미 FTA의 의회 비준에는 여전히 장애물이 남아 있다. 오바마 행정부는 FTA가 고용창출과 경기침체 타개의 기제로 작용할 것이라 강조하고 있지만, 상당수 일반 국민들은 FTA에 여전히 부정적인 시각을 가지고 있고, 이러한 사실은 최근 실시된 여론조사에 반영되어 있다. 예를 들어, 2010년 9월 실시된 월 스트리트 저널과 ABC 뉴스의 공동 여론조사에 의하면 응답자의 53퍼센트가 "FTA가 미국에 유해(有害: harmful)하다"고 생각하고 있으며, 69퍼센트는 "FTA가 미국인의 고용감소(unemployment)를 초래할 것이다"라고 판단하는 것으로 나타났다.[37] 따라서 FTA에 대한 부정적 미국 내 여론을 감안한다면, 의회의 권력지형 변화에도 불구하고 한미 FTA의 조기비준을 반드시 낙관만을 할 수는 없다. 대부분의 선출직 공직자 후보를 자유경선(open primary)

---

37) 미국민들의 FTA에 대한 부정적 인식을 다룬 월스트리트 저널/ ABC 방송국 여론조사는 아래 사이트 참조. Sarah Murray, and Douglas Belkin, "Americans Sour on Trade," *Wall Street Journal* (2010.10. 02), http://online.wsj.com/article/SB10001424052748703466104575529753735783116.html?mod=WSJ_hpp_LEFTWhatsNewsCollection (검색일: 2010. 12. 25).

으로 선정하는 미국 선거제도의 특성으로 인해 미국의 의원들, 특히 2년마다 선거를 치르는 하원의원들은 소속정당과 상관없이 철저하게 지역구 이익(constituency interests)에 의거한 의회 내 투표(roll-call vote) 행태를 보여주는 경향이 강하다. 경선에서 승리하여 소속정당의 후보로 출마하고 또 본선에서의 당선 가능성을 높이기 위해서는 소속정당의 정책보다 지역구의 이익에 충실한 의정활동을 해야 하기 때문이다. 통념적으로 받아들여졌던 '공화당 – 자유무역 지지/민주당 – 보호무역 지지'의 공식이 약해지고 있다는 사실도 주목해야 한다.

따라서 오바마 행정부가 FTA 비준에 성공하기 위해서는 무엇보다 효과적인 대국민 설득작업이 선행되어야 한다. 오바마 대통령은 취임 후 한미 FTA에 원칙적으로는 찬성하지만 부시 행정부가 타결한 한미 FTA 협상안은 미국 노동자들의 합당한(legitimate) 우려(worries)를 고려하고(address) 있지 못하다는 근거로 원안의 형태로는 수용할 수 없다는 입장을 분명히 하고 있었다. 이러한 오바마의 인식은 결국 한미 FTA의 재협상으로 이어졌고, 재협상의 결과는 자동차 산업과 노조를 설득하는 데 유리한 환경을 조성해 주었다. 아울러 오바마 행정부는 한미 FTA를 그 출발점으로 삼아 한미 무역적자를 줄여나가는 한편 금융, 재정, 정보통신, 에너지 등 서비스 분야의 교역 확대에 기대를 걸고 있다. 오바마 행정부 입장에서는 그동안 한미 FTA에 부정적인 여론을 무마할 수 있는 추가적 결과물이 필요했던 측면이 있다.

하지만 2010년 12월 3일 발표된 한미 FTA 재협상 결과는 한국의 입장에서는 분명 많은 아쉬움을 남겼다. 미국 자동차 관세 즉시철폐가 양국 모두 4년으로 유예된 점을 비롯해서 자동차 부문 등에서 미국에 많은 양보를 한 반면 한국이 얻은 것은 돼지고기에 대한 관세철폐를 2년 늦추고 복제 의약품 규제의 3년 유예, 그리고 미국 파견 근로자의 비자 유효기간을 5년으로 연장한 정도에 그쳤기 때문이다. 한미 FTA 재협상은 어떻게 해서라도 자동차 산업을 보호하겠다는 오바마 행정부의 의지가 작용한 결과이고, 미국 국민들이 한미 FTA 재협상 과정과 결과에서 이러한 오바마 행정부의 의지를 읽어낼 수 있다면 미 의회 역시 한미 FTA 비준에 속도를 낼 것이다.

최근 미국 의회와 업계의 일각에서는 2011년 2월 18일 한국-EU (유럽연합) FTA가 유럽의회에서 가결된 것을 계기로 한미 FTA의 조속한 비준을 촉구하는 목소리가 높아지고 있다. 이들의 공통된 주장은 올해 7월 1일 한-EU FTA가 발효되기 전 한미 FTA 이행법안을 처리하여 한국시장을 유럽으로부터 지키자는 것이다.[38] 이와 관련해 한덕수 주미 대사는 미국 업계들은 미국 상품의 경쟁력 열세를 우려하여 한미 FTA가 한-EU FTA보다 늦어져서는 안 된다는 입장을 보였으며 비록 미 의회에서도 찬반양론이 공존하고 있지만 조기 비준을 지지하는 입장이 점차로 설득력을 얻고 있음을 지적한 바 있다.[39] 아울러 하원에서 공화당 초선 의원 67명이 한미 FTA를 포함해 미-콜럼비아, 미-파나마 FTA의 6개월 내 비준을 촉구하는 내용의 서한을 오바마 대통령에게 제출한 것도 조기 비준에 긍정적인 역할을 할 것으로 볼 수 있다.[40] 앞으로 남은 과제는 오바마 행정부와 공화당 지도부가 실무 협의를 통해 한미 FTA의 비준을 위한 세부적 절차를 마무리하는 것이다.

---

38) 미국 주요 기업의 최고 경영자들이 참여하고 있는 비즈니스 라운드 테이블 (Business Roundtable, BRT)은 한-EU FTA 비준으로 인한 한국시장에서의 경제적 손실을 우려해 2월 18일 한미 FTA의 조속한 비준을 촉구한 바 있고 마이크 조한스 상원의원 (공화, 네브라스카)도 미국 수출업자들에게 공정한 기회를 보장해야 한다는 견해를 피력한 바 있다. "美업계.의원, 한미 FTA 조속비준 촉구,"『연합뉴스』(2011. 02. 29), http://www.yonhapnews.co.kr/economy/2011/02/19/0325000000AKR20110219011400071.HTML?template=2087 (검색일: 2011. 03.05).

39) 한덕수 대사의 자세한 인터뷰 내용은 아래 기사 참조. 한덕수 "美업계, FTA 한·EU보다 늦어 걱정,"『머니투데이』(2011. 02. 27), http://news.mt.co.kr/mtview.php?no=2011022417043835534&type=1 (검색일: 2011. 03.05).

40) 공화당 초선의원 67명은 지난 중간선거에서 새롭게 원내에 진출한 전체 공화당 하원의원 85명 중 2/3가 넘는 숫자이다. "美 공화의원 67명 한미 FTA 등 6개월 내 비준해야,"『연합뉴스』(2011. 03. 03), http://www.yonhapnews.co.kr/economy/2011/03/03/0325000000AKR20110303003500071.HTML?template=2087 (검색일: 2011. 03.06).

하지만 2010 회계연도 예산안 통과와 콜럼비아 및 파나와의 FTA 일괄 처리가 한미 FTA 의회 조기 비준에 강력한 새 변수로 등장했다. 공화당은 재정적자를 극복하기 위해 예산삭감을 줄기차게 주장하고 있는 반면 민주당은 성장동력 유지와 사회안전망 확충을 위해 대규모의 삭감은 불가능하다는 입장을 견지하고 있어 양당간 타협이 쉽지 않다.[41] 이로 인하여 한미 FTA의 비준이 예산안 처리 이후로 늦춰지고 있다. 아울러 한미 FTA를 콜럼비아, 파나마 FTA와 한 묶음으로 처리한다는 공화당 지도부의 방침과 이미 주요 쟁점 현안이 타결된 한미 FTA만을 우선적으로 비준하자는 민주당의 입장이 평행선을 그리고 있어 이 또한 한미 FTA 조기 비준에 걸림돌로 작용하고 있다.[42] 미 무역대표부의 론 커크 대표는 한미 FTA 의회 비준을 위한 준비작업은 완료됐으나 콜럼비아-파나마와의 FTA는 상당한 기간 동안 노조 탄압 문제 해결을 포함한 중요한 작업이 선행되어야한다는 입장을 밝혀 한미 FTA와 별도로 하반기 처리를 희망하고 있음을 밝힌 바 있다.

따라서 앞으로의 한미 FTA 비준일정은 3개 FTA 실무협의에 들어간 오바마 행정부와 공화당 의회 지도부와의 협상과 조율이 어떻게 진행될 지에 달려있다. 한국정부는 FTA의 미 의회 비준을 위해 의원들에 대한 개별 로비활동이나 미 상공회의소를 통한 간접적 로비를 시행하는 방안을 검토할 필요가 있다. 하지만 한미 FTA 재협상과 협상문 번역오

---

41) 예산안 처리문제로 민주-공화당이 첨예하게 대립하고 있는 상황에서 한미 FTA 이행법안 제출은 우선순위에서 밀릴 수밖에 없는 형편이다. "예산전쟁 美의회, 한미FTA 비준 동력 약화," 『연합뉴스』(2011. 02. 27), http://www.yonhapnews.co.kr/economy/2011/02/27/0325000000AKR20110227034200071.HTML?template=3386 (검색일: 2011. 03.06).

42) 한미 FTA와 콜럼비아, 파나마와의 FTA를 일괄 비준하자는 공화당과 콜럼비아 및 파나마의 노조 탄압 문제와 관련해 이를 반대하고 있는 진보적 성향이 강한 일부 민주당 의원들 간의 입장 차이가 한미 FTA 비준의 가장 큰 난관으로 작용하고 있다. "美, 한미 FTA 비준 교착상태 빠져," 『세계일보』(2011. 03. 01), http://www.segye.com/Articles/NEWS/INTERNATIONAL/Article.asp?aid=20110301002997&subctg1=00&subctg2=00 (검색일: 2011. 03.07).

류에 대한 한국 내 여론이 결코 우호적이지 않아, 한국 국회의 비준 역시 여당이 국회의 압도적 의석을 차지하고 있지만 안심할 수만은 없는 상황이다. 국제협상을 성공적으로 마무리짓기 위해서는 대외협상 못지않게 대내협상이 중요하다. 2008년 쇠고기협상 결과가 초래한 부작용을 방지하기 위해서는 보다 적극적인 대내외교가 필요할 것이다.

V. 결론

2010년 미국의 중간선거 결과는 미국 경제의 조속한 회복을 기대했던 유권자들의 불만의 표출이라고 해석할 수 있다. 전통적으로 미국의 중간선거는 집권당에 대한 유권자의 견제 심리가 작용하기 때문에, 대통령이 속한 정당이 약진을 하는 경우가 드물고, 특히 한 정당이 행정부와 의회를 모두 장악하고 있을 경우 견제 심리가 보다 크게 작용하는 경우가 많다. 따라서 오바마 행정부가 중간선거의 패배를 비관적으로 해석할 필요만은 없을 것이다. 하원의 다수당이 되고 상원에서도 46석을 확보하게 된 공화당 역시 이제는 국정운영의 공동 책임을 지게 된 만큼, 오바마의 정책에 시종 반대로만 일관하지는 않을 것이다. 하지만 오바마가 남은 임기 2년 동안 경제정책에서 국민들의 피부에 와 닿는 가시적 성과를 내지 못한다면 재선가도에 심각한 차질이 발생할 수 있다.

향후 오바마는 공화당과 사안 별로 협조하는 중도주의적 입장을 택하여 가시적인 정책성과를 내려고 할 것이며, 산적한 국내문제들을 우선 해결하는데 주력하여 재선의 가능성을 높이려 할 것이다.[43] 이라크

43) 최근 실시된 갤럽 여론조사 결과 오바마가 2012년 민주당의 대통령 후보로 선

전쟁이 주요 이슈로 부각되었던 2006년 중간선거와는 달리 2010년 중간선거 기간 중에는 이렇다 할 외교정책이슈가 쟁점으로 부각되지 않았고, 따라서 선거의 결과로 인해 오바마 행정부 기존의 외교정책에 괄목할 만한 변화가 발생하지는 않을 것이라는 예상이 제기되고 있다. 특히 초당적 합의하에 진행되어 왔다고 할 수 있는 오바마 행정부의 대 한반도 정책에는 주목할 만한 변화가 발생하지 않을 것으로 예상되고 있다. 하지만 본 장은 오바마 행정부가 외교정책에 변화를 도모해 정치적 돌파구를 마련할 수도 있다는 가능성에 주목해 봤다.[44] 6자회담의 재개를 위해 남북대화를 종용하는 오바마 행정부의 대 한반도 정책은 외교정책 위기 없이 임기 후반을 안정적으로 관리하려는 오바마 대통령의 정치적 계산이 반영되어 있다. 또한 공화당이 하원의 다수당이 된 만큼 오바마 행정부도 대 한반도정책을 고안, 수행하는데 있어 공화당의 입장을 보다 고려하는 자세를 보일 수 있는 가능성도 검토해 보았다. 즉, 2010 중간선거 이후 오바마 행정부의 대 한반도 정책 변화 가능성을 (1) 오바마 행정부가 국내정치의 돌파구로 대 한반도 정책(대북정책)에 변화를 도모할 수 있고, (2) 중간선거 이후 발생한 미국의 정치지형의 변화, 즉 공화당의 약진으로 인해 한반도 정책에 변화가 발생할 수 있다는 관점에서 타진해 봤다.

출되어 대선에서 승리할 가능성이 58퍼센트라고 보도한 점을 감안해 본다면 오바마의 재선가능성이 그렇게 비관적인 것은 아니라고 판단할 수 있다. "오바마 미 대통령, 2012년 연임확률 52%," 『매일경제뉴스』(2011. 01. 01.), http://news.mk.co.kr/v2/view.php?sc=30000018&cm=%B1%B9%C1%A6%20%C1%D6%BF%E4%B1%E2%BB%E7&year=2011&no=191&relatedcode=&wonNo=&sID=303 (검색일: 2011. 01. 03).

44) 중간선거 이후 오바마는 외치 면에서 미국의 핵감축 노력에 큰 성과로 환영받은 러시아와의 전략무기 감축협정 (New Start)을 비준하여 자신이 주창했던 핵무기 없는 세상 (nuclear free world)의 비전에 한 걸음 다가섰다는 평가를 받았다. 전략무기 감축협정에 관해서는 아래 뉴욕 타임즈 기사 참조. Peter Barker. "Senate Passes Arms Control Treaty With Russia, 71-26," *New York Times*, (2010.12.22), http://www.nytimes.com/2010/12/23/world/europe/23treaty.html?_r=1&emc=na (검색일: 2010.12.23).

현 시점에서 오바마 대통령이 대북정책의 급격한 변화를 통해 본인의 외교정책 성과를 올리려는 정책을 취할 가능성은 매우 낮아 보인다. 하지만 중간선거로 인해 발생한 미 의회의 권력지형 변화는 미국의 대북정책에 일정한 변화를 초래할 것이다. 의회의 요직을 차지하게 된 공화당 의원들이 북한의 정권교체 등을 공론화 하고 북한의 인권상황개선을 공식 제기하여 오바마 행정부의 대북정책 방정식을 더욱 복잡하게 만들 수 있다. 한미동맹의 큰 줄기에는 괄목할 만한 변화가 발생하지 않겠지만, 재정 건전성을 강조하는 공화당이 기지이전 비용 부담 등 한국의 방위비 분담비용 증액을 강하게 요구할 수 있고, 미국산 무기의 구입과 MD의 공식참여를 요구할 수 있다. 자유무역주의 성향이 강한 공화당이 의회에서 약진을 한 만큼 미 의회가 한미 FTA를 비준할 가능성은 그만큼 높아졌다고 할 수 있다. 한미 FTA 재협상의 결과 적어도 미국 내에서는 한미 FTA비준에 대한 국민적 동의를 도출하기가 용이해 진 것으로 보인다. 하지만 FTA에 우호적이지 않은 미국(과 한국) 내의 여론은 한미 FTA 조기 비준의 여전한 장애물로 작용할 것이다. 이러한 가능성을 염두에 두어 한국 정부는 2010 중간선거 이후에 발생하는 미국의 대한반도 정책의 변화에 대비할 수 있어야겠다.

참고문헌

강주현. 2009. "외교정책이슈가 미국 대통령 선거에 미치는 영향분석." 『한국정당학회보』 제8권 2호. pp. 173-204.

김장수. 2006. "미국 대외 정책과 유권자의 영향력: 전망과 연구방법을 중심으로." 『국제관계연구』 제11권 2호. pp. 141-66.

김현욱. 2010. "미국 중간선거 분석과 향후 대외 정책 전망." 『주요국제문제분석』 No. 2010-31. 외교안보연구원.

박기덕. 2010. "미국 중간 선거의 의미와 한국에 미칠 영향." 『정세와 정책』 12월호. 세종연구소.

손병권. 2010. "결혼서약을 잊은 오바마에게 별거를 선언한 미국 유권자." 『EAI 논평』 13호. 동아시아연구원.

〈한글 신문기사〉

곽재훈. "미중 정상회담 약발, 길어야 2년." 『프레시안』(2011. 01. 20).

http://www.pressian.com/article/article.asp?article_num=40110120170728§ion=05 (검색일: 2011. 01. 21).

"美 공화의원 67명 한미 FTA 등 6개월 내 비준해야." 『연합뉴스』(2011. 03. 03), http://www.yonhapnews.co.kr/economy/2011/03/03/0325000000AKR20110303003500071.HTML?template=2087 (검색일: 2011. 03.06).

"美 업계. 의원, 한미 FTA 조속비준 촉구." 『연합뉴스』(2011. 02. 29), http://www.yonhapnews.co.kr/economy/2011/02/19/0325000000AKR20110219011400071.HTML?template=2087 (검색일: 2011. 03.05).

"美, 한미 FTA 비준 교착상태 빠져." 『세계일보』(2011. 03. 01), http://www.segye.com/Articles/NEWS/INTERNATIONAL/Article.asp?aid=20110301002997&subctg1=00&subctg2=00 (검색일: 2011. 03.07).

"예산전쟁 美의회, 한미FTA 비준 동력 약화." 『연합뉴스』(2011. 02. 27), http://www.yonhapnews.co.kr/economy/2011/02/27/0325000000AKR20110227034200071.HTML?template=3386 (검색일:

2011. 03.06).

"6자회담 재개조건, 5자간 합의 있어야."『연합뉴스』(2010. 12. 14). http://article.joinsmsn.com/news/article/article.asp?total_id=4791323&ctg=1004 (검색일: 2010. 12. 20).

"오바마 미 대통령, 2012년 연임확률 52%."『매일경제뉴스』(2011. 01. 01). http://news.mk.co.kr/v2/view.php?sc=30000018&cm=%B1%B9%C1%A6%20%C1%D6%BF%E4%B1%E2%BB%E7&year=2011&no=191&relatedcode=&wonNo=&sID=303 (검색일: 2011. 01. 03).

이하원. "게이츠 美국방 "남북 직접대화" 메시지는 한국엔 '대화의 융통성을 가져라'… 北엔 '한국 거쳐 6자회담 나와라'."『조선일보』(2011. 01. 15). http://news.chosun.com/site/data/html_dir/2011/01/15/2011011500157.html (검색일: 2010.01.15).

"정부, 남북고위급 군사회담 수용, 3차 국방장관 회담 열릴듯."『조선일보』(2011.01.20). http://news.chosun.com/site/data/html_dir/2011/01/20/2011012002134.html?Dep1=news&Dep2=top&Dep3=top (검색일: 2011.01.23).

최익재. "클린턴 아시아 독트린."『중앙일보』(2010. 10. 30). http://article.joinsmsn.com/news/article/article.asp?total_id=4592256&cloc=rss%7Cnews%7Chome_list (검색일: 2010. 12. 27).

"한덕수 美업계, FTA 한·EU보다 늦어 걱정."『머니투데이』(2011. 02. 27). http://news.mt.co.kr/mtview.php?no=2011022417043835534&type=1 (검색일: 2011. 03.05).

Almond, Gabriel A. 1950. *The American People and Foreign Policy*. New York: Hartcourt, Brace.

Aldrich, John H., Christopher Gelpi, Peter Feaver, Jason Reifler, and Kristin Thompson Sharp. 2006. "Foreign Policy and the Electoral Connection." *Annual Review of Political Science*, Vol. 9. pp. 477-502.

Aldrich, John H., John L. Sullivan, and Eugene Borgida. 1989. "Foreign Affairs and Issue Voting: Do Presidential Candidates Waltz Before a Blind Audience?" *American Political Science Review*, Vol. 83, No. 1. pp. 123-141.

The Asan Institutes for Policy Studies. 2010. "U.S. Midterm Elections and the Obama Administration." *AIPS Roundtable, No.5.*

Bartels, Larry. 1991. "Constituency Opinion and Congressional Policy Making: The Reagan Defense Buildup." *American Political Science Review*, Vol. 85, No. 2. pp. 457-474.

Brooks, Clem, Kyle Dodson, and Nikole Hotchkiss. 2010. "National Security Issues and US Presidential Elections, 1992-2008." *Social Science Research*, Vol. 39. pp. 518-526.

Campbell, James E. 2003. "The 2002 Midterm Election: A Typical or an Atypical Midterm." *Political Science and Politics*, Vol. 36, No. 2. pp. 203-207.

Carmines, Edward G., and James A. Stimson. 1980. "The Two Faces of Issue Voting." *American Political Science Review*, Vol. 74, No. 1. pp. 78-91.

Hartley, Thomas, and Bruce Russet. 1992. "Public Opinion and Common Defence: Who Governs Military Spending in the United States." *American Political Science Review*, Vol. 86, No 4. pp. 905-915.

Hess, Stephen. 1972. "Foreign Policy and Presidential Campaigns." *Foreign Policy*, Vol. 8. pp. 3-22.

Hess, Stephen, and Michael Nelson. 1985. "Foreign Policy: Dominance and Decisiveness in Presidential Elections." In Michael Nelson (ed.). *The Elections of 1984*. Washington: Congressional Quarterly.

Holsti, Ole R. 1992. "Public Opinion and Foreign Policy: Challenges to the Almond-Lippmann Consensus Mershon Series: Research Programs and Debates." *International Studies Quarterly*, Vol. 36. pp. 439-466.

Jacobs, Lawrence R., and Benjamin Page. 2005. "Who Influences U.S. Foreign Policy?" *American Political Science Review*, Vol. 99, No. 1. pp. 107-123.

Marra, Robin F., Charles W. Ostrom, and Dennis M. Simon. 1990. "Foreign Policy and Presidential Popularity." *Journal of Conflict Resolution*, Vol. 34, No. 4. pp. 588-623.

Mayhew, David. 1991. *Divided We Govern: Party Control, Lawmaking, and Investigations*. New Haven: Yale University Press.

Mueller, John E. 1970. "Presidential Popularity from Truman to Johnson." *American Political Science Review*, Vol. 64, No. 1. pp. 18-34.

______. 1973. *War, Presidents and Public Opinion*. New York: Wiley.

______. 2005. "The Iraq Syndrome." *Foreign Affairs*, Vol. 84. pp. 44-54.

Namkung, Gon. 2010. "Transformation of Korea-U.S. Alliance and North Korean Threat: A South Korean Public Perspective." 『국제관계연구』 제 15권 1호. pp. 219-240.

Nincic, Miroslav, and Barbara Hinckley. 1991. "Foreign Policy and the Evaluation of Presidential Candidates." *Journal of Conflict Resolution*, Vol. 35, No. 2. pp. 333-355.

Ninic, Miroslav. 1990. "U.S. Soviet Policy and the Electoral Connections." *World Politics*, Vol. 42, No. 3. pp. 370-396.

Obama, Barack, and Joe Biden. 2009. "Blueprint for Change: Obama and Biden's Plan for America." http://www.barackobama.com/pdf/ObamaBlueprintForChange.pdf (검색일: 2010. 12.25).

Ostrom, Charles W., and Brian L. Job. 1986. "The President and the Political Use of Force." *American Political Science Review*, Vol. 80, No. 2. pp. 541-566.

Page, Benjamin I., and Robert Y. Shapiro. 1983. "Effects of Public Opinion on Policy." *American Political Science Review*, Vol. 77, No 1. pp. 175-190.

Shapiro, Robert Y., and Benjamin I. Page.1988. "Foreign Policy and the Rational Public." *Journal of Conflict Resolution*, Vol. 32, No 2. pp. 211-244.

Smith, Alastair. 1996. "Diversionary Foreign Policy in Democratic Systems." *International Studies Quarterly*, Vol. 40. pp. 133-153.

Sobel, Richard. 2001. *The Impact of Public Opinion on U.S. Foreign Policy since Vietnam*. Ithaca, New York: Harper.

Stokes, Donald E. 1966. "Some Dynamic Elements of Contents for the Presidency." *American Political Science Review*, Vol. 60, No. 1. pp. 19-28.

The White House. 2011. *Remarks by the President in State of the Union Address* http://www.whitehouse.gov/the-press-office/remarks-president-state-union-address/ (검색일: 2011. 01.29).

Wildavsky, Aaron. 1975. "The Two Presidencies." In Aaron Wildavsky (ed.). *In Perspectives on the Presidency*. Boston: Little Brown. pp. 448-461.

〈영어 신문기사〉

Barker, Peter. "Senate Passes Arms Control Treaty With Russia, 71-26." *New York Times* (2010. 12.22). available at: http://www.nytimes.com/2010/12/23/world/europe/23treaty.html?_r=1&emc=na (검색일: 2010. 12. 23).

Cha, Victor D. 2010. "Five Myths about North Korea." *Washington Post*. (2010.12. 10). available at: http://www.washingtonpost.com/wp-dyn/content/article/2010/12/10/AR2010121002488.html (검색일: 2010. 12. 30).

Murray, Sarah, and Douglas Belkin. "Americans Sour on Trade." *Wall Street Journal* (2010.10. 02). available at: http://online.wsj.com/article/SB10001424052748703466104575529753735783116.html?mod=WSJ_hpp_LEFTWhatsNewsCollection (검색일: 2010. 12. 25.)

Pace, Julie. 2010. "Koreas Crisis Overshadows Obama's Message." *AP News* (2010. 11. 28). available at: http://www.postandcourier.com/news/2010/nov/28/koreas-crisis-overshadows-obamas-message/ (검색일: 2010. 12. 29).

Rogin, Josh. 2010. "Big Changes coming to Obama's Asia Team." *The Cable, Foreign Policy* (2011. 01. 04). available at: http://thecable.foreignpolicy.com/posts/2011/01/04/big_changes_coming_to_obama_s_asia_team (검색일: 2011. 01. 06).

| 색 인 |

| ㄱ |

| ㅂ |

| ㅅ |

| ㅇ |

| ㅈ |

| ㅊ |

| ㅋ |

| ㅌ |

:: 필자 소개 (원고 게재 순)

❖ 조성대

현재 한신대학교 국제관계학부 부교수로 재직 중이다. 주요 논문으로 "2008년 미국 대통령선거 후보결정 요인에 관한 연구: 정당일체감, 정책 쟁점, 후보자 자질을 중심으로"(2010), "미국 예비선거(Primary Election)에서 후보결정 요인에 관한 연구: 2008년 민주당 사례"(2008) 등이 있다.

❖ 윤광일

서울대학교 정치학과를 졸업하고 미국 미시간 대학(University of Michigan)에서 정치학 박사 학위를 받았다. 현재 서울대 정치학과 BK21 사업단 연구원으로 재직 중이다. 연구업적으로는 "The Cultural Effects of Individualism and Collectivism on Social Capital," International Area Review, Vol.12, No.2(2010), Daphna Oyserman 공저 "Neighborhood Effects on Racial-Ethnic Identity: The Undermining Role of Segregation," *Race and Social Problems*, Vol.1, No.2(2009)가 있다.

❖ 손병권

중앙대학교 국제관계학과 교수로 재직 중이다. 2007년도 미국정치연구회 회장, 2011년 한국 정당학회 부회장을 역임했다. 주요논문으로 "전쟁과 미국국가 건설: 전시산업위원회의 사례를 중심으로"(2010), "2002년 미국하원 중간선과와 공화당의 승리: 공화당 승리에 대한 선거구 재조정의 영향을 중심으로"(2003) 등이 있다.

❖ 류재성

현재 계명대학교 미국학과 교수로 재직 중이다. 선거 및 여론형성과 관련된 주제를 심리학적 방법론을 중심으로 연구하고 있다. 주요 연구로는 "Where is the Framing Effect? Bridging the Gap between Theory and Data"(2009), "한국 유권자의 정치 지식(Political Knowledge)에 관한 연구 현황과 과제"(2010) 등이 있다.

❖ 정회옥

현재 건국대학교 한국정치사회연구소 연구위원이며 이화여자대학교와 건국대학교에 출강 중이다. 주요 논문으로 "How Do Religions Differ in Their Impact on Individuals' Social Capital?: The Case of South Korea," Non-Profit and Voluntary Sector Quarterly, Vol. 39, No.1(2010), "Do American Minorities Respond to Substantive Representation?: Minority Policies and Political Knowledge among Latinos and Asian," Journal of American Studies, Vol. 43, No.1 (2011)등이 있다.

❖ 유성진

현재 이화여자대학교 스크랜튼 학부 전임강사로 재직 중이며, 선거, 의회, 여론이 관심분야이다. 주요 논문으로는 "Two Types of Neutrality: Ambivalence vs. Indifference and Political Participation"(2010), "국민의 사법부에 대한 인식과 신뢰"(2010), "국회의 사회통합기능과 국민의 신뢰수준"(2009) 등이 있다.

❖ 정진민

현재 명지대학교 정치외교학과 교수로 재직 중이다. 주요 연구로 "1980년대 이후 미국 정당정치의 변화"(2000), "오바마와 메케인의 '변화'의 의미"(2008) 등이 있다.

❖ 김준석

경기개발연구원(GRI)의 책임연구원을 거쳐, 현재 동국대학교 정치외교학과에서 조교수로 재직 중이다. 주요 연구 분야는 의회정치, 미국 정치, 정치학방법론이며, Policy Studies Journal 등의 학술지에 논문을 발표하였다.

❖ 이소영

현재 대구대학교 국제관계학과 전임강사로 재직 중이며, 선거 및 정당정치 그리고 정치 커뮤니케이션이 관심분야이다. 주요 논문으로는 "의회개혁, 정당 강화, 그리고 미국 하원의원의 대표성"(2008), "Regionalism as a Source of Ambivalence in Korea"(2009), "대의민주주의와 소통: 미국 오바마 행정부 하의 의료보험개혁 사례를 중심으로"(2010) 등이 있다.

❖ 이옥연

현재 서울대학교 정치외교학부 부교수/네덜란드 레이든대학교 정치학과 교환교수(2011)로 있다. 주요 저서로 "Befuddling Executive Power with Executive Unilateralism in the Unitary Executive"(『국제관계연구』, 2011), "종교적 정체성, 정치적 정체성, 유럽의 정체성"(『한국정치연구』, 2011), "미국 민주주의의 사각지대: 대통령제의 권력분립과 대외정책" (2011「미국학논집」) 등이 있다.

❖ 김재천

조지워싱턴대학교의 시거 아시아연구소(Sigur Center for Asian Studies)의 객원 연구원과 덴버대학교(University of Denver) 국제대학원의 초빙교수를 거쳐 현재 서강대학교 국제대학원 원장으로 재직 중이다. 주요 저서로는『2008년 미국 대선을 말한다』(공저, 2009),『현대국제정치이론과 한국적 수용』(공저, 2009),『한국의 동아시아 미래전략』(공저, 2008) 등이 있으며, 이 밖에 미국 외교정책과 국제안보와 평화에 관한 다수의 논문을 발표했다.

미국의 선거와 또 다른 변화

2010년 중간선거

인 쇄 | 2011년 7월 23일
발 행 | 2011년 7월 30일
엮은이 | 미국정치연구회
발행인 | 부성옥
발행처 | 도서출판 오름
등록번호 | 제2-1548호 (1993. 5. 11)
주 소 | 서울특별시 서초구 서초동 1420-6
전 화 | (02)585-9122, 9123 팩 스 | (02)584-7952
E-mail | oruem@oruem.co.kr
URL | http://www.oruem.co.kr

ISBN 978-89-7778-357-7 93340

※잘못된 책은 교환해 드립니다.
※값은 뒤표지에 있습니다.